PENTATEUCO PARA TODOS

PENTATEUCO PARA TODOS

ÊXODO E LEVÍTICO

JOHN GOLDINGAY

Título original: *Exodus and Leviticus for everyone*
Copyright © 2010 por John Goldingay
Edição original por Westminster John Knox Press, Louisville, Kentucky.
Todos os direitos reservados.
Copyright da tradução © Vida Melhor Editora S.A., 2021.

As citações bíblicas são traduções da versão do próprio autor, a menos que seja especificada outra versão da Bíblia Sagrada.

Os pontos de vista desta obra são de responsabilidade de seus autores e colaboradores diretos, não refletindo necessariamente a posição da Thomas Nelson Brasil, da HarperCollins Christian Publishing ou de sua equipe editorial.

Publisher	*Samuel Coto*
Editor	*André Lodos Tangerino*
Tradutor	*Fernando Cristófalo*
Copidesque	*Josemar de Souza Pinto*
Revisão	*Carlos Augusto Pires Dias*
Diagramação	*Sonia Peticov*
Capa	*Rafael Brum*

DADOS INTERNACIONAIS DE CATALOGAÇÃO NA PUBLICAÇÃO (CIP)
(Benitez Catalogação Ass. Editorial, MS, Brasil))

G634p

    Goldingay, John, 1942-

    Pentateuco para todos: Êxodo e Levítico / John Gondingay; tradução de José Fernando Cristófalo. — 1.ed. — Rio de Janeiro: Thomas Nelson Brasil, 2021.
    272 p.; 12 x 18 cm.
    (Coleção O antigo testamento para todos, v. 3)

    Tradução de *Exodus and Leviticus for everyone: the old testament for everyone.*
    Bibliografia.
    ISBN 978-65-56890-42-5

    1. Antigo Testamento — Pentateuco. 2. Bíblia. A. T. Êxodo — Comentários. 3. Bíblia. A. T. Levítico — Comentários. 4. Bíblia. A. T. Pentateuco — Teologia. I. Cristófalo, José Fernando. II. Título.

06-2021/39   CDD: 221.95

Índice para catálogo sistemático:
1. Pentateuco: Antigo Testamento 221.95

Aline Graziele Benitez — Bibliotecária — CRB-1/3129

Thomas Nelson Brasil é uma marca licenciada à Vida Melhor Editora LTDA.
Todos os direitos reservados à Vida Melhor Editora LTDA.
Rua da Quitanda, 86, sala 218 — Centro
Rio de Janeiro — RJ — CEP 20091-005
Tel.: (21) 3175-1030
www.thomasnelson.com.br

⌐SUMÁRIO⌐

Agradecimentos 9

Introdução 11

Mapas 17

Êxodo 1:1-14 • Retomando a história 19
Êxodo 1:15—2:10 • Como resistir às autoridades 22
Êxodo 2:11-25 • De guerrilheiro a fugitivo 26
Êxodo 3:1-10 • Era um dia de trabalho como outro qualquer 30
Êxodo 3:11—4:17 • Vocação 34
Êxodo 4:18-23 • Sobre dar a César 39
Êxodo 4:24-31 • O imigrante retorna 43
Êxodo 5:1—6:1 • Cujo serviço é liberdade perfeita 47
Êxodo 6:2—7:13 • Meu povo — Seu Deus 52
Êxodo 7:14—8:7 • Os nove desastres naturais 56
Êxodo 8:8-32 • Orando pelo inimigo 60
Êxodo 9:1-21 • Conhecimento e reconhecimento 64
Êxodo 9:22-35 • O faraó vira-casaca 69
Êxodo 10:1-29 • Mais oração, mais vira-casaca 72
Êxodo 11:1-10 • Conhecimento e reconhecimento, de novo 76
Êxodo 12:1-27 • Celebração antecipada 81
Êxodo 12:28—13:16 • O grito às três da manhã 86
Êxodo 13:17—14:31 • Um tipo de medo leva a outro 90
Êxodo 15:1-21 • Moisés e Miriã cantam e dançam 95
Êxodo 15:22—17:7 • Sobrevivendo no deserto 99
Êxodo 17:8—18:27 • O primeiro inimigo e o primeiro convertido 103

Êxodo 19:1-25 • Dois tipos de preparação para o encontro com Deus	108
Êxodo 20:1-21 • Uma regra de vida	113
Êxodo 20:22—22:15 • Lidando com as crises	117
Êxodo 22:16—23:19 • Vocês conhecem os sentimentos de um estrangeiro	122
Êxodo 23:20-33 • Como chegar à terra prometida	127
Êxodo 24:1-18 • Vendo a Deus	131
Êxodo 25:1—26:30 • Como construir uma igreja — I	135
Êxodo 26:31—27:21 • Como construir uma igreja — II	140
Êxodo 28:1—29:37 • Como ordenar um sacerdote	144
Êxodo 29:38—30:38 • Como iniciar e terminar o dia	148
Êxodo 31:1-18 • O primeiro dom espiritual	153
Êxodo 32:1-29 • Como orar pelos rebeldes	157
Êxodo 32:30—33:11 • Como verificar as coisas com Deus	161
Êxodo 33:12-23 • Rocha Eterna que se abriu	166
Êxodo 34:1-26 • Agora, selarei uma aliança	170
Êxodo 34:27—40:38 • A magnífica presença	174
Levítico 1:1—2:16 • Ofertando a Deus	179
Levítico 3:1—4:35 • Desfrutando da comunhão e obtendo purificação	183
Levítico 5:1—6:7 • Fazendo reparação	187
Levítico 6:8—7:38 • Sendo grato, mantendo a promessa, sendo generoso	192
Levítico 8:1—10:20 • Ordenação e desastre	196
Levítico 11:1—12:8 • Você é o que você come	200
Levítico 13:1—14:57 • Distinguindo vida e morte	205
Levítico 15:1-33 • Sexo e tabus	209
Levítico 16:1-34 • O Dia da Expiação	213
Levítico 17:1—18:30 • A vida está no sangue	218
Levítico 19:1-18 • Seja santo como eu sou santo	222

Levítico 19:19—20:27 • Melhorando a criação ... 227
Levítico 21:1—22:33 • Algumas responsabilidades
  dos sacerdotes ... 232
Levítico 23:1—24:9 • Como celebrar ... 236
Levítico 24:10-23 • Olho por olho ... 240
Levítico 25:1—26:2 • O jubileu ... 245
Levítico 26:3-46 • Promessas, advertências e promessas ... 249
Levítico 27:1-34 • Promessas humanas ... 254

Glossário ... 259

Sobre o autor ... 269

┌ AGRADECIMENTOS ┐

A tradução no início de cada capítulo (e em outras citações bíblicas) é de minha autoria. Tentei me manter o mais próximo do texto hebraico original do que, em geral, as traduções modernas, destinadas à leitura na igreja, para que você possa ver, com mais precisão, o que o texto diz. Embora prefira utilizar a linguagem inclusiva de gênero, deixei a tradução com o uso universal do gênero masculino caso esse uso inclusivo implicasse em dúvidas quanto ao texto estar no singular ou no plural. Em outras palavras, a tradução, com frequência, usa "ele" onde em meu próprio texto eu diria "eles" ou "ele ou ela". A restrição de espaço não me permite incluir todo o texto bíblico neste volume; assim, quando não há espaço suficiente para o texto completo, faço alguns comentários gerais sobre o material que fui obrigado a suprimir. Ao final do livro, há um glossário dos termos-chave recorrentes no texto (termos geográficos, históricos e teológicos, em sua maioria). Em cada capítulo (exceto na introdução), a ocorrência inicial desses termos é destacada em **negrito**.

As histórias que seguem a tradução, em geral, envolvem meus amigos, assim como minha família. Todas elas ocorreram, de fato, mas foram fortemente dissimuladas para preservar as pessoas envolvidas, quando necessário. Por vezes, o disfarce utilizado foi tão eficiente que, ao relê-las, levo um tempo para identificar as pessoas descritas. Nas histórias, Ann, a minha esposa, aparece com frequência. Ela faleceu enquanto eu escrevia este volume, após negociar com a esclerose múltipla durante 43 anos. Compartilhar os cuidados e o desenvolvimento de sua enfermidade e crescente limitação, ao longo desses anos, influencia tudo o que escrevo, de maneiras facilmente perceptíveis ao leitor, mas também de formas menos óbvias. Agradeço a Deus por Ann e estou feliz por ela, mas não por mim, pois ela pode, agora, descansar até o dia da ressurreição.

Sou grato a Matt Sousa por ler o manuscrito e me indicar o que precisava corrigir ou esclarecer no texto. Igualmente, sou grato a Tom Bennett por conferir a prova de impressão.

⌐ INTRODUÇÃO ⌐

No tocante a Jesus e aos autores do Novo Testamento, as Escrituras hebraicas, que os cristãos denominam de Antigo Testamento, *eram* as Escrituras. Ao fazer essa observação, lanço mão de alguns atalhos, já que o Novo Testamento jamais apresenta uma lista dessas Escrituras, mas o conjunto de textos aceito pelo povo judeu é o mais próximo que podemos ir na identificação da coletânea de livros que Jesus e os escritores neotestamentários tiveram à disposição. A igreja também veio a aceitar alguns livros adicionais, os denominados "apócrifos" ou "textos deuterocanônicos", mas, com o intuito de atender aos propósitos desta série, que busca expor "o Antigo Testamento para todos", restringimos a sua abrangência às Escrituras aceitas pela comunidade judaica.

Elas não são "antigas" no sentido de antiquadas ou ultrapassadas; às vezes, gosto de me referir a elas como o "Primeiro Testamento" em vez de "Antigo Testamento", para não deixar dúvidas. Quanto a Jesus e os autores do Novo Testamento, as antigas Escrituras foram um recurso vívido na compreensão de Deus e dos caminhos divinos no mundo e conosco. Elas foram úteis "para o ensino, para a repreensão, para a correção e para a instrução na justiça, para que o homem de Deus seja apto e plenamente preparado para toda boa obra" (2Timóteo 3:16-17). De fato, foram para todos, de modo que é estranho que os cristãos pouco se dediquem à sua leitura. Meu objetivo, com esses volumes, é auxiliar você a fazer isso.

Meu receio é que você leia a minha obra, não as Escrituras. Não faça isso. Aprecio o fato de esta série incluir grande parte do texto bíblico, mas não ignore a leitura da Palavra de Deus. No fim, essa é a parte que realmente importa.

UM ESBOÇO DO ANTIGO TESTAMENTO

A comunidade judaica, em geral, refere-se a essas Escrituras como a Torá, os Profetas e os Escritos. Embora o Antigo Testamento contenha os mesmos livros, eles são apresentados em uma ordem diferente:

- Gênesis a Reis: Uma história que abrange desde a criação do mundo até o exílio dos judeus para a Babilônia.
- Crônicas a Ester: Uma segunda versão dessa história, prosseguindo até os anos posteriores ao exílio.
- Jó, Salmos, Provérbios, Eclesiastes, Cântico dos Cânticos: Alguns livros poéticos.
- Isaías a Malaquias: O ensino de alguns profetas.

A seguir, há um esboço da história subjacente a esses livros (não forneço datas para os eventos em Gênesis, o que envolve muito esforço de adivinhação).

1200 a.C. Moisés, o êxodo, Josué
1100 a.C. Os "juízes"
1000 a.C. Saul, Davi
 900 a.C. Salomão; a divisão da nação em dois reinos: Efraim e Judá
 800 a.C. Elias, Eliseu
 700 a.C. Amós, Oseias, Isaías, Miqueias; Assíria, a superpotência; a queda de Efraim
 600 a.C. Jeremias, o rei Josias; Babilônia, a superpotência

500 a.C. Ezequiel; a queda de Judá; Pérsia, a superpotência; judeus livres para retornar ao lar
400 a.C. Esdras, Neemias
300 a.C. Grécia, a superpotência
200 a.C. Síria e Egito, os poderes regionais puxando Judá de uma forma ou de outra
100 a.C. Judá rebela-se contra o poder da Síria e obtém a independência.
0 a.C. Roma, a superpotência

ÊXODO E LEVÍTICO

Humanamente falando, a figura dominante nos livros de Êxodo e Levítico é Moisés. A Versão Almeida Corrigida e Fiel denomina essas obras de Segundo e Terceiro Livros "de Moisés", mas esses livros não fazem qualquer menção sobre a autoria de Moisés. Além disso, o fato de os livros falarem desse líder na terceira pessoa transmite a impressão de que foram escritos por outra pessoa. Como grande parte da Bíblia, os livros são anônimos, não mencionando quem os escreveu. Uma das características facilmente perceptíveis pelos leitores é que, por vezes, esses livros discorrem mais de uma vez sobre o mesmo tópico. Por exemplo, eles apresentam dois diferentes conjuntos de instruções sobre o tratamento de servos e três outros, igualmente distintos, contendo prescrições quanto aos festivais de peregrinação na primavera, verão e outono, antes de o povo assentar-se na terra e, portanto, em posição de grande necessidade de usar até mesmo um conjunto dessas instruções. O que parece ter ocorrido ao longo dos séculos, iniciando com Moisés, é que Deus continuamente guiou a comunidade sobre como viver em conexão com questões de adoração e vida diária, fazendo isso de formas distintas, segundo as demandas dos diferentes contextos sociais.

Êxodo e Levítico, juntos, trazem o fruto dessa orientação que se tornou parte da grande obra de ensino que constitui o Pentateuco, os cinco livros da Torá. O livro de Esdras relata que ele levou a Torá da Babilônia a Jerusalém, em 458 a.C., algum tempo após o exílio, e talvez isso indique que esse processo de levar a Torá (e, portanto, Êxodo e Levítico) tinha, agora, sido concluído. Desse modo, os livros incorporarão material acumulado ao longo da melhor parte de um milênio, pelo menos de Moisés a Esdras.

As traduções bíblicas, em geral, não inventaram a ideia de ligar os cinco primeiros livros da Bíblia a Moisés; essa noção já existia na época de Jesus, e o Novo Testamento pressupõe essa conexão. No entanto, há dúvidas quanto à implicação direta e simples da autoria de Moisés. Havia outros livros e tradições daquela época que eram associados a Moisés, apesar de as pessoas terem conhecimento de sua contemporaneidade. Denominar algo de "mosaico" era uma forma de expressar: "Isso é o tipo de coisa que Moisés aprovaria."

Nenhum desses cinco livros inaugurais é, na realidade, uma obra completa em si mesma. Êxodo e Levítico não possuem princípio real próprio; ambos pressupõem a história em Gênesis. Lá, as promessas feitas a Abraão encontram um cumprimento parcial dentro do próprio texto de Gênesis, mas o livro termina com a família de Jacó em território errado por causa da onda de fome. Assim, Êxodo 1—18 retoma essa história ao relatar a saída dos descendentes de Jacó do Egito e a sua jornada rumo à sua própria terra. Então, por um longo tempo, a história faz uma pausa, com o povo, de Êxodo 19—40 e Levítico, detidos no monte Sinai. O tempo envolvido é de apenas dois anos, mas a quantidade de espaço concedido a esse período mostra a importância da permanência do povo naquele local e quão valioso foi o modo de Israel trabalhar as implicações dessa parada sobre os séculos subsequentes. Números e Deuteronômio, então, seguem a partir do Sinai, levando os israelitas à entrada da terra prometida.

Os cinco livros da Torá são como as cinco temporadas de uma mesma série de televisão, cada uma culminando com um suspense, um gancho ou, pelo menos, com questões aguardando uma solução, para garantir a audiência na próxima temporada. Na realidade, esta série bíblica prossegue por outras seis temporadas (constituindo uma espécie de recorde), pois a história prossegue ao longo de seis outros livros, ou seja, Josué, Juízes, 1 e 2Samuel e 1 e 2Reis. Portanto, Êxodo e Levítico fazem parte de uma história colossal que percorre os livros de Samuel e Reis. Sabemos que o relato chega a um fim porque, ao virarmos a página, deparamo-nos com um tipo de rodopio, uma nova versão de toda a história, em 1 e 2Crônicas. Dessa forma, Gênesis a Reis relatam uma história que nos conduz da Criação, passando pelas promessas aos ancestrais de Israel, pelo Êxodo, pelo encontro com Deus no Sinai, pela chegada do povo em Canaã, pelos dramas do livro de Juízes, pelas realizações de Saul, Davi e Salomão e, então, a divisão do reino e o declínio que culmina com a deportação de grande parte do povo de Judá para a Babilônia. Como a temos, essa grandiosa história pertence ao período posterior aos últimos eventos que ela registra, isto é, o exílio do povo judeu na Babilônia, em 587 a.C. Esses eventos constituem o fim da história iniciada em Gênesis. Assim, compreender essa conclusão, às vezes, nos auxilia a ver elementos nessa narrativa.

Uso o termo "conclusão" porque não presumo que tenha sido, então, escrita do zero. Contudo, mesmo o árduo esforço para determinar os estágios pelos quais esse relato atingiu a forma que temos hoje não produziu qualquer consenso sobre esse processo. Então, o melhor a fazer é não nos desgastarmos com essa questão. A forma de a história se estender do princípio do mundo até o término do Estado judeu nos convida a ler o início à luz do fim, como ocorre com qualquer outra história. Isso, às vezes, nos ajuda a perceber pontos na narrativa que, de outra forma, seriam ignorados, além de evitar uma interpretação equivocada que tornaria tais pontos intrigantes. Somando-se a isso, sempre é útil imaginar a história sendo contada ou lida ao povo nos séculos posteriores.

Apresentar Êxodo e Levítico, em um único volume, nessa série *O Antigo Testamento para todos* concede ao leitor a vantagem de considerar todo o relato de Israel no Sinai, o que ocupa a segunda metade de Êxodo e todo o livro de Levítico. Os dezoito capítulos iniciais de Êxodo concentram-se na saída do Egito propriamente dita. O título "Levítico" sugere o foco em assuntos que dizem respeito especialmente ao clã de Levi, responsável por aspectos-chave do ministério em Israel. É possível distinguir dois aspectos desse ministério. Um é o cuidado do santuário, da oferta de sacrifícios, e assim por diante. O outro, é o de ensinar ao povo o que Deus esperava da vida dele. Êxodo 19—40 e Levítico cobre a ambos.

© Karla Bohmbach

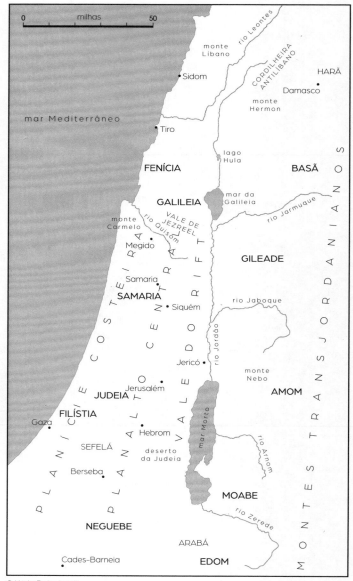

© Karla Bohmbach

ÊXODO 1:1-14
RETOMANDO A HISTÓRIA

¹Assim, são estes os nomes dos filhos de Israel que foram para o Egito com Jacó; eles foram cada qual com a sua família: ²Rúben, Simeão, Levi e Judá; ³Issacar, Zebulom e Benjamim; ⁴Dã e Naftali; Gade e Aser. ⁵Contando todas as pessoas que vieram do corpo de Jacó, elas eram setenta, José estando no Egito. ⁶José morreu, assim como todos os seus irmãos, e toda aquela geração, ⁷mas os israelitas foram fecundos e se multiplicaram; cresceram numerosos e muito, muito fortes. A terra ficou cheia deles.

⁸Um novo rei se levantou sobre o Egito que não conheceu José. ⁹Ele disse ao seu povo: "Ora, o povo israelita é mais numeroso e forte que nós. ¹⁰Venham, vamos agir racionalmente com eles para que não se tornem numerosos e, quando a guerra vier, até mesmo se unam aos nossos inimigos e lutem contra nós ou saiam da terra." ¹¹Então, colocaram supervisores de obras sobre eles para mantê-los contidos em seus trabalhos, e eles construíram cidades-celeiros para o faraó, Pitom e Ramessés. ¹²Mas, mesmo enquanto contidos, eles se tornaram numerosos e foram frutíferos. E passaram a ter medo dos israelitas. ¹³Então, os egípcios fizeram os israelitas servirem com crueldade. ¹⁴Eles tornaram a vida deles difícil com uma servidão dura, com barro, tijolos e toda a forma de servidão em campo aberto. Toda a forma de servidão a que eles os submeteram foi com severidade.

Enquanto escrevo no mês de maio, aqui, nos Estados Unidos, as séries de televisão estão conduzindo o seu enredo para o tipo de situação não resolvida ou gancho a que me referi, na introdução, na esperança de manter a audiência em suspense, para o próximo outono: "Como sair *desse* problema/ameaça?"

Há boatos de que uma ou duas séries de longa duração estão próximas do fim, com alguma especulação sobre como a próxima temporada será capaz de amarrar as pontas soltas. "Alguém acredita que os roteiristas tem alguma ideia de como levar a série a um epílogo?", escreveu um crítico a respeito de uma série em particular. Em geral, é possível até adivinhar o que precisa acontecer; a questão é como a história irá chegar lá. Quando o presidente foi baleado, ao final da primeira temporada de *The West Wing* [Nos bastidores do poder], alguém pensou que ele poderia morrer? Ao término da temporada, não supomos que Josh e Donna acabariam juntos? Nesse meio-tempo, contudo, a temporada seguinte precisará responder às questões levantadas na anterior, bem como dará início a novas perguntas e começará a apresentar, aos espectadores novos, desatentos ou esquecidos, breves retrospectivas do que ocorreu até então.

À semelhança dessas retrospectivas, o primeiro parágrafo de Êxodo resume o fim de Gênesis, repetindo, em grande parte, as próprias palavras de Gênesis. A continuidade é indicada pelo advérbio "assim", com o qual o livro principia. Os filhos de Jacó são divididos em grupos, de acordo com as suas respectivas mães.

Ao descrever os israelitas como fecundos, numerosos e fortes, Êxodo também recorda à sua audiência o início de toda a série, em Gênesis 1. Lá, Deus comissiona a criação a fazer isso. Israel cumpriu essa comissão à risca, experimentando a bênção sobre a criação em uma escala estupenda. A descrição de que a terra ficou cheia deles realça, ainda mais, esse ponto, porque a comissão divina à criação incluía encher a terra; em **hebraico**, "terra" e "país" são a mesma palavra. Êxodo acrescenta uma expressão que não aparece em Gênesis. Os israelitas se tornaram muito, muito fortes. Isso preocupa os **egípcios**, mas os israelitas, na época, desempenhavam um importante papel em sua força de trabalho e economia, sendo desejável que assim continuassem. A relação do Egito com Israel é, então, um pouco similar à existente entre a Grã-Bretanha e a Índia. Os britânicos gostariam de manter a Índia, mas o rabo se tornou demasiado grande para o cachorro. Você pode tentar a supressão, mas isso não funcionará no longo prazo.

Com a chegada de uma nova administração presidencial, uma mudança na dinastia egípcia significa a perda de posições por parte dos membros do antigo governo ou corte. José talvez tenha chegado ao Egito durante a XVIII dinastia, cujos reis incluíam Aquenáton e Tutancâmon, que não teve filhos. Após um golpe ou dois, uma nova dinastia teve início, em 1290 a.C., com Ramessés I e seu filho Seti I, um dos quais pode ter sido o faraó que não conheceu José. As desordenadas condições da transição de uma dinastia à outra embasariam um histórico plausível ao governo egípcio para exercer algum tipo de opressão. O sucessor de Seti, Ramessés II (Ramessés, o Grande), é famoso por seus projetos arquitetônicos e, assim, é possível imaginar essas construções sendo realizadas pelo trabalho forçado de estrangeiros, como os israelitas, constituindo mais do que a parcela justa da sua força de trabalho. Não sabemos a localização de Pitom, mas Pi-Ramessés foi um dos projetos arquitetônicos mais impressionantes de Ramessés.

Fixar o cenário histórico desse episódio envolve o uso de evidência circunstancial. Nenhuma fonte fora do Antigo Testamento menciona José, os israelitas ou Moisés. Se a sua tendência é considerar improvável que o Antigo Testamento tenha inventado essa narrativa do zero (como eu), então você estabelecerá a história nesse contexto. Caso não possua essa inclinação, pode vê-la como "apenas uma história" e imaginar ser um equívoco tentar situá-la em algum contexto.

ÊXODO 1:15—2:10
COMO RESISTIR ÀS AUTORIDADES

¹⁵O rei do Egito disse às parteiras hebreias (uma das quais se chamava Sifrá, e a segunda, Puá): ¹⁶"Quando estiverem ajudando as hebreias a dar à luz, verifiquem as pedras. Se for um filho, matem-no, mas, se for uma filha, ela pode viver." ¹⁷Mas as parteiras reverenciavam a Deus e não fizeram como o rei do Egito lhes dissera; deixaram viver os meninos. ¹⁸O rei do Egito convocou as parteiras e lhes disse: "Por que fizeram isso e deixaram viver os meninos?" ¹⁹As parteiras disseram ao faraó: "Porque as mulheres hebreias não são como as mulheres egípcias, porque são vigorosas. Antes de chegar a parteira, já dão à luz." ²⁰Deus lidou bem com as parteiras, e o povo cresceu numeroso e forte. ²¹Porque as parteiras reverenciaram a Deus, ele lhes constituiu famílias. ²²Então, o faraó ordenou a todo o seu povo: "Todo filho que nascer, vocês devem jogar no Nilo, mas toda filha, devem deixar viver."

CAPÍTULO 2

¹Um homem da casa de Levi foi e tomou uma mulher levita. ²A mulher ficou grávida e deu à luz um filho, e ela viu que ele era adorável. Ela o escondeu por três meses, ³mas não podia escondê-lo mais tempo. Então, ela pegou para ele um recipiente feito de junco, vedou-o com piche e betume, colocou o menino dentro e o pôs entre os juncos à margem do Nilo. ⁴Sua irmã permaneceu a certa distância para saber o que lhe aconteceria. ⁵A filha do faraó desceu para banhar-se no Nilo, enquanto suas servas andavam pela margem do rio. Ela viu o recipiente em meio aos juncos e enviou a sua criada, e ela o apanhou. ⁶Ela o abriu e viu a criança. Lá, o menino estava chorando, e ela sentiu pena dele e disse: "Esta é uma das crianças dos hebreus." ⁷Sua irmã disse à filha do faraó: "Devo ir e chamar alguém dentre as mulheres hebreias que esteja amamentando, para que ela possa cuidar da criança para ti?" ⁸A filha do faraó lhe disse: "Vá!" Então, a garota foi e chamou a mãe da criança. ⁹A filha do

> faraó disse a ela: "Leve esta criança e amamente-a para mim. Darei a você o seu salário." Assim, a mulher tomou a criança e a amamentou. **¹⁰**Quando o menino tinha crescido, ela o levou para a filha do faraó, e ele se tornou o filho dela. Ela o chamou Moisés e disse: "Porque eu 'o tirei' das águas."

Booker T. Washington nasceu na escravidão. Mais tarde, porém, tornou-se o primeiro diretor de uma faculdade para negros em Tuskegee, Alabama, sendo, às vezes, chamado de o presidente da América negra. Conta-se uma história sobre um advogado negro, fugindo do linchamento de uma multidão que bateu à porta de Washington. Este lhe deu proteção e o ajudou a escapar, mas, então, negou ter auxiliado aquele homem. Sua mentira pode ter evitado a destruição do *campus* da faculdade, bem como livrou outras pessoas do linchamento.

A atitude do Antigo Testamento quanto a dizer a verdade é similar àquela implicada nesse relato. A sua mãe costumava lhe contar que os Dez Mandamentos exigem que você diga a verdade, mas eles não fazem isso. Na realidade, eles demandam que você dê um testemunho verdadeiro na corte, mas essa é uma questão mais vital. O perjúrio pode custar a vida de alguém; o roubo de um biscoito, provavelmente, não. Exigir a verdade é uma forma de nós, pais, controlarmos nossos filhos, e usamos os mandamentos para esse fim. O Antigo Testamento enxerga o contar a verdade como parte de um relacionamento sincero mais amplo. Em uma relação autêntica entre pessoas, falar a verdade está inserido. Quando não há esse tipo de relacionamento, a verdade não é uma obrigação. Quando pessoas poderosas oprimem outras desprovidas de poder, estas não são obrigadas a contar a verdade aos seus opressores. (Assim, digo aos meus alunos, parcialmente brincando, que tenho maior obrigação de dizer a verdade a eles do que eles a mim.) Respeitar as autoridades deveria ser um modo de reverenciar a Deus, mas, quando essas autoridades exigem infanticídio, não é possível obedecê-las. Você dá a Deus o que pertence a Deus e a César o que pertence a César. As pessoas podem pagar com a vida por temer a Deus mais que às autoridades, mas, em situações assim, Deus honra essa atitude, constituindo um encorajamento para que outras enfrentem a própria escolha.

Falando de forma específica, não se deve esperar a cooperação de mulheres para que matem os seus próprios bebês ou os filhos de outras mulheres. No filme *Há tanto tempo que te amo*, Kristin Scott Thomas faz o papel de uma mulher que mata o próprio filho porque não consegue mais conviver com os sofrimentos que a doença do filho impõe a ele. Embora ela cumpra um longo tempo na prisão por seu crime, ao sair, subsequentemente, ela declara: "A pior prisão é a morte de um filho. Você nunca sai dela." O faraó quer colocar as parteiras e as mães **hebreias** na cadeia. Como em Gênesis, as mulheres no relato de Êxodo mostram que elas não são pessoas sobre as quais se pode exercer muita liderança.

Revelar os nomes das parteiras faz delas pessoas reais; elas não são apenas servas anônimas, mas pessoas que reverenciam a Deus. Êxodo as conhece pelo nome; nós as conhecemos pelo nome; Deus as conhece pelo nome. Mais adiante, descobriremos os nomes dos pais de Moisés e de sua irmã; eles também são pessoas reais (veja Êxodo 6:20; 15:20). O fato de os representantes da corte do **Egito** serem mantidos no anonimato é irrelevante. Não nomeá-los sugere que estão subordinados ao relato. Todos eles desfrutarão de plena proeminência nos registros egípcios, que não fazem qualquer menção aos israelitas. O Antigo Testamento possui uma escala de valores diferente; não é o faraó e a sua filha que importam. A despeito de sua importância e de seu poder, o faraó é derrotado por três ou quatro mulheres.

Permitir que as meninas vivam também aponta para sua incompetência (as "pedras" pode ser uma referência à banqueta de parto na qual as mulheres se ajoelhavam para dar à luz). Matar os bebês do sexo masculino reduz o tamanho de qualquer potencial força de guerra israelita, mas também reduz o tamanho potencial da força de trabalho israelita; deixar que as meninas vivam significa que elas podem gerar muito mais descendência. Além disso, sua própria filha se torna um agente frustrador de sua estratégia. Os instintos maternais que guiam as parteiras, a mãe e a irmã também conduzem as ações da princesa. Se o fato de ter sido criado no palácio equipou Moisés para seu futuro papel, a Bíblia jamais esclarece esse ponto. De todo modo, ser criado no palácio é uma tentação, não um recurso (cf. Hebreus 11).

O faraó reconhece que a sabedoria é importante na administração de seu império e na antevisão de problemas, mas ele mesmo não manifesta tal sabedoria. O Egito gozava da reputação de possuir um sistema de educação superior, bem como de recursos desenvolvidos para o treinamento de pessoas em administração, contudo o sistema falhou totalmente nesse quesito. No momento de crise, as pessoas dotadas de visão são mulheres que não encontram dificuldades em ludibriar o faraó, bem como em conceber um plano simples de envolver a sua filha (embora ela possa ter sido uma cúmplice voluntária). As parteiras temem a Deus; implicitamente, a mãe e a irmã confiam em Deus. Reverência e confiança fazem parte da sabedoria.

No Egito, o nome de Moisés significa "filho" (é um elemento em nomes tais como Tutemósis, "Filho de [o deus] Tut"), mas é muito similar a um raro verbo hebreu, com o significado de "tirar".

ÊXODO 2:11-25
DE GUERRILHEIRO A FUGITIVO

11Durante aquele período, quando Moisés havia crescido, ele foi à sua parentela. Ele os viu em seus labores e viu um egípcio atacando um homem hebreu, um de sua parentela. **12**Ele virou-se para um lado e para o outro, viu que não havia ninguém e atacou o egípcio, escondendo-o na areia. **13**Ele saiu no dia seguinte, e eis que dois hebreus estavam brigando. Ele disse àquele que estava errado: "Por que você ataca o seu companheiro?" **14**[O homem hebreu] disse: "Quem o fez o homem que é um oficial e uma autoridade sobre nós? Está pensando em nos matar como matou o egípcio?" Moisés ficou com medo. Ele disse: "Então, o assunto tornou-se conhecido!" **15**O faraó ouviu sobre esse assunto e buscou matar Moisés, mas Moisés fugiu do faraó e viveu em Midiã. Ele vivia ao lado de um poço.

16Ora, um sacerdote de Midiã tinha sete filhas. Elas vieram, tiraram água e encheram os bebedouros para dar de beber aos rebanhos de seu pai, **17**mas pastores as afastaram. Moisés levantou-se e as resgatou, dando de beber ao rebanho. **18**Elas foram ao pai delas, Reuel, e ele disse: "Como vocês voltaram tão rápido hoje?" **19**Elas disseram: "Um homem egípcio nos salvou dos pastores. Ele, na verdade, tirou água para nós e deu de beber ao rebanho." **20**Ele disse à suas filhas: "Então, onde ele está? Por que vocês deixaram o homem? Chamem-no para que ele possa ter algo para comer." **21**Moisés concordou em morar com o homem, e ele deu a Moisés sua filha Zípora como esposa. **22**Ela deu à luz um filho, e ele o chamou de Gérson, porque (ele disse): "Tornei-me um 'estrangeiro' em uma terra estranha."

23Durante aquele longo período, o rei do Egito morreu, e os israelitas gemiam por causa de sua servidão. Eles clamaram, e o seu clamor por auxílio, por causa de sua servidão, subiu ao seu Deus. **24**Deus ouviu o seu lamento e estava atento quanto à sua aliança com Abraão, com Isaque e com Jacó. **25**Deus viu os israelitas. Deus reconheceu isso.

Há um tipo especial de expressão irregular (popularizado pela série de TV *Yes Minister* [Sim, ministro]) que descreve a mesma ação diferentemente, de acordo com quem fala e quem está sendo referido. Um exemplo bem conhecido é: "Eu sou firme; você é obstinado; ele é teimoso." Outro, pode ser: "Eu sou decisivo; você é impaciente; ele é impetuoso." Pessoalmente, sou decisivo, mas tenho amigos que diriam que sou impetuoso. Alguns evitam estar comigo no carro quando estou ao volante, pois tomo decisões e ajo rapidamente. Os editores levantaram uma sobrancelha, ou as duas, quando lhes disse que escreveria mil palavras por dia para a série *O Antigo Testamento para todos*. Determinação não é necessariamente uma força; pode apenas ser uma forma rápida de tomar decisões erradas.

Essas narrativas iniciais sobre Moisés deixam claro que ele era decisivo, impaciente e impetuoso. Seu coração estava no lugar certo, mas isso pode ser uma bênção mista. A sua adoção, claramente, não significa que ele desconhece a sua identidade étnica, nem que compartilha da atitude oficial dos **egípcios** com relação aos **hebreus** ou servos israelitas. Ele toma uma ação decisiva, que pretendia manter em segredo, mas descobre ter falhado nessa intenção, ao agir do mesmo modo impetuoso no dia seguinte.

Isso não o fez abandonar a sua determinação, pois ela é parte da sua personalidade. Não se consegue, simplesmente, abandonar alguns aspectos que nos caracterizam. Na sequência, Moisés não consegue ficar sentado quando pastores, indevidamente, apropriam-se da água que algumas garotas haviam retirado do poço para o seu rebanho. O livro de Êxodo não tece comentários sobre o equívoco ou a futilidade do ato com o qual Moisés salva alguém de ser espancado até a morte ou por intervir em uma discussão no dia seguinte. Igualmente, não comenta quanto à adequação do modo pelo qual ele socorre as mulheres pastoras e da bênção decorrente dessa ação, embora o texto use o verbo "resgatar", que o Antigo Testamento utiliza, com frequência, para descrever Deus resgatando os israelitas de sua servidão no Egito.

Moisés terminou como um estrangeiro em terra estranha. Com a devida licença, "Ger-shom" poderia ter seu significado entendido como "Estrangeiro lá". Não era ele um estrangeiro no Egito? Decerto, estava em melhor posição que outros israelitas para se sentir em casa lá. As filhas de Reuel o descrevem como um egípcio, possivelmente com base na sua forma de vestir ou de falar. Na realidade, Moisés jamais esteve em casa em nenhum lugar: com sua família e seu próprio povo, na corte egípcia, com sua família midianita ou na terra prometida (porque morrerá um pouco antes de Israel tomar posse). Ele passa toda a sua vida como um estrangeiro. Talvez esse sentimento o ajude a cumprir o chamado que Deus lhe fez.

Se você não conhecesse a história, talvez estivesse se perguntando sobre a conexão entre esses fatos da vida de Moisés e o parágrafo que encerra o segundo capítulo. Êxodo não está se referindo a outra mudança de governo, mas resumindo a história até então, como cenário para nos contar como isso levou os israelitas a gemer, lamentar e clamar por socorro. O texto não explicita que eles estão "clamando" a Deus, mas apenas que clamam em dor. Contudo, Deus tem dificuldades em resistir a um clamor de protesto, quer esse clamor seja explicitamente endereçado a ele, quer não. O sangue de Abel e das vítimas da violência imperante em Sodoma clamaram, e esse clamor chegou até Deus. Agora, o lamento de Israel faz o mesmo.

Êxodo utiliza três outras palavras para descrever o clamor dos israelitas. "Gemido" e "lamento" sublinham a dor. A outra expressão é "clamam por socorro", um termo hebraico similar à palavra para "auxílio" ou "livramento". A expressão aponta para a ação que ela pede. Certamente, seria fácil responder. Deus apenas tem que inverter duas letras para transformar a situação.

Em adição às quatro palavras para dor, o texto de Êxodo usa quatro importantes verbos sobre a resposta de Deus. Eles aparecem em pares. Primeiro, Deus ouviu. É importante ter alguém ouvindo quando se está em dor, mas, em sua maioria, as pessoas que nos ouvem nada podem fazer a respeito. No caso em questão, o ouvinte podia. Portanto, segundo, Deus "estava atento quanto à sua **aliança**". As traduções, em geral, trazem Deus se "lembrando" de sua aliança, o que é suficientemente justo, embora não signifique que a aliança tenha escapado à memória divina, mas que Deus não estava agindo à luz dessa aliança para dar **Canaã** ao povo de Abraão. Agora, Deus decide que é tempo de cumpri-la e reflete sobre o que precisa ser feito.

No segundo par de palavras, *ver* comprova o *ouvir*. Deus olhou para a situação em Sodoma e confirmou que a situação era conforme o clamor; Deus fez o mesmo com Israel. O clamor israelita subiu a Deus; ele olhou para baixo a fim de ver. A menção sobre Deus reconhecer o que está ocorrendo corresponde à descrição de Deus estar atento. Algumas traduções apresentam Deus apenas tomando "conhecimento", mas o verbo em hebraico para "conhecer", usualmente, implica tomar conhecimento de algo, reconhecê-lo e agir a respeito; essa sequência se encaixa aqui.

Os fatos sobre Moisés e sua declaração sobre Deus nos deixam em suspense quanto ao que irá acontecer a seguir.

ÊXODO 3:1–10
ERA UM DIA DE TRABALHO COMO OUTRO QUALQUER

¹Moisés estava pastoreando o rebanho de seu sogro, Jetro, o sacerdote de Midiã. Ele havia levado o rebanho para o outro lado do deserto e chegou ao monte de Deus, a Horebe. **²**O ajudante de *Yahweh* apareceu a ele em uma chama ardente em meio a um arbusto. Ele olhou, e eis que o arbusto estava queimando com fogo, mas não era consumido. **³**Moisés disse: "Devo virar-me de lado e ver esta grande visão. Por que o arbusto não queima?" **⁴**E *Yahweh* viu que ele virou de lado para ver. Deus o chamou do meio do arbusto e disse: "Moisés, Moisés!" [Moisés] disse: "Estou aqui." **⁵**[*Yahweh*] disse: "Não se aproxime daqui." Tire as suas sandálias dos pés, porque o lugar no qual você está é terra santa." **⁶**E ele disse: "Eu sou o Deus de seu pai, o Deus de Abraão, o Deus de Isaque e o Deus de Jacó." Moisés escondeu o rosto, porque teve medo de olhar para Deus. **⁷***Yahweh* disse: "Eu realmente tenho visto os maus-tratos de meu povo no Egito e ouvido o seu lamento por conta de seus senhores, porque reconheci os seus sofrimentos **⁸**e desci para resgatá-lo da mão dos egípcios e levá-lo dessa terra a uma terra boa e espaçosa, uma terra que mana leite e mel, para a terra dos cananeus, dos hititas, dos amorreus, dos ferezeus, dos heveus e dos jebuseus. **⁹**Pois agora, sim, o clamor dos israelitas chegou a mim e também tenho visto a opressão que os egípcios estão impondo a eles. **¹⁰**Assim, agora, vá, eu te enviarei ao faraó para fazer sair o meu povo, os israelitas, do Egito."

Era um dia comum de trabalho. Ann, minha esposa (que, então, ainda não era a minha esposa; na verdade, nem nos conhecíamos), deixou a universidade na qual fazia a sua residência, em Londres, e tomou o metrô para chegar à sua escola de medicina. Ann estava a apenas uma semana ou duas do curso pré-clínico e ia ao encontro de outro estudante com quem compartilhava um cadáver, que ambos tinham de dissecar antes de serem liberados para cuidar dos vivos. Por coincidência, o nome do estudante era John. Debruçados sobre o cadáver, John perguntou a Ann se ela costumava ir à igreja. Ela respondeu que ia às vezes e que havia sido confirmada na Igreja da Inglaterra. "Você conhece Deus?", perguntou-lhe John. A pergunta a surpreendeu, pois ela não sabia o que pensar a respeito. John a convidou para ir com ele a uma igreja anglicana, próxima à BBC, onde outro John era o pregador e, bem, o resto é história. Naquele dia comum, repentinamente, Ann descobriu-se no limiar de se encontrar com Deus.

Era um dia como outro qualquer, e Moisés estava ocupado com os negócios da família. Seu sogro é agora chamado de Jetro, não Reuel; o que ocorre, novamente, em Êxodo 4:18. Êxodo combina diferentes versões da mesma história sem ser afetado por seus cantos vivos; essa diferença pode, simplesmente, indicar que o sogro de Moisés tinha mais de um nome, como Esaú-Edom e Jacó-Israel.

Como pastor, Moisés estava em movimento conduzindo o rebanho. O Sinai não é um lugar desértico como o Saara, mas também não lembra o deserto da Califórnia, com sua vegetação, bosques e mangues. Trata-se de um deserto árido; um pastor deve conhecer em que locais uma pequena chuva de inverno pode ter levado ao crescimento de alguma vegetação. Moisés viajou certa distância no deserto para encontrar esse lugar. Ele está por sua conta e, decerto, não chegará em casa a tempo do jantar ou mesmo de pernoitar. Lá, ele testemunha uma estranha visão. O arbusto pode ser algo como uma acácia espinhosa.

Pode-se imaginar meios naturais de um arbusto pegar fogo, mas isso seria perder de vista o ponto principal. Qualquer que seja a causa do fogo no arbusto, o fato é que atraiu a atenção de Moisés. Gosto de imaginar Moisés pensando, nos anos seguintes, sobre quantos problemas ele poderia ter evitado se apenas tivesse pensado: "Esse arbusto está estranho. Melhor sair e procurar alguma outra pastagem." Em vez disso, ele virou-se para encontrar Deus, que havia transformado aquele lugar num portal pelo qual o movimento entre o céu e a terra podia ocorrer. Denominar o lugar como "monte de Deus", provavelmente, não indica uma condição já existente naquela época; caso contrário, presume-se que Moisés não precisaria ser alertado de estar pisando em solo santo. Ao contrário, esse encontro e a reunião posterior de Israel com Deus é que tornam aquele local o monte de Deus.

Assim como outras narrativas do Antigo Testamento, Êxodo é ambíguo quanto à figura que aparece a Moisés. Inicialmente, ela é chamada de um **ajudante** divino, um ser celestial agindo como representante de Deus, mas, então, a figura fala como se, de fato, fosse Deus. A sugestão de que seja um ajudante divino torna a experiência menos assustadora para Moisés; o ajudante representa Deus e traz a palavra de Deus, mas está um estágio afastado de Deus. Sugerir que Deus em pessoa está falando sublinha a importância do evento; não se trata apenas de uma mensagem divina transmitida por terceiros. Na realidade, é uma experiência amedrontadora, não somente subjetiva, mas objetivamente falando. Moisés precisa manter certa distância para não ser eletrocutado pelo poder do lugar, nem deve olhar para Deus, a fim de não ficar cego pela luz. As palavras de Deus necessariamente transmitem uma mensagem ambígua: Aproxime-se, mas tenha cuidado ao aproximar-se.

O que Moisés conhece sobre Deus? Nada nos é revelado. Deus, primeiro, fala como "o Deus de seu pai"; então, Deus está envolvido com a família de Moisés. A descrição desse relacionamento entre Deus e o pai de Moisés torna-se mais expressiva quando Deus prossegue, acrescentando "o Deus de Abraão, de Isaque e de Jacó". Há uma linha direta do envolvimento de Deus com os ancestrais e com a família de Moisés. Estar envolvido com os ancestrais de Israel significa que Deus tem observado o sofrimento de seus descendentes e que o seu lamento tem chegado a ele. Assim, Deus desce. Sendo Deus dos israelitas, dificilmente ele faria outra coisa. Poderia ele endurecer o seu coração, como se fosse surdo?

Na realidade, Deus, com frequência, permanece impassível, como se tivesse o coração endurecido ou fosse surdo. Os israelitas não eram o único povo a sofrer nas mãos de um poder imperial nos tempos de Moisés, mas Deus não resgatou a maioria deles, e esse padrão prossegue ao longo dos séculos. Há ainda outra consideração que faz diferença no caso de Israel. Ao ser Deus para aqueles ancestrais, ele foi insensato o bastante para fazer-lhes promessas, e ser Deus significa não poder descumprir as promessas feitas. Isso o faria implodir. Deus prometeu aos israelitas que **Canaã** lhes pertenceria, uma terra com boas pastagens para as ovelhas e as cabras (assim, ela mana leite), ao contrário do deserto do Sinai, e uma região com abundância de tamareiras (assim, ela mana "mel"; não o mel de abelha, mas o mel das tâmaras, uma importante fonte de energia no Oriente Médio).

Por trás da promessa a Abraão, Isaque e Jacó, havia a preocupação de Deus com todo o mundo, pois esse povo deveria ser um meio de trazer bênção a todas as nações. Isso envolvia tirar os israelitas do **Egito**. Portanto, cedo ou tarde, Deus tem que cumprir aquela promessa. Todos os fatos estão se enfileirando; todos os planetas estão se alinhando; os egípcios precisam ser colocados em seus devidos lugares, e os israelitas precisam ser libertos, bem como a promessa feita a eles deve ser cumprida. Os povos que ocupam a terra de Canaã tornaram-se desobedientes e rebeldes o suficiente para serem removidos. Gênesis 15:16 refere-se a esses povos, em geral, como **amorreus**; aqui, Êxodo fornece uma lista mais detalhada dos povos. Os hititas são o povo ao redor de Hebrom, que Abraão conheceu lá. Nesse contexto, os amorreus são povos que ocupam a região mais a leste do Jordão; os jebuseus são o povo em Jerusalém; os heveus habitam ao norte de lá; e os **ferezeus** são, quiçá, aldeões.

Gosto de imaginar Moisés escutando Deus e se perguntando: "Isso é grandioso, mas por que Deus está me contando tudo isso? Aonde isso irá levar?" Pergunto-me se ele compreendeu a resposta antes de Deus chegar ao ponto culminante.

ÊXODO 3.11—4.17
VOCAÇÃO

11Moisés disse a Deus: "Quem sou eu para ir ao faraó e tirar os israelitas do Egito?" **12**Ele disse: "Estarei com você. Este será o sinal para você de que lhe enviei: quando tirar o povo do Egito, vocês servirão a Deus neste monte."

13Moisés disse a Deus: "Ora, se eu for aos israelitas e lhes disser: 'O Deus de seus ancestrais me enviou a vocês', e eles disserem: 'Qual é o nome dele?', o que devo lhes dizer?" **14**Deus disse a Moisés: "Eu serei o que serei." Ele disse: "Diga isso aos israelitas: 'Eu serei' me enviou a vocês." **15**Deus disse mais a Moisés: "Diga isso aos israelitas: '*Yahweh*, o Deus de seus ancestrais, o Deus de Abraão, o Deus de Isaque, o Deus de Jacó, me enviou a vocês.' Esse é o meu nome para sempre, essa é a minha designação a todas as gerações. **16**Vá, reúna os anciãos de Israel, e diga-lhes: '*Yahweh*, o Deus de seus ancestrais, o Deus de Abraão, o Deus de Isaque, o Deus de Jacó, apareceu a mim, dizendo: "Certamente, tenho assistido ao que está sendo feito a vocês no Egito. **¹⁷**Tenho dito: eu os tirarei dos maus-tratos dos egípcios para a terra dos cananeus, dos hititas, dos amorreus, dos ferezeus, dos heveus e dos jebuseus, uma terra que mana leite e mel".' **¹⁸**Eles o ouvirão, e você e os anciãos de Israel irão ao rei do Egito e lhe dirão: '*Yahweh*, o Deus dos hebreus — ele se encontrou conosco. Assim, agora, podemos ir a uma jornada de três dias no deserto para sacrificar a *Yahweh*, nosso Deus?' **¹⁹**Mas eu mesmo sei que o rei do Egito não lhes permitirá ir, nem mesmo por uma mão forte. **²⁰**Estenderei a minha mão e atingirei os egípcios com todas as maravilhas que irei realizar no meio deles. Depois disso, ele deixará vocês irem, **²¹**e concederei a este povo favor aos olhos dos egípcios. Quando forem, não irão de mãos vazias. **²²**Uma mulher pedirá à sua vizinha e à mulher que estiver em sua casa objetos de prata e ouro e roupas. Vocês os colocarão em seus filhos e filhas. Vocês despojarão os egípcios."

[Êxodo 4.1-17 relata mais objeções de Moisés e as respostas de Deus.]

Em meu seminário na Inglaterra os alunos, em sua maioria, já haviam sido aceitos como candidatos à ordenação, mas em meu seminário na Califórnia muito mais pessoas chegam sem ter certeza sobre qual ministério podem buscar ou mesmo a qual denominação pertencem. Assim, temos um gabinete para discernimento vocacional e serviços de carreira. Encontro-me, muitas vezes, envolvido em conversas com os alunos, avaliando se o ministério pastoral lhes será apropriado e mesmo se este será um contexto no qual poderão exercer melhor os talentos que receberam de Deus e se sentirão mais realizados (ou apenas encontrarão um emprego). Não há nada errado com essa questão, embora eu sinta certo desconforto ao envolver a palavra "vocação" nisso, caso pense quanto tem a ver com o modo pelo qual a vocação veio a Moisés, Jonas, Jeremias ou Paulo. Na origem, vocação significava chamado e, por sua vez, chamado significava convocação. Isso pressupõe a relação de senhor e servo. Quando um senhor convoca um servo a ir e fazer algo, não há a intenção de ser um modo de o servo descobrir realização, nem algo opcional.

Quando Deus chama ou convoca Moisés, Jonas, Jeremias ou Paulo, o objetivo não é o de capacitá-los a descobrir uma realização pessoal, nem um convite que podem recusar. Moisés, Jonas e Jeremias, pelo menos, descobrem que a recusa não é possível. No caso de Paulo, quando você vivencia uma experiência como a dele na estrada para Damasco, nem lhe passa pela cabeça tentar recusar (embora desconheçamos quantas pessoas escaparam antes de Deus convocar esses quatro). Deus não se importa em desconsiderar os anseios e inclinações das pessoas, quando o quadro maior o exige. Não que Deus aja assim com frequência — quiçá, uma vez a cada século —, mas isso mostra que não recebemos o relato sobre a história de Moisés por ela refletir a forma pela qual Deus se relaciona conosco. Havia algo extraordinário na relação entre Deus e Moisés, e isso é o que torna a sua história importante. (Mas a capacidade de Deus em fazer demandas surreais e incomuns que contrariam as nossas inclinações e habilidades deve ser mantida em nossa mente.)

Fortuitamente, o fato de Moisés não responder a Deus, dizendo: "Está bem. Vou, então, cuidar disso", significa que ele e nós aprendemos algo do diálogo que segue. De imediato, Moisés pergunta: "O quê? Eu?" Poderíamos pensar que Moisés possuía algumas qualificações úteis. Em vez disso, Deus confirma a sua premissa, mas nega a sua conclusão. Moisés não está sendo comissionado com base em sua experiência palaciana, sua iniciativa ou sua potencial liderança. Ele não necessitará de nada disso para cumprir o papel estritamente subordinado que Deus tem em mente. Tudo o que terá que fazer é transmitir mensagens ao faraó e executar alguns truques. O que importa é a afirmação de Deus: "Eu estarei com você." Não se trata meramente de uma promessa de que Moisés sentirá a presença de Deus, mas que Deus estará ativamente ao seu lado, quer Moisés sinta isso quer não. Caso não sinta, terá um sinal real da presença de Deus com ele, embora seja um sinal que pressuponha o irônico senso de humor divino. Moisés verá o sinal de que Deus está com ele apenas quando o êxodo estiver concluído. Assim, terá que enfrentar a crise e o desafio com base na confiança da promessa que Deus lhe fez, mas, quando retornar ao monte Horebe com o povo, ele será capaz de olhar para trás e refletir: "Deus disse: 'Eu irei fazer isso', e isso ocorreu; isso mostra que Deus o fez."

A segunda questão: Quem é Deus? Uma vez mais, o texto de Êxodo parece combinar inúmeros relatos complementares. Se as pessoas perguntarem sobre o nome de Deus, a resposta mais simples é "*Yahweh*"; todavia, ainda mais significativo é que ele é o Deus de Abraão, de Isaque e de Jacó. O Deus que pretende agir não é somente o único com esse nome, mas aquele que há muito tempo está envolvido com o povo israelita e que lhes fez aquelas promessas. Ao questionar o nome de Deus, talvez queiram dizer mais do que "Com que rótulo esse Deus se apresenta?" Os nomes, em geral, expressam algo sobre a pessoa. Igualmente, podem estar dizendo: "Conte-nos algo sobre esse Deus; ajude-nos a acreditar no que você diz." O nome "*Yahweh*" poderia levar alguém a pensar no verbo "ser"; especialmente, é similar à parte daquele verbo que significa "ele será". Assim, Êxodo precede a revelação do nome com a declaração: "Eu serei", e o faz com a enigmática expressão: "Eu serei o que serei." Como assim? No entanto, Deus já usou essa expressão ao prometer a Moisés: "Estarei com você." Que tipo de Deus está prometendo tirá-los do **Egito**? *Yahweh* é um Deus que estará lá, que estará com eles, que será o que for necessário ser, nos diferentes contextos, a fim de alcançar aquele propósito previamente anunciado aos ancestrais.

Moisés tem mais perguntas ou objeções (Êxodo 4:1-17): "E se eles não acreditarem em mim?" A Moisés, é dado outro tipo de sinal; ele pode transformar uma vara em uma cobra e vice-versa. Pode fazer sua mão ser tomada pela lepra e, então, curá-la por completo. É capaz de transformar a água do Nilo em sangue. Esses sinais devem fazê-los acreditar que há algo especial em Moisés.

"E quanto ao fato de não ser hábil com as palavras?", Moisés indaga. Deus indica que isso é irrelevante, tanto quanto a pergunta anterior feita por Moisés: "Quem sou eu?" Deus estar com Moisés também se aplica a ele nessa conexão. Moisés é apenas um servo de Deus, um auxiliar do rei. O mensageiro não precisa gerar a mensagem; apenas repeti-la.

"Bem, podes enviar outra pessoa?", ele questiona. Deus é longânimo, mas sua longanimidade não é infinita. Deus perde a paciência, como os egípcios e os **cananeus** estão prestes a descobrir. Isso não significa que Deus muda de ideia sobre usar Moisés. Às vezes, a decisão de Deus já está tomada, e não é possível mudá-la. Deus não está preparado para prosseguir com a discussão, mas diz a Moisés que ele pode ter a companhia de seu irmão como seu porta-voz e, pelo amor de Deus, realizar essa tarefa.

Por que razão Êxodo alonga-se tanto no relato sobre o comissionamento de Moisés? Os líderes de Deus, com frequência, necessitam ser recrutados. Na política, é preciso candidatar-se para ser eleito pelo povo. Moisés *foge* da eleição de Deus. Ser governado por pessoas que desejam exercer o poder é preocupante. A pessoa que lidera precisa ser arrastada à posição de liderança: eis uma ideia sugestiva. Há poucos voluntários entre os líderes de Israel ou mesmo da igreja primitiva.

> ## ÊXODO **4.18–23**
> ### SOBRE DAR A CÉSAR
>
> **18**Moisés voltou para o seu sogro, Jetro, e lhe disse: "Posso voltar aos meus parentes, no Egito, e ver se ainda estão vivos?" Jetro disse a Moisés: "Vá em paz." **19***Yahweh* disse a Moisés em Midiã: "Volte ao Egito, porque todas as pessoas que procuravam por sua vida estão mortas." **20**Então, Moisés tomou a sua esposa e filhos, montou-os em um jumento e voltou ao Egito. Moisés levou a vara de Deus em sua mão. **21***Yahweh* disse a Moisés: "Quando você voltar ao Egito, considere todas as maravilhas que coloquei em seu poder e faça-as na frente do faraó. Mas eu mesmo fortalecerei a determinação dele para que não deixe o povo ir. **22**Você deve dizer ao faraó: '*Yahweh* disse isto: "Israel é meu filho primogênito. **23**Eu lhe disse: 'Deixe meu filho ir para que ele possa me servir', mas você se recusa a deixá-lo ir. Certo. Eu irei matar o seu filho primogênito."'"

Acabei de conversar com um aluno que atua como missionário na Indonésia, e estávamos discutindo o dilema enfrentado pela igreja de lá. O aluno descreveu a igreja como pós-colonial, no entanto sugeri que ainda é colonial. O evangelho chegou à Indonésia por ela fazer parte do Império Holandês. Assim como as igrejas do leste da África parecem igrejas britânicas, com suas práticas de culto adaptadas das liturgias britânicas, igualmente as igrejas indonésias, bem como a sua teologia, refletem a teologia holandesa. Para eles, é difícil distinguir a cultura holandesa da cultura cristã. Pareceu-me ainda mais difícil para esse aluno entender que o mesmo era verdadeiro com respeito à igreja norte-americana. A igreja sempre se torna identificada com o império, seja ele britânico, seja holandês, seja russo, seja norte-americano. É do interesse desse império apropriar-se da religião como apoio. O império vê a si mesmo como deus e pode beneficiar-se desse apoio, independentemente do que o povo chame de deus.

Deus pode devolver o elogio. Ele irá utilizar a **Assíria**, a **Babilônia**, a **Pérsia** e a **Grécia** em favor do propósito divino. E ele faz isso com o **Egito** de uma forma mais paradoxal. O Egito faz de tudo para reter os israelitas em lugar de permitir que eles saiam de suas terras, mas, como resultado dessa resistência, acaba por prestar um testemunho forçado do poder de Deus, desempenhando um papel acidental e involuntário no processo pelo qual o propósito divino de abençoar as nações é alcançado. Muito mais tarde, Roma crucificará o Filho de Deus e, portanto, também prestará um testemunho acidental do poder de Deus que levanta Jesus dentre os mortos. Da mesma forma que o Egito, o papel de Roma no desígnio de Deus de abençoar o mundo não é proposital ou voluntário, porém o propósito divino é, de novo, alcançado. A nação egípcia, no processo, experimenta uma contundente derrota, e Roma, no devido tempo, se renderá ao Deus e Pai de nosso Senhor Jesus Cristo (embora, então, engenhosamente, reencarne-se como cristandade, não como o corrupto Império Romano).

A história do Êxodo é o primeiro grande conflito registrado na Escritura entre Deus e um poder imperial, uma superpotência. Pode-se dizer que, no Antigo Testamento, é o único conflito desse tipo; Deus jamais teve muito trabalho com as subsequentes (e mais impressionantes) superpotências (quando Deus assume Roma, é apenas mais uma batalha). No caso em questão, o faraó pensa ser soberano, o mandachuva, considera-se, praticamente, deus. As superpotências, em geral, fazem isso, e Deus permite que sigam com a sua ilusão pelo tempo que for conveniente ao seu propósito, mas, por uma razão ou outra, chega um momento em que Deus considera necessário dar um basta e mostrar que ele é, de fato, Rei. Esse é o momento vivido pelo faraó.

No instante em que o verdadeiro Rei decide agir e fazer algo é que o rei humano estará inclinado a resistir. Deus quer prosseguir para a próxima etapa no cumprimento de seu plano para abençoar o mundo por meio de Israel, levando o povo israelita à terra prometida. Israel possui junto a Deus uma posição similar à de um primogênito, a fim de receber a herança ou bênção do primogênito, a concessão de uma terra que pertence ao seu Pai. Já sabemos que o faraó não aprecia a ideia de os israelitas levantarem acampamento e sair. Como outros impérios e países desenvolvidos, ele olha com desdém para os imigrantes que vivem no meio deles, mas conta com eles para executar os trabalhos que os nativos não desejam fazer. Assim, será uma confusão se eles forem embora.

Portanto, esse é um momento de conflito entre o Rei e um rei, ou entre um Pai e o senhor de seu filho. Como Pai, Deus não precisa fazer valer o seu ponto junto a ele; o objetivo do Pai seria alcançado simplesmente ao levar os israelitas para fora do Egito. Como Rei, Deus deseja fazer valer o seu ponto junto ao pretenso rei, seus súditos e o mundo como um todo que ouve sobre esse evento.

Um tema proeminente no desenvolvimento desse conflito será o recrudescimento ou fortalecimento da determinação do faraó. As traduções, em geral, falam sobre o "endurecimento do coração do faraó"; literalmente, as palavras denotam que o coração do faraó se torna pesado ou intenso. Em nosso idioma, o coração sugere sentimentos, mas, na

Escritura, os sentimentos estão mais associados ao estômago; o coração sugere pensamento, adotar ações, tomar decisões. É mais próximo ao que, usualmente, associamos com a mente. Fortalecer ou endurecer o coração implica manter uma resolução com certa firmeza. Deus comissiona Moisés a pressionar o faraó para que deixe os israelitas saírem do Egito, mas Deus também está exercendo pressão para que ele não permita a saída do povo. Paradoxalmente, isso irá mostrar quem é o verdadeiro rei. Uma vitória fácil e rápida lograria o mesmo resultado; contudo, prolongar o conflito apresenta outras vantagens. Será conveniente a Deus se o faraó resistir à ideia de deixar os filhos de Deus irem embora, pois ampliará as oportunidades de mostrar quem é o verdadeiro Rei. Como Deus irá endurecer ou fortalecer a determinação do faraó? Imagino que não seja pela manipulação dos circuitos elétricos no cérebro do faraó ou por algo análogo à hipnose, para que o faraó faça algo que não está inclinado a fazer ("Meu instinto diz para deixar os israelitas irem, mas algo me impede"). A determinação é fortalecida ou enfraquecida pelo argumento. Posso dizer a um amigo: "Quando eu quiser comer uma segunda porção de torta de frutas com creme, pode me lembrar que eu disse que quero perder alguns quilos e que emagrecer me fará sentir mais saudável?" O problema é que, quando ceder a essa tentação e abrir a geladeira de madrugada, não haverá ninguém lá para argumentar comigo. Eu mesmo tenho que fortalecer a minha resolução. O pastor procura aumentar a nossa determinação com a lembrança do que Cristo fez por nós. Moisés procurou fortalecer a resolução do povo lembrando aos israelitas o que Deus fez por eles. Israel, a congregação ou eu temos que tomar a resolução, mas Moisés, o pastor ou o meu amigo podem contribuir para algum fortalecimento.

Assim, **Yahweh** declara a intenção de endurecer ou fortalecer a determinação do faraó. Imagino o faraó ouvindo uma voz, dizendo: "Não, não amoleça; seria estupidez deixá-los ir"; mas o faraó é quem decide dar ouvidos a essa voz ou não. Portanto, quando Moisés e Arão realizam os seus prodígios, Êxodo fala sobre a resolução do faraó ser firme ou forte, bem como sobre o faraó endurecer e firmar a sua própria resolução, com mais frequência do que da ação de Deus para fazer isso no coração do faraó. As três formas de expressão são importantes. Afirmar que "a determinação do faraó era forte ou firme" apenas relata o fenômeno. Dizer que "o faraó fortaleceu ou endureceu a sua própria resolução" deixa claro que a vontade do faraó está envolvida e não se trata de uma decisão imposta a ele. Por fim, declarar que "Deus endureceu a resolução do faraó", claro, evidencia a ação de Deus. Referir-se primeiro à intenção de Deus expressa que a soberania de Deus está envolvida, mas, ao descrever o desenrolar dos fatos, o livro de Êxodo cita, primeiramente, que a resolução do faraó era forte ou firme (Êxodo 7:13-14,22) e que o faraó endureceu a sua própria resolução (Êxodo 8:15,32), antes de falar da ação de Deus (Êxodo 9:12). Essa ordem, uma vez mais, expressa a importância do envolvimento humano do faraó. Ele não é uma simples marionete nas mãos de Deus.

ÊXODO **4:24–31**
O IMIGRANTE RETORNA

²⁴No caminho, em uma hospedaria, *Yahweh* encontrou-se com [Moisés] e procurou matá-lo. ²⁵Zípora pegou uma pedra e cortou o prepúcio de seu filho, tocou os seus pés e disse: "Porque você é um noivo de sangue derramado para mim!" ²⁶E ele se afastou dele. (Naquele momento ela disse: "um noivo de sangue derramado", com referência à circuncisão.)

> **²⁷**_Yahweh_ disse a Arão: "Vá e encontre Moisés no deserto." Ele foi e encontrou-se com ele no monte de Deus e o beijou. **²⁸**Moisés disse a Arão todas as palavras com que Deus o tinha enviado e todos os sinais que lhe tinha ordenado, **²⁹**e Moisés e Arão foram e reuniram todos os anciãos dos israelitas. **³⁰**Arão falou todas as palavras que _Yahweh_ tinha falado a Moisés e fez os sinais diante dos olhos do povo, **³¹**e o povo acreditou. Quando ouviram que _Yahweh_ tinha prestado atenção aos israelitas e visto os seus maus-tratos, eles se curvaram em adoração.

As duas últimas pessoas que me auxiliaram no cuidado com minha esposa eram das Filipinas. Embora ambas fossem esposas de alunos de nosso seminário, não é mera coincidência que também fossem daquele país. Nos Estados Unidos e na Grã-Bretanha, há muitas cuidadoras filipinas; na realidade, tenho visto muitos anúncios à procura de cuidadoras no Oriente Médio, bem como em muitos outros lugares que, especialmente, observam: "dá-se preferência a filipinas". Muitas alimentam a esperança de, algum dia, voltar "para casa" (a nossa última cuidadora achava o sul da Califórnia muito frio!), e um de meus alunos filipinos comentou como a história de Moisés ilumina as histórias de imigrantes filipinos no Ocidente. Para eles, assim como para Moisés, a migração significa deslocamento, invisibilidade, marginalidade e alienação. Em que pese ser também um estrangeiro nos Estados Unidos, como um professor titular caucasiano, não sofro com experiências desse tipo, mas vivencio, de fato, alguma incerteza de identidade. Não sou um cidadão norte-americano e também estou fora de contato com a Grã-Bretanha; assim, caso voltasse, não encontraria o mesmo país que deixei, mas uma cultura modificada. Não falo como os norte-americanos, mas de volta à Inglaterra, decerto, as pessoas iriam rir pelo modo em que o meu sotaque e vocabulário foram afetados por minha residência nos Estados Unidos. A posição dos imigrantes filipinos é muito mais complexa. Grande parte deles anseia retornar ao país natal, mas houve razões para terem deixado o "lar" e retornar significa voltar à situação que os fez ir embora, em especial as necessidades econômicas de suas famílias.

Para Moisés, retornar significa encarar outras questões familiares; ele possui uma família em Midiã e outra no **Egito**. Isso também significa enfrentar questões quanto à sua própria identidade. O retorno o envolve em uma experiência de quase morte. Deus sabe que o velho Moisés precisa morrer para que ele possa cumprir o seu chamado. Inevitavelmente, isso afeta a sua família, embora não precisasse tê-los afetado da forma que fez. Isso leva a esposa de Moisés e o seu filho a uma nova relação com ele e a sua vocação.

Muitos aspectos no relato da circuncisão do filho de Moisés não são claros. Os pés de quem foram tocados por Zípora? Por quê? E seria "pés" um eufemismo para genitália (como, às vezes, é)? Por que Moisés ainda não tinha circuncidado o seu filho? Esse é o sinal da aliança, de participar da promessa de **Yahweh** de conceder aos descendentes de Abraão a terra para a qual Moisés os levaria. O que ele estava pensando? É um sinal de descrença? Não se podia acusar Moisés de perder a fé. Deus havia estabelecido uma **aliança** com os seus ancestrais, uma aliança referente ao futuro. Os israelitas teriam uma posição segura e firme em **Canaã** em vez de serem estrangeiros ignorados. Contudo, por gerações eles não têm vivido nessa terra prometida. O que aconteceu com o compromisso da aliança divina? Deus a esqueceu? Certamente, Deus não está mais atento a isso.

A aliança dizia respeito ao futuro e não exigiu muito dos ancestrais no presente. Eles tinham apenas que aceitar o sinal da aliança. E foi exatamente esse sinal simples que Moisés negligenciou. Deus não se esqueceu da promessa da aliança, e Moisés também não estava atento ao sinal da aliança.

Ele não precisava mais preocupar-se com as ameaças à sua vida, que o assustaram até então, mas há outra ameaça que Moisés não considerou. A tentativa frustrada de Deus em matá-lo é misteriosa em outro sentido. Na realidade, acho que Deus não se esforçou muito, pois o objetivo, presume-se, era o de trazer Moisés de volta à razão. Felizmente, até mesmo uma mulher midianita sabe que um homem precisa ser circuncidado (era uma prática comum na cultura do Oriente Médio, embora Deus tenha conferido a ela um novo significado ao torná-la o sinal da aliança com Abraão e seu povo). Quão interessante é o fato de Zípora ter tomado aquela ação decisiva para salvar Moisés. Uma vez mais, ele deve a sua vida à iniciativa de uma mulher e, de novo, a história do Êxodo teria descarrilhado, não fosse a ação de uma mulher.

Não sabemos por quanto tempo Moisés tinha permanecido em Midiã (a tradição judaica afirma que foram quarenta anos, e Atos 7:30 pressupõe isso). Quem sabe como a família de Moisés reagiria ao seu retorno com sua família midianita, após todos aqueles anos? É bom que Deus tenha aparecido tanto a Arão quanto a Moisés. Não é preciso muito esforço para imaginar que a volta desse imigrante, afirmando que Deus o havia comissionado a liderar o povo para fora do **Egito**, provocaria uma reação cética entre os israelitas. Assim, é sobremodo positivo que Deus tenha antevisto isso, aparecendo a Arão e instruindo Moisés (e agora a Arão) quanto aos sinais a realizar.

Desse modo, o povo creu. Trata-se da sexta utilização desse verbo em Êxodo 4. As outras cinco sugerem que Êxodo está falando sobre o povo crer nas palavras de Moisés, já que estão conectadas à dúvida de Moisés quanto ao povo acreditar nele e à promessa de Deus na qual, de um jeito ou de outro, eles crerão. A promessa divina se cumpre. Êxodo não está discorrendo sobre o povo crer em Deus, embora isso esteja implícito, pois, ao ouvirem a mensagem sobre Deus ter visto a aflição do povo e decidido agir em favor deles, os israelitas curvaram-se em adoração.

ÊXODO 5:1—6:1
CUJO SERVIÇO É LIBERDADE PERFEITA

¹Depois, Moisés e Arão foram e disseram ao faraó: "*Yahweh* disse isto: 'Envia o meu povo Israel para que eles possam realizar um festival para mim no deserto.'" ²Mas o faraó disse: "Quem é *Yahweh* para que eu ouça a sua voz sobre liberar Israel? Eu não reconheço *Yahweh*, nem enviarei Israel." ³Eles disseram: "Porque o Deus dos hebreus encontrou-se conosco, podemos ir a uma jornada de três dias no deserto para sacrificar a *Yahweh*, nosso Deus? Caso contrário, ele pode nos atingir com epidemia ou espada." ⁴Mas o rei do Egito lhes disse: "Moisés e Arão, porque deveriam vocês afastar o povo de seus afazeres? Vão para os seus trabalhos."

⁵Então, o faraó disse: "Certo. O povo da terra é, agora, numeroso, e vocês os farão cessar o trabalho deles?" ⁶Naquele dia, o faraó ordenou aos chefes sobre o povo e aos seus próprios supervisores: ⁷"Vocês não devem continuar a dar ao povo palha para os tijolos, como ontem e no dia anterior. Eles mesmos podem ir e coletar a palha para si. ⁸Mas a quantidade de tijolos que estavam fazendo ontem e no dia anterior, vocês devem exigir deles. Não devem reduzi-la, porque são indolentes — eis por que estão clamando: 'Vamos sair e oferecer sacrifício ao nosso Deus.' ⁹O serviço deve ser pesado sobre os homens para que possam trabalhar nisso e não ouçam palavras enganosas."

¹⁰Então, os chefes do povo e seus próprios supervisores saíram e disseram ao povo: "O faraó disse isto: 'Não lhe darei palha.

¹¹Vão e consigam palha onde possam encontrá-la, porque não há redução em seu serviço, de forma alguma.'" **¹²**O povo se espalhou por todo o Egito para recolher restolho em vez de palha, **¹³**enquanto os seus chefes os apressavam: "Terminem o seu trabalho, a tarefa de cada dia, assim como quando vocês tinham palha." **¹⁴**Os supervisores dos israelitas, que os chefes do faraó tinham colocado sobre eles, eram espancados, dizendo: "Porque não terminaram a sua prescrição de tijolos, como ontem e no dia anterior, tanto ontem quanto hoje?" **¹⁵**Então, os supervisores dos israelitas vieram e clamaram ao faraó: "Por que ages assim com os teus servos? **¹⁶**Nenhuma palha é dada aos teus servos, mas eles estão nos dizendo: 'Tijolos! Faça tijolos.' Ora, os teus servos estão sendo espancados, mas a ofensa é do teu povo." **¹⁷**Mas ele disse: "Vocês são indolentes, indolentes. Eis por que estão dizendo: 'Podemos ir para sacrificar a *Yahweh*?'"

[Êxodo 5:18—6:1 relata como os supervisores dos israelitas protestam a Moisés e a Arão por tornarem a situação deles ainda pior, e Moisés protesta sobre isso a Yahweh.]

Amanhã, presidirei um "culto" na igreja. Em que sentido "servimos" a Deus pelo entoar de hinos e assim por diante? É a Deus, de fato, que estamos servindo? Ontem, um de meus colegas no comitê da capela do seminário perguntou-me qual era a minha avaliação quanto ao culto na capela ao longo do último ano. Talvez devesse ter respondido: "Bem, seria melhor pedir uma avaliação a Deus, não a mim!" É fácil assumir como critério de avaliação do culto os meus sentimentos após o seu término. Contudo, "serviço" é uma das palavras mais comuns no Antigo Testamento para "adoração" ou "culto". Os servos não servem ao seu senhor para o próprio benefício. (Bem, na realidade, sim, mas eles precisam esquecer isso enquanto estão envolvidos em suas tarefas. Eles obterão benefícios apenas se mantiverem o foco no serviço aos seus senhores.)

O serviço é um tema importante na história do Êxodo, embora as traduções, em geral, utilizem palavras como "adoração", "servidão" e "escravidão", bem como "serviço", na tradução de termos **hebraicos** relacionados. O faraó os obriga a *servir* (isto é, trabalhar para os **egípcios**) mediante um *serviço* severo (Êxodo 1:13-14). Mais tarde, o serviço deles se torna ainda mais pesado e cruel (5:9,11; 6:9). Quando desejam partir, o faraó os força a retornarem ao trabalho (5:18). Os israelitas gemem por causa de sua servidão (2:23) e chamam a si mesmos de *servos* do faraó (5:15-16), e o clamor por causa do serviço forçado chega a Deus (2:23). Deus ouve os lamentos deles, quando os egípcios os obrigam a servir, e decide livrá-los dessa lida (6:5-6). O escape deles significa ser retirado de um país de servos (13:3,14), e o faraó, de súbito, percebe quão estúpido seria deixá-los ir e perder os escravos (14:5).

Ao enfrentarem as águas do mar Vermelho, os israelitas concordam que teria sido muito melhor permanecer e continuar servindo aos egípcios: "Deixem-nos em paz, para que possamos servi-los", eles alegam ter dito ainda no Egito, embora o texto de Êxodo não nos reporte isso (14:12). O sinal que Deus prometeu a Moisés, em sua primeira aparição, foi que os israelitas o serviriam naquele monte, quando ele retirasse o povo do Egito (3:12) e, portanto, o desafio de Deus ao faraó é: "Deixe meu filho ir para que ele possa me servir" (4:23) ou "Deixe meu povo ir para que eles possam me servir" (7:16; 8:1,20; 9:1,13; 10:3). Sem dúvida, há um sentido no qual eles podem servir a Deus no Egito, mas o povo também está sob a autoridade do faraó, e ele é quem decide o que sucede aos israelitas. Por ocasião da praga dos gafanhotos, os oficiais instaram o faraó a deixar o povo sair e servir ao Deus deles, mas o faraó responde que apenas os homens israelitas podiam ir e servir a Deus. Após trevas terríveis terem caído sobre a terra, o faraó diz que homens, mulheres e crianças podiam ir e servir a Deus (10:7-8,11,24). Moisés diz que eles precisarão dos animais para servir a Deus (10:26). Então, após a morte dos primogênitos, o faraó permite que o povo saia com os animais para prestar culto a Deus (12:31). A Páscoa e o festival dos pães asmos serão os cultos com os quais os israelitas servirão (12:15-16; 13:5-6).

Desse modo, em Êxodo 5, Deus não somente diz: "Deixe meu povo ir", mas: "Deixe meu povo ir para que eles possam me servir." Deus também declara que eles devem "realizar um festival para mim". Seria deveras apropriado referir-se a isso como "fazer uma peregrinação". Os muçulmanos devem cumprir uma peregrinação a Meca algum dia, pelo menos uma vez na vida, e o termo para essa peregrinação, *hajj*, está relacionado à palavra que Moisés usa aqui. A peregrinação reconhece que há lugares especiais à fé. Os cristãos podem realizar peregrinações a Jerusalém e à Galileia, pela importância dos fatos lá ocorridos. Mais tarde, no Antigo Testamento, os israelitas peregrinarão a Jerusalém por ser o lugar especialmente designado por Deus para estar presente entre o povo. Aqui, o Deus dos israelitas já havia aparecido em um monte no deserto e declarado a intenção de libertá-los do Egito, e, assim, eles devem ir ao encontro de Deus lá. Isso não significa que Deus não esteja também presente com eles no Egito; a ideia de haver locais especiais, que mostraram ser portais entre o céu e a terra, pode coexistir com o conhecimento de que Deus está em toda parte. Essa exigência, no entanto, levanta a questão quanto à plena honestidade de Moisés sobre o propósito da saída deles. Se o faraó deixá-los ir por três dias, eles realmente voltarão? Trata-se de uma peregrinação ou de um êxodo? Talvez se o faraó estivesse disposto a liberá-los para uma peregrinação de três dias, eles não precisariam estar tão ansiosos para deixar o Egito de vez.

A terceira descrição de Moisés do culto que irão fazer é o de oferecer "sacrifício". Isso envolve matar um animal e queimá-lo parcial ou totalmente, para que suba em forma de fumaça até Deus. Os servos servem a seus senhores providenciando-lhes alimento. Havia religiões no mundo de Israel que obedeciam a essa prática literalmente. Seus deuses podiam nascer, casar e morrer, bem como comer e beber. Os israelitas sabiam que o Deus deles não era humano dessa forma; em teoria, pelo menos, sabiam disso, embora, sem sombra de dúvida, muitos dentre eles pensassem assim. O Antigo Testamento persiste no risco de referir-se à adoração como um modo de "servir" a Deus. Os israelitas sabiam que a adoração era feita para o bem de Deus, pois apenas se adorassem com base nisso é que poderiam descobrir que tinham se beneficiado. Ainda, a relevância do sacrifício na adoração do Antigo Testamento significa que o ato devia ser custoso aos adoradores. Para adorar, não basta apenas possuir ternos sentimentos no coração, mas o adorador deve chegar com ofertas valiosas.

Pode parecer que os cristãos dão excessiva atenção à adoração a Deus e negligenciam o serviço a Deus no mundo, como, por exemplo, o cuidado aos mais necessitados. O Antigo Testamento é crítico quanto a essa noção. Há uma possibilidade contrária, isto é, de focar o serviço a Deus no mundo lá fora e não envolver-se com a adoração. O Êxodo enfatiza a importância da adoração, por seu frequente uso da palavra "serviço" no sentido de "adoração", e, com efeito, define adoração como fazer sacrifícios e peregrinações a Deus. Esse tipo de prática não tem qualquer utilidade para o mundo, mas constitui uma ação que reconhece e honra a Deus como o único Deus.

ÊXODO **6:2—7:13**
MEU POVO — SEU DEUS

²Deus falou a Moisés e lhe disse: "Eu sou *Yahweh*. ³Apareci a Abraão, Isaque e Jacó como *El Shadday*, mas meu nome, *Yahweh*, não fiz conhecido a eles. ⁴Também estabeleci a minha aliança com eles para dar-lhes a terra de Canaã, a terra na qual eles residiam simplesmente como estrangeiros. ⁵Também, agora, ouvi pessoalmente o lamento dos israelitas a quem os egípcios estão tratando como servos, e tenho estado atento à minha aliança. ⁶Portanto, diga aos israelitas: 'Eu sou *Yahweh*. Vou tirá-los de debaixo dos trabalhos dos egípcios e os resgatarei da sua servidão. Eu os restaurarei com braço estendido e com grandes atos de autoridade. ⁷Eu os tomarei para mim como um povo e serei Deus para vocês, e reconhecerão que sou *Yahweh*, o seu Deus, que os tira de debaixo dos trabalhos dos egípcios. ⁸Eu os levarei para a terra que jurei dar a Abraão, Isaque e Jacó. Darei a vocês como uma posse. Eu sou *Yahweh*.'" ⁹Moisés falou, assim, aos israelitas, mas eles não ouviram Moisés porque o espírito deles estava desgastado e a sua servidão, severa.

[Êxodo 6:10—7:13 resume as instruções de Deus a Moisés quanto a ir ao faraó, a hesitação de Moisés e a comissão de Deus a ambos, Moisés e Arão. O texto também inclui uma lista dos cabeças das famílias dos israelitas e de membros da família de Moisés.]

Em meu grupo de estudo bíblico, estou discutindo com um jovem casal sobre a cerimônia de casamento deles. Estar envolvido em um casamento é algo agradável, não apenas porque, nesse caso, ele acontecerá com vista para o mar, mas porque propicia a mim, como britânico, participar de uma daquelas pitorescas características da cultura norte-americana: o casal planeja o culto de seu matrimônio como se fossem os primeiros a contraírem núpcias. Ao reinventarem a roda, contudo, um casal sempre incluirá um compromisso mútuo: "Aceita esse homem como seu marido? Aceita esta mulher como sua esposa?" Existe uma analogia entre a relação conjugal e a relação entre Deus e nós. Há, porém, limites nessa analogia, no fato de haver em nosso relacionamento com Deus um aspecto hierárquico que não está presente no casamento como Deus o planejou; entretanto, ambos são caracterizados pela mutualidade. Essa mutualidade é vista, por exemplo, na autodoação de Deus a nós e em nossa entrega a ele, na rendição de Deus a nós e em nossa rendição a ele, no compromisso de Deus conosco e no compromisso nosso com ele.

Essa é a forma de relacionamento descrita nesse segundo relato do comissionamento de Moisés por Deus, que é uma reprise do primeiro relato, em Êxodo 3:1—4:17. Tendo acesso a duas versões de uma história, os compiladores da **Torá**, em geral, incluem ambas porque o evento é importante e/ou porque o segundo relato apresenta coisas distintas a dizer. Aqui, Deus primeiro recorda ter estabelecido uma **aliança** de compromisso com os ancestrais de Israel, o compromisso ao qual ele está atento. É chegado o momento de fazer algo a respeito da promessa que essa aliança envolve. Contudo, havia pouca mutualidade nessa aliança. Tudo o que Deus estava fazendo era reafirmar a promessa para o futuro. Tudo o que os ancestrais tiveram que fazer foi implementar o sinal da circuncisão.

As alianças não precisam ser mútuas, mas, então, Deus irá introduzir a mutualidade nessa aliança, tornando-a mais como um casamento. Agora, isso é possível porque Deus não está expressando a aliança meramente como uma promessa futura, mas como algo atual. Poderia até parecer que Deus havia se esquecido do compromisso da aliança, tal como Moisés, talvez, ao falhar em circuncidar o seu filho, mas agora Deus está atento a isso. Deus irá remover o povo do **Egito** e levá-los à terra que prometera e, portanto, pode aguardar por uma resposta mais sólida do que um mero sinal como o da circuncisão.

"Eu sou *Yahweh*", Deus diz. Em Gênesis, Deus faz essa declaração a Abraão e Jacó, mas o texto não quer dizer isso literalmente. Deus, nessa passagem em Êxodo, observa que o nome real de Deus, **Yahweh**, não foi revelado aos patriarcas. Não havia qualquer inverdade na retratação deles no relacionamento com *Yahweh*, porque *Yahweh*, de fato, estava se relacionando com eles, somente não usou esse nome de maneira literal. Como descrito mais detalhadamente em Êxodo 3, há agora um novo nome para levar os israelitas a um novo estágio na relação com Deus, bem como uma nova fase na atividade divina entre eles. Doravante, em Êxodo e outros textos, com frequência, Deus começa falando com essa autoapresentação: "Eu sou *Yahweh*." Isso não significa que eles não saibam quem é Deus. Trata-se de algo similar a um presidente iniciando o seu discurso: "Eu sou John F. Kennedy" ou "Eu sou Ronald Reagan" ou, ainda, "Eu sou Barack Obama" Essa apresentação significa: "Eu sou aquele que tem o poder de fazer o que estou prestes a anunciar. Podem acreditar no que eu digo."

Ao falar na aliança da ação (ao contrário da aliança da promessa), Deus introduz outra palavra-chave, **restaurar**. Levítico 25 e 27 falarão sobre as obras de restauração na família humana, mas Êxodo 6 e 15, primeiramente, falam sobre Deus agindo como restaurador. Embora a realidade humana forneça a imagem para a compreensão da posição e atividade de Deus, a realidade e os instintos divinos estão subjacentes nas expectativas da Torá sobre a família humana. Israel é parte da família de Deus a quem Deus concede obrigações familiares. O povo de Israel foi forçado a uma posição de servo por débito, que perdeu a posse de sua terra, mas que ficará livre de sua servidão e retornará à "sua" terra.

Esse será o caminho de *Yahweh* se tornar Deus para Israel e este vir a ser um povo para Deus. Êxodo deixa bem claro que esta já é a relação, no entanto a ação divina na restauração de Israel traz em si a implementação de uma nova forma de compromisso a *Yahweh*. O relacionamento envolve não meramente uma promessa que Israel aceita, mas um ato ao qual o povo responde.

Expressando de outra maneira, Israel "reconhecerá" *Yahweh*. O verbo complementa a conversa anterior sobre servir, celebrar e sacrificar. Uma compreensão cristã de Deus, em geral, considera isso envolvendo um relacionamento que parece íntimo, caloroso e interior, uma percepção de estar perto de Deus e de ser estimado por ele. O Antigo Testamento acredita em um relacionamento assim, mas não o chama de "conhecer Deus". Quando o texto fala sobre pessoas desconhecendo Deus (ou a Torá), o que está em mente é que tais pessoas não reconhecem Deus (ou a Torá) em seu modo de pensar e em sua vida. Trata-se do outro lado da realidade de que Deus não nos conhece apenas, mas tem uma relação calorosa conosco. Deus nos reconhece e estabelece um compromisso conosco. Ele faz mais do que meramente ter ciência da opressão do povo no Egito (e mais do que somente estar presente junto ao povo em seu sofrimento). Deus reconhece a situação e faz algo a respeito (Êxodo 2:25), sendo isso o que afirmou no primeiro relato sobre o comissionamento de Moisés (Êxodo 3:7). Nessa narrativa, Deus vira a moeda. Ele nos reconhece; assim, espera que o reconheçamos.

ÊXODO 7:14—8:7
OS NOVE DESASTRES NATURAIS

¹⁴ *Yahweh* disse a Moisés: "A determinação do faraó é firme. Ele se recusa a enviar o povo. **¹⁵**Vá ao faraó pela manhã. Ele estará lá, indo às águas. Posicione-se para encontrá-lo à beira do Nilo. A vara que transformei em cobra — tenha-a em sua mão. **¹⁶**Você deve dizer a ele: '*Yahweh*, o Deus dos hebreus, enviou-me a você para dizer: "Envia o meu povo para que possam me servir no deserto." Mas você não ouviu até agora. **¹⁷** *Yahweh* disse isto: "Por esta causa você reconhecerá que eu sou *Yahweh*." Agora, irei atingir a água do Nilo com a vara em minha mão, e ela se tornará em sangue. **¹⁸**Os peixes no Nilo morrerão. O Nilo cheirará mal. Os egípcios relutarão em beber a água do Nilo.'"
¹⁹E *Yahweh* disse a Moisés: "Diga a Arão: 'Tome a sua vara e estenda a sua mão sobre as águas do Egito, sobre seus rios, seus canais, suas lagoas, sobre todos os reservatórios de água, para que eles se tornem em sangue. Haverá sangue em todo o Egito, mesmo na madeira e na pedra [vasos].'" **²⁰**Moisés e Arão assim fizeram, como *Yahweh* ordenou. [Arão] levantou a vara e atingiu a água no Nilo diante dos olhos do faraó e de seus servos, e toda a água no Nilo transformou-se em sangue. **²¹**Os peixes no Nilo morreram. O Nilo cheirou mal. Os egípcios não podiam beber a água do Nilo. Havia sangue em todo o Egito. **²²**Mas os especialistas egípcios fizeram isso com os seus feitiços, e a determinação do faraó permaneceu forte, e ele não os ouviu, como *Yahweh* dissera. **²³**O faraó virou-se e voltou para sua casa. Ele não rendeu a sua mente mesmo para isso. **²⁴**Todos os egípcios cavaram ao redor do Nilo por água para beber, porque não conseguiam beber a água no Nilo.

²⁵Sete dias se passaram depois que *Yahweh* atingiu o Nilo.

CAPÍTULO 8

¹ *Yahweh* disse a Moisés: "Vá ao faraó e diga-lhe: '*Yahweh* disse isto: "Envie o povo para que possam me servir. **²**Se recusar a liberá-los, certo, irei atingir todo o seu território com rãs. ³O Nilo transbordará com rãs. Elas subirão e entrarão em sua casa, em seu quarto e em sua cama, na casa de seus servos e entre o seu povo, em seus fornos e em suas tigelas de mistura. ⁴Sim, entre você, seu povo e todos os seus servos as rãs subirão."'" ⁵E *Yahweh* disse a Moisés: "Diga a Arão: 'Estenda a sua mão com sua vara sobre os rios, os canais e as lagoas e faça as rãs subirem sobre o Egito.'" ⁶Arão estendeu a sua mão sobre as águas no Egito, e as rãs vieram e cobriram o Egito. ⁷Mas os especialistas fizeram isso com seus feitiços e fizeram as rãs subirem sobre o Egito.

No outro dia, ao sair de meu escritório, um reduzido grupo de alunos passou por mim e me cumprimentou, dizendo: "Vejam, é o primeiro e único dr. Goldingay!" Consegui responder: "Na realidade, não sou o 'primeiro e único'." Minha nora está prestes a terminar o seu doutorado e tenho me perguntado se não há outros Goldingays com esse título, além de minha esposa e eu. Assim, fiz uma pesquisa e descobri que há um dr. Goldingay na Austrália, um especialista em rãs. Seria ótimo consultá-lo sobre esse episódio em Êxodo. O filme *Magnólia* atinge o clímax com a cena em que milhares de rãs caem do céu, e uma placa, à beira da estrada, diz: "Êxodo 8:2". A relevância das rãs não é óbvia, mas, aparentemente, parte do pano de fundo dessa cena no filme é a existência de relatos ocasionais sobre chover rãs e outras pequenas criaturas (mas não gatos e cães) durante uma tempestade, porque, de algum modo, o vento suga as rãs de um riacho, despejando-as a alguma distância.

Qual a relação das pragas e dos desastres "naturais" em Êxodo com outros eventos "naturais"? Êxodo relata nove desses eventos antes da morte dos primogênitos no **Egito**: água transformada em sangue, rãs, piolhos, moscas, peste nos rebanhos, feridas, trovão e granizo, gafanhotos e trevas. Em certa medida, todos podem ser comparados a eventos em uma comunidade humana ou outra. Ou, ainda, podem ser compreendidos um pouco menos que literais: por exemplo, a aparência sangrenta do Nilo talvez possa sugerir, em lugar do sangue, a presença de algum organismo que tornou a água vermelha. Se você for inclinado a explicações "naturais" das coisas, pode ver essas histórias como relatos ampliados de eventos "naturais". Contudo, seria importante não parar aqui, porque o texto de Êxodo tem uma série de coisas grandiosas a dizer.

O livro de Êxodo é sobre o Deus dos **hebreus** intervindo nas áreas política, militar e social do Egito. Deus está interferindo em suas práticas políticas por sua maneira de lidar com uma comunidade estrangeira como a dos israelitas. Também interfere em suas políticas sociais pelo tratamento dado aos servos. Embora Deus venha agir como um guerreiro, sobrepujando militarmente a poderosa máquina de guerra do Egito, no mar Vermelho, Deus também é o Senhor da natureza. Eis como não apenas Gênesis, mas igualmente Êxodo, começam com o crescimento florescente das famílias israelitas e prosseguem com uma demonstração mais negativa do senhorio de Deus sobre a natureza por meio dessas calamidades "naturais". O Deus de Israel não é aquele que somente governa na política ou apenas na natureza; *Yahweh* é Senhor em todas essas esferas.

O livro de Êxodo declara que o Deus de Israel é Senhor em relação a todos os recursos do Egito nos quais eles podiam confiar. Os desastres naturais principiam-se com a água do Nilo. O Egito, com toda a razão, orgulhava-se do seu Nilo e olhava com desdém para outros territórios como **Canaã**, pois estes tinham que confiar nas chuvas para o crescimento de suas lavouras, imaginando, a cada ano, se haveria chuva suficiente. Os egípcios retratavam a chuva como um tipo de substituto de segunda classe para o rio Nilo, no qual podiam depositar total confiança. O seu suprimento de água sempre estava lá. Contudo, repentinamente, não mais estava disponível. Deus era capaz de privar o Egito de seu suprimento de água tão facilmente quanto era capaz de cerrar os céus para que não houvesse chuva em Canaã. Que os egípcios não pensem ser invulneráveis à intervenção do Deus de Israel!

Êxodo também assevera que a natureza, como a humanidade, está subordinada ao propósito divino e que Deus está preparado para ser implacável tanto na relação com o mundo natural quanto na relação com o mundo humano. Quando Jesus se mostra preparado para amaldiçoar uma figueira como um tipo de sinal profético, ele mostra que possui a mesma atitude, quanto à natureza, que seu Pai teve ao enviar enfermidades sobre todos os rebanhos do Egito e dar uma lição nos egípcios. Quando os líderes fazem a coisa certa, o seu povo e o seu país são beneficiados. Quando falham, ambos sofrem.

Os "especialistas" egípcios estão envolvidos em tudo isso. Eles não são meros magos, mas cientistas da época, pessoas que conhecem como manipular o meio ambiente, um recurso importante ao faraó na administração da terra. Eles são como funcionários da Casa Branca, inseridos nas agências governamentais de pesquisa. Foram capazes de reproduzir aquilo que Moisés e Arão fizeram, mas o relato os ridiculariza. Os especialistas também conseguiram transformar uma vara em cobra (mas a vara de Arão engoliu a serpente deles!) e, igualmente, transformaram água em sangue ou multiplicaram as rãs (não seria mais útil se tivessem feito o contrário?). Todavia, não lograram multiplicar os piolhos, reconhecendo que isso devia refletir "o dedo de Deus". Eles não serão capazes de proteger a si mesmos das feridas pustulentas que afetaram a todos no Egito (Êxodo 9). A exposição de sua debilidade e incapacidade de competir com Moisés é outra forma de a história mostrar que o Deus de Israel, que opera por meio de Moisés e de Arão, é o Deus verdadeiro.

ÊXODO **8:8-32**
ORANDO PELO INIMIGO

⁸O faraó convocou Moisés e Arão e disse: "Supliquem a *Yahweh* para remover as rãs de mim e de meu povo, e enviarei o povo para que possam sacrificar a *Yahweh*." **⁹**Moisés disse ao faraó: "Podes ter a honra sobre mim em relação a quando devo suplicar por ti, teus servos e teu povo, para a eliminação das rãs de ti e de tuas casas. Somente no Nilo elas serão deixadas." **¹⁰**Ele disse: "Amanhã." [Moisés] disse: "Conforme a tua palavra, para que reconheças que não há ninguém como *Yahweh*, nosso Deus. **¹¹**As rãs se afastarão de ti, de tuas casas, de teus servos e de teu povo. Somente no Nilo elas serão deixadas." **¹²**Moisés e Arão saíram da presença do faraó, e Moisés clamou a *Yahweh* sobre as rãs que ele havia trazido sobre o faraó, **¹³**e *Yahweh* agiu em concordância com a palavra de Moisés. As rãs morreram nas casas, nos pátios e no campo aberto. **¹⁴**Eles as empilharam, monte após monte. A terra cheirou mal. **¹⁵**Então, quando o faraó viu que havia alívio, endureceu a sua determinação e não os ouviu, como *Yahweh* dissera.

¹⁶*Yahweh* disse a Moisés: "Diga a Arão: 'Estenda a sua vara e atinja o pó da terra para que se transforme em piolhos em todo o Egito.'" **¹⁷**Assim fizeram. Arão estendeu a mão com sua vara e atingiu o pó da terra, e piolhos vieram sobre os seres humanos e o gado. Todo o pó da terra se tornou em piolhos em todo o Egito. **¹⁸**Os especialistas fizeram isso com seus feitiços para produzir piolhos, mas não conseguiram fazê-lo; assim, quando os piolhos vieram sobre os seres humanos e o gado, **¹⁹**os especialistas disseram ao faraó: "Isso é o dedo de Deus." Mas a determinação do faraó permaneceu forte, e ele não os ouviu, como *Yahweh* dissera.

ÊXODO 8:8-32 • ORANDO PELO INIMIGO

²⁰ *Yahweh* disse a Moisés: "Cedo de manhã, assuma sua posição diante do faraó. Ele estará lá, indo para a água. Você deve dizer-lhe: '*Yahweh* disse isto: "Envie o meu povo para que possam me servir. ²¹Porque, se você não enviar o meu povo, bem, enviarei enxames de moscas sobre você, os seus servos, o seu povo e as suas casas. As casas dos egípcios estarão cheias de enxames de moscas e também o chão no qual eles andam, ²²mas, naquele dia, distinguirei a região de Gósen, na qual o meu povo está, para não haver nenhum enxame de moscas lá, a fim de que você possa reconhecer que eu, *Yahweh*, estou no meio desta terra. ²³Estabelecerei uma redenção entre o meu povo e o seu povo. Amanhã, este sinal será realizado."' ²⁴ *Yahweh* assim fez. Pesados enxames de moscas vieram à casa do faraó e à casa de seus servos. Em todo o Egito, a terra foi devastada por causa dos enxames de moscas. ²⁵O faraó convocou Moisés e Arão e disse: "Vão, sacrifiquem a *Yahweh*, o seu Deus, dentro da terra." ²⁶Moisés disse: "Não seria correto fazer assim, porque o que sacrificamos a *Yahweh*, o nosso Deus, é ofensivo aos egípcios. Se sacrificarmos o que é ofensivo aos egípcios diante dos seus olhos, eles não nos apedrejarão? ²⁷Iremos em uma jornada de três dias no deserto para sacrificar a *Yahweh*, como ele nos diz." ²⁸Então, o faraó disse: "Eu mesmo liberarei vocês para que possam sacrificar a *Yahweh*, o seu Deus, no deserto. Somente não vão a uma grande distância. Roguem por mim." ²⁹Moisés disse: "Sairei de tua presença e rogarei a *Yahweh* para que os enxames de moscas amanhã se afastem do faraó, de teus servos e de teu povo. Apenas o faraó não deve, novamente, agir de modo enganoso, não liberando o povo para sacrificar a *Yahweh*." ³⁰Então, Moisés saiu da presença do faraó e suplicou a *Yahweh*. ³¹*Yahweh* agiu em concordância com a palavra de Moisés e removeu os enxames de moscas do faraó, de seus servos e de seu povo, e nenhum foi deixado, ³²mas o faraó endureceu a sua determinação, também dessa vez, e não enviou o povo.

Penso ser mais fácil à minha igreja orar pelo atual presidente dos Estados Unidos do que era orar por seu antecessor. Os membros gostam do atual presidente e facilmente se identificam com ele (ele é afro-americano como a maioria deles), bem como apreciam suas atitudes e compromissos. Outras igrejas terão sentimentos opostos. Contudo, quão fácil é não fazer qualquer diferença se você ora pelo presidente. Há pessoas que se tornam confidentes, conselheiros, confessores e companheiros de oração de presidentes, mas devem realizar um análogo, e muito mais complexo, ato de equilíbrio. É inútil ser apenas alguém que sempre diz sim ao presidente, reafirmando que ele está fazendo o melhor que pode. De vez em quando, é necessário confrontá-lo, precisamente por ser amigo dele. É preciso fazer algo similar a um profeta israelita que, em diferentes ocasiões, confronta o rei, transmite-lhe a palavra de Deus, encoraja-o e ora por ele.

O relacionamento de Moisés com o faraó é, na realidade, similar ao de um profeta. Um rei governa uma corte terrena na qual questões são discutidas, decisões são tomadas e meios de implementação são decididos. Um profeta pode não ter acesso a essa corte, mas existe outra corte à qual ele possui acesso, enquanto o rei não; na reunião da corte celestial, na qual questões muito mais relevantes são discutidas, decisões são tomadas e sua implementação, decidida. Um profeta toma conhecimento dos planos dessa corte e tem o direito de participar de suas deliberações. Quando o profeta apresenta-se a alguém e declara "Assim disse Deus", ele está agindo como mensageiro, enviado da corte do rei, que diz: "Assim disse o rei."

Pode-se esperar que o faraó ore em seu próprio benefício, e talvez ele o faça, mas, ao pedir a Moisés que rogue por ele, o faraó indica reconhecer quem é Moisés, bem como quem é seu Deus. Trata-se também de um reconhecimento da posição especial de um profeta na corte divina. Desse modo, por duas vezes, o faraó pede a Moisés para "rogar" por ele a Deus, quando essa reunião celestial ocorrer. Pode-se imaginar que Moisés se recusaria e/ou Deus declinaria de ouvir a petição, pelo menos após a primeira vez que faraó retrocedeu em sua palavra: "Da próxima vez, faraó, você deve agir primeiro e, então, teremos a oração e o alívio." Não é assim que se ora pelos opressores. Deve-se persistir em oração por eles, mesmo quando eles persistem na opressão e no engano. Moisés roga como alguém testemunhando em uma corte em favor de um amigo. Ele clama a Deus em favor do faraó; Êxodo utiliza o verbo que, em outras passagens, descreve o próprio clamor de Israel a Deus. Ele clama em favor do povo opressor da mesma forma que Israel clama por causa desse povo.

Uma das razões é que a oração por eles atua em favor do propósito de Deus, assim como em benefício do faraó. É um modo de oferecer a outra face, negando o reconhecimento do poder diferencial entre a pessoa superior e a subordinada; na verdade, o inverte. O faraó é quem pede algo a Moisés! Ele reconhece que, nessa questão, ele não é a pessoa com poder e autoridade, mas, sim, Moisés. Orar por nossos opressores exercita uma autoridade a nós concedida por Deus, leva-nos a uma posição que reestrutura o modo de olharmos para a diferença de autoridade entre nós e a pessoa que detém o poder sobre nós. Quando somos a pessoa no poder, ao sabermos que as pessoas sobre as quais temos autoridade estão orando por nós, reestruturamos a nossa própria posição. Há, portanto, certa indiferença e ironia nas palavras de Moisés: "Podes ter a honra sobre mim em relação a quando devo suplicar por ti." É como um pai dizendo a um filho: "Você decide por nós." O faraó pode ter o "poder" de especificar quando a oração deve ser respondida, e Moisés verá se é respondida, mostrando, assim, onde o poder, de fato, reside. O exercício de poder do faraó quanto à oração magnificará o exercício de Moisés a esse respeito.

Nos capítulos 9 e 10, Moisés irá orar em favor do faraó, novamente, após afirmar ter ciência de que a profissão de arrependimento do faraó é falsa. As orações e suas respectivas respostas explicitam o poder de Moisés e funcionam como parte da ação de deixar o faraó sem desculpas. Seus problemas, às vezes, começam a recompor o seu pensamento, mas essa recomposição não perdura. Quão estranho é não ser mudado permanentemente por uma resposta de oração! Para o faraó, ignorar as implicações em jogo, após pedir a oração e receber uma resposta, só agrava a sua culpabilidade. Toda vez que Deus envia uma calamidade sobre aquela terra, ele concede uma oportunidade de o faraó retomar a sã consciência. Toda vez que ele falha em fazer isso, mais ele afunda em sua culpa.

ÊXODO **9:1–21**
CONHECIMENTO E RECONHECIMENTO

[Os versículos 1-12 relatam mais aflições, uma praga sobre os rebanhos do Egito e feridas devastadoras sobre os seres humanos e os animais.]

¹³*Yahweh* disse a Moisés: "Cedo de manhã, tome a sua vara diante do faraó e diga-lhe: '*Yahweh*, o Deus dos hebreus, disse isso: "Envie o meu povo para que possam me servir. **¹⁴**Porque desta vez enviarei todos os meus golpes em seu espírito, em seus servos e em seu povo, para que você reconheça que não há ninguém como eu em toda a terra. **¹⁵**Porque, até agora, se eu tivesse enviado a minha mão e atingido você e seu povo com uma epidemia, você teria desaparecido da terra. **¹⁶**Mas para esse propósito deixei-o de pé, para o propósito de fazê-lo ver o meu poder e proclamar o meu nome em toda a terra. **¹⁷**Você ainda está se levantando contra o meu povo para não enviá-los.

> ¹⁸Eis que, amanhã, a esta hora, trarei uma chuva muito pesada de granizo, como jamais aconteceu no Egito desde o dia de sua fundação até hoje. ¹⁹Então, agora, mande trazer para a segurança o seu rebanho e tudo o que você tem em campo aberto. Quaisquer seres humanos ou gado que estiverem em campo aberto e não reunidos dentro de casa, o granizo cairá sobre eles, e eles morrerão."'" ²⁰Todos os servos do faraó que acataram a palavra de *Yahweh* apressaram-se em trazer seus servos e animais às suas casas, ²¹mas quem não atentou para a palavra de *Yahweh* deixou seus servos e rebanho em campo aberto.

Ao longo dos últimos anos, o mundo tem assistido, com desalento, à ruína do Zimbábue. Há maneiras pelas quais os pecados dos pais são visitados em seus filhos; a Grã-Bretanha e outras potências coloniais precisam aceitar alguma responsabilidade pela experiência pós-colonial de tais países. No entanto, algumas dessas nações vão pior do que outras, sem qualquer relação com essa história. O Zimbábue, ou a antiga Rodésia, é rico em minérios e possui grande potencial agrícola, mas nada logrou, exceto declínio, a partir da década de 1990. As políticas deliberadamente insensatas de seu governo parecem ter um grande peso nesse declínio e, até mesmo, um efeito ainda maior na aceleração dessa queda na década subsequente. O espectador que acompanha as notícias na TV pode-se perguntar: "Como os líderes podem ser tão insensatos? Por que não conseguem enxergar o óbvio?"

Um dos objetivos de Deus, ao trazer essa série de desastres sobre o faraó, é que ele reconheça que não há outro como Deus em toda a terra. O tema prossegue ao longo da história. "Eu não reconheço *Yahweh*", respondeu o faraó quando Moisés fez o primeiro pedido para liberar os israelitas (5:2). Quando essas pragas começaram a chegar, foi dito ao faraó:

"você conhecerá que eu sou *Yahweh* [...] e também o seu povo" (7:5,17). É uma expressão estranha, pois significa mais do que parece. Ela implica que **Yahweh é o único Deus que importa;** *reconhecê-lo como Yahweh* é reconhecer que ele é o Deus único e verdadeiro e prostrar-se diante desse Deus. É, de fato, reconhecer "que não há ninguém como *Yahweh*, nosso Deus" (8:10). Além disso, o faraó será levado a "reconhecer que eu, *Yahweh*, estou no meio desta terra" (8:22). Isso é um tanto ousado da parte de *Yahweh*. Decerto, essa terra pertence aos deuses do **Egito**? Mas eu não reconheço os deuses egípcios, diz *Yahweh*. Posso estar presente e ativo onde eu quiser e, assim, o Deus dos **hebreus** agirá para que o faraó seja forçado a reconhecer que a terra pertence a *Yahweh* e que ele faz distinção entre o Egito e Israel (9:4; 11:7).

Em algum momento, os ministros de Estado do faraó enxergam essa questão e, decerto, colocam em risco sua vida pela ousada confrontação ao faraó: "Tu não reconheces que o Egito está perdido?" (10:7). Será que o faraó não consegue ver que eles são como animais presos em uma armadilha? No entanto, os egípcios seguem caindo nesse mesmo ardil. "O Egito está perdido" é uma expressão forte: o Egito está morto, destruído, acabado. Trata-se de um exagero, decerto, mas qualquer um é capaz de ver que a terra está atravessando uma série de calamidades que os têm levado a ficar de joelhos, exceto o faraó. Não há maior cego do que aquele que não quer enxergar.

Em Êxodo 9, o meio específico designado a forçar o faraó a reconhecer *Yahweh* é o modo distinto com que Deus protege os israelitas dos desastres que sobrevêm ao Egito. Com relação aos três primeiros (o sangue, as rãs e os piolhos), não há qualquer menção sobre como o povo de Israel foi afetado, embora a história enfatize o seu efeito sobre os egípcios em particular. Apenas em Êxodo 8, com respeito à praga das moscas, é que essa proteção vem à tona. Nesse capítulo, Deus "separa" a região de Gósen, na qual vivem os israelitas, para que não haja moscas lá. Em Êxodo 9, Deus, primeiro, livra os israelitas da catástrofe que atinge os rebanhos; ele "separa" os rebanhos dos israelitas dos rebanhos dos egípcios. Da mesma forma, a terrível escuridão que aflige a terra, no capítulo 10, isenta a área habitada pelo povo de Israel, de forma que apenas uma área do território retém luz, enquanto as demais regiões sofrem com um "apagão" total. Deus realizará o mesmo com o derradeiro e mais terrível desastre (11:7).

No hebraico, há uma clara ligação entre as palavras "separar" (*palah*) e "redimir" (*padah*), pois apenas uma letra as diferencia. Em Êxodo 8:22-23, Deus declarou a intenção de separar a região de Gósen e, portanto, estabelecer uma redenção entre Israel e o Egito. Existem duas conexões nas quais Êxodo fala sobre redenção e que nos podem ajudar a compreender a ideia.

Suponha que alguém tenha se tornado um escravo comprado, trabalhando para uma família de fazendeiros cuja lavoura não produziu, levando-a a contrair dívidas para sobreviver. Se alguém de sua família estendida possui recursos, essa pessoa pode "redimir" o escravo, isto é, pagar o que a família tomou emprestado e, assim, libertar o escravo de servir a alguém. Na realidade, isso é o que Deus está fazendo aos israelitas. Em razão da onda de fome, eles foram obrigados a ir para o Egito e, com o passar do tempo, foram escravizados pelos egípcios. Agora, os israelitas estão sendo tratados como membros da família de Deus, que aceitou a obrigação de conseguir a liberdade deles. Não há, exatamente, um preço a ser pago por Deus a esse respeito; a ênfase na ideia de redenção reside na obtenção da libertação do povo. Assim, falar sobre "redenção" é similar a falar sobre "**restauração**" (6:6).

O outro contexto é que a obrigação de conceder o primogênito a Deus, um aspecto da consciência de que toda a vida provém de Deus, pertence e é devida a ele. O reconhecimento desse fato é feito, simbolicamente, pela concessão do primogênito a Deus, aquele que abre o ventre. Com os animais que podem ser sacrificados pode-se fazer diretamente isso, mas com animais, como os jumentos, e com seres humanos, pode-se "redimir" o primogênito fazendo uma doação ao serviço do santuário que seja equivalente ao seu valor estimado. Portanto, esse primogênito está livre para viver uma vida comum. Metaforicamente falando, Israel é o primogênito de Deus, e possui uma posição de privilégio e responsabilidade em relação a Deus e ao restante da "família" humana. No momento, o Egito está evitando que Israel cumpra esse papel, mas Deus deseja o seu primogênito de volta (4:22). Dessa maneira, é como se Deus estivesse preparado para redimi-lo. A linguagem é paradoxal; em vez de Israel pagar o preço a Deus para redimir o seu primogênito, é Deus quem paga o preço para redimir Israel. Na realidade, não há, de novo, exatamente um preço que Deus pagará nesse processo, nem está claro a quem Deus deveria pagar — decerto, não ao faraó! (Quando essa imagem passou a ser usada para descrever a conquista de Cristo na cruz, o teólogo da igreja primitiva Orígenes questionou a quem Cristo pagou o preço por nosso resgate e respondeu que foi a Satanás; o que, similarmente, força a ideia de "redenção" de forma muito literal.

Ao realizar isso, Deus estabelece uma distinção entre os israelitas e os egípcios. No fim, Deus está interessado em "redimir" e abençoar o Egito tanto quanto a Israel, mas, para alcançar isso no curto prazo Deus os trata de inúmeras e distintas maneiras.

ÊXODO **9:22-35**
O FARAÓ VIRA-CASACA

²²*Yahweh* disse a Moisés: "Estenda a sua mão em direção aos céus para que o granizo possa vir sobre todo o Egito, sobre os seres humanos e o gado, e toda a pastagem em campo aberto no Egito." ²³Então, Moisés estendeu a sua vara em direção ao céu. *Yahweh* enviou trovão e granizo, raios caíram no solo e *Yahweh* fez chover granizo sobre o Egito. ²⁴O granizo veio com raios cintilando em meio ao granizo, muito pesado, como nunca antes no Egito, desde que se tornou uma nação. ²⁵Em todo o Egito, o granizo atingiu tudo em campo aberto, seres humanos e gado; atingiu toda a pastagem em campo aberto e despedaçou toda árvore em campo aberto.²⁶Somente na região de Gósen, na qual os israelitas estavam, não houve granizo. ²⁷O faraó mandou convocar Moisés e Arão e disse-lhes: "Desta vez [eu reconheço] que pequei. *Yahweh* está certo, e eu e o meu povo estamos errados. ²⁸Rogue a *Yahweh*, pois já houve trovão e granizo sobrenaturais suficientes, e eu os enviarei. Vocês não mais permanecerão." ²⁹Moisés disse-lhe: "Quando sair da cidade, estenderei minhas mãos a *Yahweh*. O trovão cessará, e o granizo não mais cairá, para que possas reconhecer que a terra pertence a *Yahweh*. ³⁰Mas sei que tu e teus servos ainda não reverenciam *Yahweh*." ³¹(O linho e a cevada foram arruinados, porque a cevada estava a amadurecer e o linho estava a brotar, ³²mas o trigo regular e o trigo descascado não foram atingidos, porque amadurecem tarde.)

³³Da presença do faraó, Moisés saiu da cidade e estendeu as suas mãos a *Yahweh*, e o trovão e o granizo cessaram, e a chuva não mais caiu sobre a terra, ³⁴mas, quando o faraó viu que a chuva, o granizo e o trovão tinham cessado, agiu errado novamente; endureceu a sua determinação, ele e seus servos. ³⁵Então, a determinação do faraó permaneceu forte, e ele não enviou os israelitas, como *Yahweh* dissera por intermédio de Moisés.

No áspero e confuso território da área política, em geral, é preciso ser muito cauteloso quanto a mudanças de pensamento, sob o risco de ser acusado de um vira-casaca. É apropriado haver um termo para uma mudança de mente ou de posição política que não obedece a princípios, que pode ter o propósito único de tentar angariar votos de pessoas contrárias às posições anteriormente adotadas por aquele político, ou que mostre uma inconstância de convicções. No entanto, há ocasiões em que presidentes ou governantes precisam mudar seu modo de pensar e suas políticas à luz de novos desenvolvimentos, por meio de eventos ou de pensamento. A John Maynard Keynes é creditada a seguinte expressão: "Quando os fatos mudam, eu mudo a minha opinião. E o senhor, o que faz?" Em relação a isso, é vergonhoso quando a acusação de alguém ser um vira-casaca constitui em si um meio de ganhar votos, uma forma barata de desacreditar o oponente. A suposição é que o eleitor gosta de pensar que seus líderes possuem transparência e determinação de pensamento, e rotulá-los como vira-casacas os marcam como desprovidos de um juízo firme e constante.

O faraó é o grande vira-casaca da Bíblia, o homem que está sempre mudando a sua mente, não porque precisa ser reeleito ou porque houve uma alteração nos fatos. Sua reação inicial ao pedido de liberação de uma multidão de servos para que possam ir e realizar um festival religioso no deserto (Êxodo 5—6) foi um tanto racional e lógica. Talvez a recusa em não se deixar impressionar pelos truques de Arão, que foram, pelo menos parcialmente, imitados por seus próprios especialistas (Êxodo 7), fosse uma indicação de que não agiria como um vira-casaca tão prontamente. A seguir, ele passa a agir assim. O faraó pede a Moisés para que as rãs sejam retiradas e promete enviar Israel, mas renega a promessa feita. Então, durante a praga das moscas, ele tenta obter o compromisso de Moisés, sugerindo que o povo oferecesse sacrifícios dentro da terra em vez de sair dela, ou que os israelitas fossem ao deserto, mas não muito longe (para o caso de eles nunca mais voltarem a trabalhar como servos!); ele, uma vez mais, pede a Moisés que ore para que as moscas saiam do Egito, mas, sequencialmente, volta atrás em sua sugestão (Êxodo 8).

Agora, à luz do granizo, o faraó faz o que parece ser uma confissão, o que o leva e à situação à frente. "Desta vez", ele diz, falando como se, de fato, tivesse chegado a uma nova posição: "eu pequei. *Yahweh* está certo, e eu e o meu povo estamos errados". Trata-se de uma confissão espantosa e corresponde exatamente ao modo de confissão que se espera dos israelitas. A confissão não precisa envolver grandes erupções emocionais mostrando quanto estamos arrependidos, mas envolve o reconhecimento dos fatos e de nossa autoria. Assim, o ato confessional do faraó corresponde à confissão de Davi quando Natã o confronta pessoalmente pelos delitos que o rei ocultava (2Samuel 12). A confissão em Salmos 51, após a sua admissão (como o faraó), traz: "justa é a tua sentença e tens razão em condenar-me" (a decisão de trazer problemas em consequência dos delitos praticados). Isso igualmente corresponde à confissão de Judá, reportada por Jeremias ou imaginada por ele (Jeremias 14—15), contudo, neste caso, o profeta prossegue relatando ou imaginando a resposta cética de Deus, pois suspeita de uma incoerência entre palavras e coração. Moisés sabiamente suspeita da mesma discrepância na confissão do faraó. Ele ainda não "reverencia" a Deus. Anteriormente, o relato de Êxodo usou esse verbo para descrever as parteiras, que, por essa razão, não obedeceram às instruções do faraó. Moisés sabe que o faraó ainda não alcançou a posição das parteiras.

Retrospectivamente, sabemos aonde essa inconstância do faraó irá acabar, mas quando, na vida real, estamos envolvidos no meio da história, isso não ocorre. Toda vez que Deus age com misericórdia sobre o faraó, isso lhe concede uma chance real de mudar. Moisés sabe que o faraó, até então, não teme a Deus. Mas isso ainda pode acontecer.

ÊXODO **10:1-29**
MAIS ORAÇÃO, MAIS VIRA-CASACA

¹*Yahweh* disse a Moisés: "Vá ao faraó, porque endureci a determinação dele e a de seus servos de modo que eu realize estes meus sinais em seu meio ²e para que você possa recontar aos ouvidos de seu filho e de seu neto como eu lidei impiedosamente com os egípcios, e [recontar] os sinais que realizei entre eles, para que possam reconhecer que eu sou *Yahweh*."
³Assim, Moisés e Arão foram ao faraó e lhe disseram: "*Yahweh*, o Deus dos hebreus, disse isto: 'Por quanto tempo se recusará a humilhar-se diante de mim? Envie o meu povo para que possam me servir. ⁴Porque, se você se recusar a enviar o meu povo, bem, eu trarei um enxame de gafanhotos sobre o seu território amanhã. ⁵Cobrirão a superfície da terra; as pessoas não serão capazes de enxergar o solo. Eles comerão os restos do que sobreviveu, do que lhes foi deixado pelo granizo. Comerão cada árvore que cresce para vocês em campo aberto. ⁶Encherão as suas casas, as casas de seus servos e as casas de todos os egípcios, que os seus pais e avós jamais viram, desde o dia em que vieram para esta terra até hoje.'" E ele virou-se e saiu da presença do faraó.

⁷Os servos do faraó lhe disseram: "Até quando isso será uma armadilha para nós? Envia o povo para que possam servir a *Yahweh*, o Deus deles. Ainda não reconheces que o Egito está perdido?" ⁸Então, Moisés e Arão foram levados de volta ao faraó, e ele lhes disse: "Vão, sirvam a *Yahweh*, o seu Deus. Quem são aqueles que irão?" ⁹Moisés disse: "Com nossos jovens e velhos iremos, com nossos filhos e filhas, com nossos rebanhos e gados iremos, porque teremos um festival para

Yahweh." ¹⁰Ele lhes disse: "Que *Yahweh* esteja com vocês quando eu enviar vocês e os seus pequenos! Vejam, vocês têm más intenções em mente. ¹¹Definitivamente, não. Vocês, homens, vão e sirvam a *Yahweh*, já que é isso o que buscam." E eles foram retirados da presença do faraó.

¹²Então, *Yahweh* disse a Moisés: "Estenda a sua mão sobre o Egito com o enxame de gafanhotos, para que venha sobre o Egito e coma toda a pastagem na terra, tudo o que o granizo deixou." ¹³Assim, Moisés estendeu a sua vara sobre o Egito, e *Yahweh* conduziu um vento leste por toda a terra, durante todo o dia e a noite, e, quando veio a manhã, o vento leste tinha carregado o enxame de gafanhotos. ¹⁴O enxame de gafanhotos veio sobre todo o Egito e pousou em todo o território do Egito, muito pesado. Nunca tinha havido um enxame de gafanhotos como aquele, e depois jamais haveria. ¹⁵Ele cobriu a superfície de toda a terra, e a terra ficou escura. Comeu toda a pastagem na terra e todo fruto nas árvores que o granizo tinha deixado. Nada verde foi deixado nas árvores ou na pastagem de campo aberto em todo o Egito. ¹⁶O faraó rapidamente convocou Moisés e Arão e disse: "Pequei contra *Yahweh*, o seu Deus, e contra vocês. ¹⁷Mas, agora, carreguem o meu delito somente desta vez. Rogue a *Yahweh*, o seu Deus, que apenas remova essa morte de mim." ¹⁸Ele saiu da presença do faraó e suplicou a *Yahweh*, ¹⁹e *Yahweh* desviou um vento oeste muito forte, carregou o enxame de gafanhotos e lançou-o no mar Vermelho. Nenhum do enxame permaneceu em todo o território do Egito. ²⁰Mas *Yahweh* endureceu a determinação do faraó, e ele não enviou os israelitas.

[Os versículos 21-29 relatam outra calamidade, a descida de uma escuridão sobrenatural; contudo, uma vez mais, o faraó não está preparado para deixar os israelitas irem sob quaisquer condições, e o capítulo termina com um impasse acalorado entre o faraó e Moisés.]

Acabei de ler um texto, escrito por um de meus alunos, intitulado "A oração nas Escrituras". Esse aluno me surpreendeu. Primeiro, por relatar uma pesquisa indicando que 72% das pessoas, nos Estados Unidos, oram com grande assiduidade durante a semana. E, segundo, por reportar outro estudo, mostrando que as pessoas na igreja que oram regularmente são mais propensas a orar por outras pessoas do que por si mesmas. Pelo menos, dos pedidos deixados na caixa de orações, cerca de 5% pediam em favor apenas do autor; 81% solicitavam por familiares e amigos, sendo 11% com relação a outras questões. Quando o aluno estudou a oração na Bíblia, sua primeira referência foi quanto aos pedidos do faraó a Moisés e às orações de Moisés em resposta.

Segundo Moisés expressa aqui, o faraó ainda não se humilhou o suficiente diante de **Yahweh**. Trata-se de uma palavra reveladora. O rei do **Egito** determinou-se a manter os israelitas sob humilhação, reforçando a posição servil do povo (1:11-12). Por seu turno, Moisés devolve essa mesma palavra ao faraó, referindo-se à sua obrigação de submeter-se a Deus. Outro verbo recorrente é "recusar". O faraó prossegue recusando-se a fazer o que Deus diz (4:23; 7:14; 8:2; 9:2; 10:3-4). A questão é: Quando o faraó reconhecerá que ele não é Deus, mas *Yahweh* é?

Na realidade, o faraó insiste em sua inconstância. Quando diz: "Que *Yahweh* esteja com vocês quando eu enviar vocês e os seus pequenos!", talvez o faraó queira isso positivamente, mas penso que, provavelmente, ele queira expressar (como minha mãe diria): "Se você pensa que deixarei você fazer tudo isso, está muito enganado." O faraó sabe que, se deixar os israelitas levarem suas famílias e seus animais, não haverá nenhuma razão para retornarem à servidão. Então, que apenas vão os homens. A massiva tempestade de gafanhotos leva o faraó a admitir, sem demora, o seu pecado, pedindo a Moisés que suplique a *Yahweh* uma vez mais. Com um semblante sério, de novo, ele diz: "Somente desta vez." Então, o faraó acrescenta o pedido de "carregar" o seu delito. Há duas características dignas de nota na forma de falar do faraó. Deus faz um vento leste "carregar" os gafanhotos para o Egito e, no devido tempo, irá "carregá-los" para fora, e, entre essas duas ações divinas, o faraó roga a Moisés que "carregue" a transgressão dele. Ocorre que "carregar" é o termo regular, no Antigo Testamento, para "perdoar". O que você faz, ao perdoar a ofensa de alguém, é carregá-la. De novo, Êxodo retrata o faraó usando palavras que apenas um rei deveria usar em tais circunstâncias. Um de seus efeitos será o de lembrar aos israelitas que ouvem a história e, em especial, aos seus reis, sobre algo importante. O faraó ilustra a forma correta de um rei falar a um profeta quando sabe que transgrediu, bem como lembra aos israelitas e seus reis a não serem inconstantes em situações assim (como, certa feita, Zedequias agiu: veja Jeremias 34).

Por fim, o faraó conseguiu, pelo menos, reconhecer o que os seus ministros já tinham visto, ao falarem sobre o Egito estar perdido. Ele deseja que Moisés rogue a Deus para que "remova essa morte de mim", essa praga que trouxe a morte a ele e a seu povo, porque os gafanhotos consumiram tudo o que crescia. Mas, quando Deus remove os gafanhotos do Egito, o faraó muda de posição uma vez mais. A escuridão sobrenatural que segue a praga dos gafanhotos leva o faraó a tentar novamente um acordo: as famílias podem ir com os homens, mas os rebanhos e manadas devem ficar no Egito (10:24). Moisés, de forma astuta, porém verdadeira, enfatiza a inutilidade de ir a um festival sem animais para o sacrifício, mas também não é necessário levar todos os animais, e a insistência de Moisés ao afirmar que "nenhum casco de animal será deixado" evidencia que ele sabe que o faraó está certo em sua suposição de que os israelitas não retornarão ao Egito, uma vez que tenham saído. O seu ponto mais direto é que, embora o faraó siga buscando um compromisso, tanto Moisés quanto *Yahweh* mostram-se cada vez menos propensos a estabelecer um. Trata-se de uma disputa de apostas elevadas, uma disputa mortal. O impasse, ao final do capítulo 10, expressa claramente esse ponto; um encontro entre uma força irresistível e um objeto irremovível.

No entanto, no final, o objeto terá que se mover. Moisés expressará a sua ira, bem como Deus. Por seu turno, o faraó não apenas permitirá que os israelitas saiam para servir a Deus, conforme Moisés dissera, com seus rebanhos e manadas, bem como acrescentará "e abençoem a mim também".

ÊXODO **11:1-10**
CONHECIMENTO E RECONHECIMENTO, DE NOVO

¹*Yahweh* disse a Moisés: "Há ainda um golpe mais que devo trazer sobre o faraó e sobre o Egito. Depois disso, ele enviará vocês daqui. Quando ele os enviar, será por completo. Ele finalmente expulsará vocês daqui. **²**Pode falar aos ouvidos do povo para que peça por objetos de prata e de ouro, cada homem ao seu vizinho e cada mulher à sua vizinha." **³***Yahweh* concedeu ao povo favor aos olhos dos egípcios. O próprio Moisés foi também muito engrandecido no Egito aos olhos dos servos do faraó e de todo o povo.

⁴Moisés disse: "*Yahweh* disse isto: 'À meia-noite, pretendo sair em meio aos egípcios, **⁵**e todos os primogênitos no Egito morrerão, desde o primogênito do faraó que se assenta no trono até o primogênito do servo que está por trás das pedras de moinho, e todos os primogênitos do gado. **⁶**Haverá um grande pranto em todo o Egito como nunca houve e não haverá novamente. **⁷**Mas entre os israelitas nenhum cão rosnará contra uma pessoa ou um animal, para que possam reconhecer que

> *Yahweh* distingue entre o Egito e Israel. ⁸Todos esses seus servos descerão a mim e se curvarão diante de mim, dizendo: "Saiam, você e todo o seu povo que o segue." Depois disso, sairei."' E saiu da presença do faraó com grande ira.
>
> ⁹Então, *Yahweh* disse a Moisés: "O faraó não lhe dará ouvidos, a fim de que as minhas maravilhas se multipliquem no Egito", ¹⁰e Moisés e Arão tinham realizado todas essas maravilhas diante do faraó, mas *Yahweh* endureceu a determinação do faraó, e este não enviou os israelitas para fora de sua terra.

Um dia desses, fui parado por excesso de velocidade, e o patrulheiro me fez a mesma pergunta que um policial britânico, certa feita, me fez, em circunstâncias semelhantes: "Senhor, conhece o limite de velocidade nesta rodovia?" Sim, respondi, e fui capaz de fornecer a resposta certa: 65 mph (cerca de 100 km/h). E eu dirigia muito acima disso. Se estivesse em Israel e me fizessem a mesma pergunta, ela pareceria bem mais complexa, pelo menos nos tempos do Antigo Testamento, porque o verbo "conhecer" também significa "reconhecer" ou "admitir" e, portanto, obedecer (não acho que o verbo funcione dessa forma no **hebraico** moderno, de modo que, caso me parassem por excesso de velocidade em Israel, seria um problema a menos com que me preocupar). Como outras palavras do hebraico, ela pressupõe uma ligação entre o nosso modo de pensar e a nossa ação. Quando fui parado pela polícia, eu tinha o limite de velocidade em minha mente, mas não lhe dei o devido reconhecimento com o meu pé direito. Essa era reclamação frequente dos profetas com respeito ao povo. Eles *conhecem* a Torá, mas não a *reconhecem*.

Não é somente o faraó que **Yahweh** deseja levar a reconhecê-lo. Todos aqueles sinais também têm o intuito de atrair Israel a esse reconhecimento. A lógica é a mesma que Paulo irá usar em Romanos 1—3. O povo de Deus pode ser bom em reconhecer as falhas de outras pessoas com relação aos padrões divinos e propenso a eximir-se deles. O argumento do apóstolo mostra como "todos pecaram e estão destituídos da glória de Deus". Essa verdade aplica-se ao judeu, mas também ao gentio, ao agnóstico, igualmente ao que crê, ao muçulmano, assim como ao cristão. Êxodo sabe que Israel necessita tanto desse reconhecimento a *Yahweh* quanto os **egípcios**. A comissão de Deus a Moisés, em Êxodo 6, inclui uma referência a como a saída do Egito levará a esse reconhecimento. Se a ação de *Yahweh*, mostrando o tipo de Deus que é, de fato, penetrar na pele dos israelitas, isso revolucionará a vida do povo.

Moisés irá contar ao seu filho (aquele que ele falhou em circuncidar!) e ao seu neto sobre a maneira severa com que *Yahweh* tratou o faraó a fim de obter dele esse reconhecimento (10:2). Moisés representa todos os israelitas em relação aos seus filhos e netos. O rei do Egito (da **Assíria**, da **Babilônia** ou da **Pérsia**), reiteradas vezes, estará no controle do destino de Israel, e o povo será tentado a parar de confiar em *Yahweh*. Os israelitas precisam que sua confiança em *Yahweh* seja sustentada, e uma forma de fazer isso é a constante recontagem da narrativa sobre o tratamento severo dado por Deus a um poder imperial que os dominava no princípio de sua história como povo. Sim, Israel necessita manter o reconhecimento de que *Yahweh* é Deus. O encorajamento de *Yahweh* ao faraó para que resistisse à pressão de liberar os israelitas resultou em cada vez mais sinais do poder de *Yahweh*, e essas maravilhas encorajarão o devido reconhecimento. Deus sublinha o ponto novamente em conexão com a morte dos primogênitos, que afetará os lares dos egípcios, mas não os dos israelitas, "para que possam reconhecer que *Yahweh* distingue entre o Egito e Israel". Povos pequenos, como Israel, talvez suponham que nada podem fazer contra as superpotências em vigência. Esse relato possibilita aos israelitas olhar as situações de forma diferente, pois Deus não está nas fileiras dos poderosos.

Do início ao fim, a história do Êxodo alterna duas formas de compreender os eventos. Existem duas vontades sendo trabalhadas no relato, a de Deus e a do faraó. O faraó fortalece a sua resolução de não deixar a sua força de trabalho ir embora. Em paralelo, Deus está endurecendo a determinação do faraó, encorajando-o a não permitir que os israelitas saiam (mas, durante todo o tempo, forçando-o a deixá-los ir!). A catástrofe final resultará em total capitulação.

Há inúmeros aspectos ligados à vontade de Deus. A intenção divina é pôr um fim ao sofrimento dos israelitas e, igualmente, capacitá-los a focar o serviço a Deus em vez de concentrar sua energia trabalhando para o faraó em projetos que apenas servem aos interesses do rei do Egito. Deus também pretende mostrar ao faraó quem ele é e quem está no controle do mundo, bem como obter o reconhecimento de Israel. Ainda, Deus tem como alvo que esse seja um episódio que transmita essa verdade ao mundo — a pessoas como nós, aos futuros leitores dessa narrativa. A fim de alcançar os dois primeiros objetivos, seria necessário que os israelitas saíssem do Egito o mais fácil e rapidamente possível; no entanto, para atingir os outros três objetivos, seria útil que isso se alongasse por mais tempo. Desse modo, Deus, de bom grado, encoraja o faraó a não ceder com facilidade. Sua crescente estupidez e a iminência de uma catástrofe terrível teriam implicações assustadoras para o líder de qualquer grande potência. Esse líder não pode cair na armadilha de pensar que ele ou ela é Deus, o que pode acarretar uma terrível calamidade ao seu próprio povo. Isso também representa um grande encorajamento às gerações posteriores de Israel, bem como para outras nações e povos impotentes. Grandes líderes e impérios sofrem quedas tão grandes quanto o poder que detêm.

O livro de Êxodo apresentou uma forma de expressar isso quando Moisés foi enviado, primeiramente, para propor ao faraó que permitisse a saída dos israelitas. Israel é o primogênito de Deus, isto é, o povo a quem Deus pretende privilegiar em conexão com a sua responsabilidade especial e o seu papel, divinamente concedidos, de abençoar o restante da família humana. O faraó tenta manter esse primogênito sob seu domínio e usá-lo para alcançar os seus próprios fins. Como um tubarão da máfia enviando uma mensagem a um peixe pequeno e tolo que pensa que pode desafiar o poderoso chefão, Deus ofereceu um conselho amistoso ao faraó: seria sábio de sua parte deixar o meu primogênito sair, caso contrário eu tomarei os seus. No entanto, apesar de toda a decantada sabedoria egípcia, essa não é a característica mais marcante do faraó. Ele superestimou o próprio poder, e é chegado o momento de prestar contas. Mais tarde, Jesus advertirá que, ao falharem em providenciar alimento, bebida, abrigo e roupa (o que seria uma forma vívida de descrever como os egípcios tinham tratado os israelitas) aos membros de sua família, as pessoas terão como destino o fogo eterno (Mateus 25). Êxodo é menos amedrontador; apenas os primogênitos daquela nação pagam o preço, a ser pago somente neste mundo.

A nota sobre a generosidade dos egípcios comuns estabelece um ponto similar de um modo distinto. Os egípcios, com boa vontade, doam presentes aos israelitas que serão usados na construção de um santuário a Deus. Nesse sentido, eles participam do serviço a Deus.

Há alguns solavancos nessa passagem de Êxodo, presumidamente causados pelo modo com que o relato combina diferentes versões da história. Ao lermos o final do capítulo 10, supomos que Moisés saiu da presença do faraó, mas em 11:4 ele ainda parece estar diante do faraó. Portanto, isso significa que a ira com a qual Moisés deixa o faraó está ligada ao impasse no fim do capítulo 10. É a primeira vez que Moisés demonstra raiva (é possível inferirmos alguma ira quando, em sua juventude, ele matou o egípcio). Houve uma ou duas referências à ira de Deus, e pode ser que Moisés esteja, agora, aprendendo a ser mais como Deus. A ira é uma importante emoção, geradora de energia para as pessoas que são chamadas a fazer a coisa certa, quando a situação exige uma ação firme e enérgica ou mesmo simplesmente reagir corretamente a um malfeito como o do faraó.

ÊXODO 12:1–27
CELEBRAÇÃO ANTECIPADA

¹*Yahweh* disse a Moisés e a Arão, no Egito: **²**"Este mês deve ser o começo dos meses para vocês. Deve ser o primeiro dos meses no ano para vocês. **³**Falem a toda a comunidade israelita, como segue. No décimo dia deste mês, eles devem tomar para si, cada homem, um cordeiro para a família, um cordeiro para a casa. **⁴**Se a casa for muito pequena para um cordeiro, ele e o vizinho próximo a sua casa devem tomar um, de acordo com a contagem das pessoas. Devem considerar para o cordeiro, cada pessoa, de acordo com o que [a casa] irá comer. **⁵**O cordeiro deve ser inteiro, macho, de um ano de idade. Vocês podem tomá-lo dos carneiros ou dos cabritos. **⁶**Deve ficar sob seu cuidado até o décimo quarto dia desse mês; então, toda a congregação da comunidade israelita deve matá-lo ao crepúsculo. **⁷**Devem tomar um pouco do sangue e passá-lo nos dois batentes e na viga superior das portas das casas, nas quais irão comê-lo. **⁸**Devem comer a carne naquela noite. Devem comê-la assada no fogo, com pão asmo e ervas amargas. **⁹**Não a comam crua ou cozida (cozida em água), mas assada no fogo, incluindo sua cabeça, suas pernas e suas vísceras. **¹⁰**Não devem deixar nada até pela manhã. O que for deixado disso até pela manhã, devem queimar no fogo. **¹¹**Eis como vocês devem comê-lo: suas vestes atadas, suas sandálias nos pés e seu cajado na mão. Devem comê-lo apressadamente. Será a Páscoa de *Yahweh*. **¹²**Passarei pelo Egito naquela noite e atingirei todos os primogênitos no Egito, seres humanos e animais. Sobre todos os deuses egípcios executarei atos de autoridade. Eu sou *Yahweh*. **¹³**Mas, para vocês, o sangue será um sinal nas casas em que vocês estão. Verei o sangue e passarei sobre vocês. Nenhum golpe a trazer destruição virá sobre vocês quando eu atingir o Egito. **¹⁴**E esse dia deve ser um memorial para vocês. Devem celebrá-lo como um festival para *Yahweh*. Ao longo de suas gerações devem celebrá-lo.

[Os versículos 15-27 fornecem detalhes adicionais sobre a observância, com ênfase especial no consumo de pães sem fermento durante uma semana.]

Às vezes, ouço a pergunta: "Do que mais você sente falta da Inglaterra?" Uma de minhas respostas bem-humoradas é que sinto falta de um magnífico doce, semelhante a um profiterole, de chocolate e creme, chamado "pata de elefante", vendido em uma padaria na qual costumávamos almoçar todo sábado. Outra resposta é "a proximidade com Israel". Na última vez em que estive lá, dois anos antes de nossa mudança para os Estados Unidos, a viagem ocorreu logo após a Páscoa cristã, que, naquele ano, coincidiu com a Páscoa judaica. Viajávamos de carro pelas montanhas da Galileia e paramos em uma barraca de lanches, na hora do almoço, quando, então, tentei comprar um sanduíche. O homem me olhou incrédulo. Claro que não havia sanduíches; é a semana da Páscoa, pelo amor de Deus. Nessa semana, não há pães com os quais se possa fazer sanduíches. Senti-me realmente estúpido. Quase tive a impressão de que o homem pensou que eu fosse da polícia rabínica, tentando flagrar judeus que não estavam observando a Páscoa corretamente. Foi um daqueles momentos em que percebemos que as observâncias e outras realidades, das quais a Escritura fala, não são coisas ou histórias do passado, registradas em um livro antigo, mas realidades do nosso cotidiano. A Páscoa não é apenas um evento do passado de uma nação, assim como o rei Artur ou Guilherme, o Conquistador, podem ser para mim, um britânico. Trata-se *do* evento histórico que molda o presente para o povo judeu.

Um símbolo desse fato é que o mês da Páscoa, que corresponde ao final de março e começo de abril, é, agora, para marcar o início do ano. Israel não assume isso literalmente, nem o fazem os judeus modernos (o ano começa em setembro), mas em termos de fé, teologia e autocompreensão, o ano principia-se na primavera, porque a Páscoa marca o início da mudança de Israel como uma nação a serviço do faraó para o serviço a Deus. A Sexta-feira Santa, portanto, também cai em março ou abril. Porque Jesus foi crucificado na época da Páscoa, e a última ceia foi uma refeição pascal. A Eucaristia ou Sagrada Comunhão, portanto, está conectada à Pascoa, embora a Páscoa reencene, mais vividamente, o evento comemorado e enfatize a sua significância ao povo.

Como o Dia de Ação de Graças, nos Estados Unidos, ou o Natal, na Grã-Bretanha, a Páscoa é uma ocasião da família, embora seja mais do que isso. Não se trata de uma celebração que envolve núcleos familiares individuais (que passam, então, toda uma semana experimentando receitas que utilizem as sobras do peru). O termo "família" estaria mais próximo daquele pensamento ocidental quanto a uma família estendida, e o seu cabeça (a "pessoa", no versículo 3) administraria o compartilhamento do cordeiro com a família vizinha, caso a sua própria família não fosse numerosa o suficiente para comer todo o animal. Pensamos em termos de um cordeiro pascal, mas a palavra poderia facilmente referir-se a um cabrito. Deve ser macho, porque as fêmeas são mais valiosas como produtoras de leite e potenciais progenitoras da próxima geração, ao passo que os machos são úteis apenas para o consumo.

O cordeiro será o tipo de refeição festiva que uma família israelita poderia ter em outras ocasiões, com algumas ervas para deixá-lo saboroso e ser consumido com pão pita. As regras sobre o consumo de pães sem fermento durante sete dias também podem refletir uma observância com relação ao início da colheita de grãos, mas essas práticas "comuns" recebem um novo significado. Todo o evento é instituído como uma recordação ao povo da saída do Egito. Desse modo, come-se tudo naquela noite como preparação para a partida, pela manhã, e até mesmo as roupas são em razão desse fato. Come-se pão asmo porque não há tempo suficiente para preparar o pão com fermento e deixá-lo crescer. Não se deve gastar todo o tempo restante em atividades similares, mas estar preparado para partir.

O aspecto estranho do evento é manchar os batentes da porta com sangue. Deus está prestes a executar aquela última e mais terrível praga, que traz morte a todos os primogênitos em todo o **Egito**. O sangue na porta assinalará que Deus deve "passar sobre" aquele lar; marca o local como uma casa israelita. Desculpe-me, mas Deus não sabe quais são as casas dos israelitas (e, de qualquer forma, os israelitas não estão todos reunidos naquele gueto, em Gósen)? Bem, é possível, mas Deus repetidas vezes parece preferir olhar e ver a confiar na onisciência, como no caso da torre de Babel e de Sodoma.

Ao chamar esse ato como um sinal "para vocês", entretanto, o livro de Êxodo também indica a importância daquele manchar de sangue para o povo. Trata-se da proclamação do que eles são, pois os identifica como israelitas, não como egípcios. Além disso, esse ato reafirma aos israelitas que eles estarão seguros quando o machado descer e **Yahweh** permitir que o Destruidor faça o seu trabalho (versículo 23; aparentemente, um **ajudante** é quem, de fato, realiza a matança).

Será um exercício de autoridade e poder contra os deuses egípcios. Essa é a única vez que o texto de Êxodo menciona os deuses do Egito. Contudo, toda a narrativa é sobre um conflito entre *Yahweh*, o Deus de Israel, e o rei humano do Egito. Certamente, o faraó acreditava em alguns deuses, mas a regra na política é que os deuses são como assessores, em lugar de o governante ser um servo de Deus; e quanto maior for o império, tanto mais isso será verdade. Assim, o conflito entre *Yahweh* e o faraó objetiva colocar em seu devido lugar a pessoa que, por motivos práticos, comporta-se como Deus (na realidade, os reis egípcios eram considerados, em certo sentido, encarnações de uma divindade). Esse comentário de *Yahweh* também sugere um ponto distinto: a responsabilidade dos deuses é cuidar de seu povo, certo? Então, o poder de *Yahweh*, expresso em sua passagem e morte de todos os primogênitos em território egípcio, mostra que não há muito a ser dito sobre os deuses do Egito. *Yahweh* detém o poder de agir decisivamente no Egito, a despeito do que os deuses egípcios possam pensar.

O Antigo Testamento não contém a ideia de um julgamento final, nem das pessoas estarem sob a ira de Deus e serem destinadas ao inferno. Essa noção é apenas expressa no Novo Testamento, no qual os objetos da ira divina não são apenas uma nação, mas todo o mundo. Todavia, a morte de Cristo, então, atua como a morte do cordeiro pascal. A Páscoa não é um sacrifício, e o cordeiro pascal não é um cordeiro sacrificial; o que ocorre ao sangue do animal é diferente do que acontece com o sangue em um sacrifício. O Novo Testamento veio a compreender o cordeiro pascal como um sacrifício e aplicar a imagem a Jesus, mas isso envolveu ver um novo significado na Páscoa. Se você for "marcado" pelo sangue de Cristo, como a porta de uma casa israelita foi marcada pelo sangue do cordeiro, então isso o protegerá do Destruidor quando Deus implementar a sua soberania sobre o mundo resistente à sua autoridade. O sangue marca você como alguém que, por meio do que Cristo fez, pertence ao povo que Deus já reivindicou como seu e que reconheceu essa posição.

ÊXODO 12:28—13:16
O GRITO ÀS TRÊS DA MANHÃ

28Os israelitas foram e agiram; como *Yahweh* ordenou a Moisés e a Arão, eles fizeram. **29**E, no meio da noite, *Yahweh* atingiu todos os primogênitos no Egito, do primogênito do faraó, que se assenta no trono, ao primogênito do cativo, que estava na masmorra, e todos os primogênitos do gado. **30**O faraó levantou-se à noite, ele e todos os seus servos e todos os egípcios, e houve um elevado clamor no Egito, porque não havia casa em que não houvesse alguém morto. **31**Ele convocou Moisés e Arão naquela noite e disse: "Levantem-se, saiam do meio de meu povo, vocês dois e os israelitas. Vão e sirvam a *Yahweh* como disseram. **32**Ambos, seus rebanhos e suas manadas — levem-nos como disseram. Vão. E abençoem a mim também." **33**Os egípcios foram firmes com o povo, rápidos em enviá-lo para fora da terra, porque (disseram): "Todos seremos mortos." **34**Então, o povo pegou a sua massa antes de estar levedada, suas tigelas de mistura, embrulhadas em suas roupas, sobre os seus ombros. **35**Os israelitas tinham agido, segundo a palavra de Moisés, e pediram aos egípcios por objetos de prata e ouro e roupas, **³⁶**e *Yahweh* tinha concedido ao povo favor aos olhos dos egípcios, de modo que eles atenderam ao pedido deles, e eles despojaram os egípcios.

³⁷Os israelitas viajaram de Ramessés a Sucote, 600 mil homens a pé, sem contar os pequenos. **³⁸**Uma multidão mista também saiu com eles, e rebanhos e manadas, um gado muito extenso. **³⁹**Eles assaram a massa que trouxeram do Egito em pães asmos, pois não era levedada, porque foram lançados fora do Egito e não puderam esperar, e também não tinham feito provisões para si. **⁴⁰**O período em que os israelitas viveram no Egito foi de 430 anos. **⁴¹**Ao fim dos 430 anos, naquele mesmo dia, todos os exércitos de *Yahweh* saíram do Egito. **⁴²**Foi uma noite de vigília para *Yahweh* a fim de tirá-los do Egito. Para os israelitas, por meio de suas gerações, essa noite deve ser de vigília por *Yahweh*.

⁴³*Yahweh* disse a Moisés e a Arão: "Esta é a ordenança da Páscoa. Embora ninguém nascido de um estrangeiro possa comê-la, **⁴⁴**qualquer um que seja servo, adquirido por dinheiro, pode comê-la, mas precisa ser circuncidado. **⁴⁵**Um residente ou empregado não pode comê-la. **⁴⁶**Será comida dentro da casa. Você não pode levar qualquer parte da carne para fora da casa. Você não pode quebrar nenhum osso dela. **⁴⁷**Toda a comunidade israelita deve fazer isso. **⁴⁸**Se uma pessoa vive com você como um imigrante e observa a Páscoa para *Yahweh*, todo macho pertencente a ele deve ser circuncidado, então ele pode tomar parte para observá-la; ele será como um nativo da terra. Mas qualquer um que seja incircunciso não pode comer dela. **⁴⁹**Haverá uma instrução para o nativo e para o imigrante que vive entre vocês."

[Êxodo 12:50—13:16 fornece mais instruções sobre a consagração do primogênito a Yahweh *quanto à celebração da Páscoa e o festival dos pães sem fermento, bem como sobre a marcação disso por meio de um sinal nas mãos e testas das pessoas.]*

Era meia-noite, não três da manhã, mas no mundo ocidental em que organizamos o nosso próprio tempo, em vez de seguirmos o tempo da natureza, a meia-noite não é o meio da noite; é o horário em que costumo apagar a luz. Então, imagine-se dormindo por algumas horas e ser, repentinamente, despertado por um grito assustador. Ou imagine-se vivendo em uma época de genocídio na Polônia, na Armênia ou em Ruanda, pertencendo ao grupo étnico errado e ouvindo o alarido crescente de uma multidão e, então, tiros...

Estranhamente, na ordem dos eventos no Êxodo, as regras sobre a observância da Páscoa são detalhadas antes desse evento, de fato, ocorrer. Essa passagem de Êxodo faz uma pausa dramática antes de lermos sobre o evento da Páscoa real, mas também acrescenta uma nota sugestiva quanto aos regulamentos para a celebração da Páscoa. Deus transmitiu a Moisés e a Arão as instruções para celebrar a Páscoa enquanto eles ainda estão no **Egito**. Antes mesmo de o evento acontecer (e quando, como um israelita, você pode estar propenso a um pequeno ceticismo sobre se ele irá mesmo ocorrer), Deus diz a Israel como celebrá-lo, uma geração após a outra, e Israel cumpriu a primeira celebração. Os cristãos conceberão maneiras distintas de celebrar o nascimento, a morte e a ressurreição de Cristo, bem como o derramar do Espírito, mas (à parte da ressurreição) as pessoas começarão a fazer essas celebrações muito tempo depois que os eventos ocorreram. No caso em questão, os israelitas celebraram o grande ato de libertação de Deus antes mesmo de serem libertos.

Contudo, o evento da Páscoa, de fato, se cumpre. Como ocorre às nações, em geral, os **egípcios** são vítimas da estupidez de seus governantes. Até então, foram beneficiados pela sabedoria e astúcia de seus líderes, sendo eximidos do trabalho de construção, pois imigrantes, como os israelitas, eram obrigados a fazê-lo. Agora, eles pagam o preço pela resistência da nação a ***Yahweh***, mesmo doando aos israelitas que estavam prestes a sair!

Seiscentos mil homens significam uma comitiva de dois ou três milhões de pessoas, contabilizando também mulheres e crianças, o que significaria que os israelitas eram tão numerosos quanto os egípcios e muito maior em quantidade que a população de **Canaã**, ou dos próprios israelitas quando moravam em Canaã, nos tempos do Antigo Testamento, ou mesmo que os povos na Palestina, na primeira metade do século XX. No entanto, a palavra para "um milhar" pode também significar "uma família"; assim, algo como seiscentas famílias se encaixa na escala das coisas. O retrabalho dos números para que "família" passe a ser "mil", então, sublinha quão espantoso foi o ato de libertação de Deus e/ou simboliza o sentido no qual todo o povo de Israel foi envolvido no Êxodo.

Da mesma forma, os 430 anos não necessariamente indicam uma cronologia literal. O primeiro livro de Reis, capítulo 6, data a edificação do templo em 480 anos após o Êxodo, e não é uma nota cronológica literal; o período real foi mais curto. Um período similar transcorreu desde a construção do templo de Salomão até a sua reconstrução depois do **exílio**. Números como esses fazem parte de um esquema cronológico com vistas a retratar o modelo da história de Israel, como a esquematização de Mateus da história em termos de sequências de catorze gerações (Mateus 1:1-17). Atribuir um padrão ordenado a isso é uma forma de indicar que toda a história está sob o controle divino e reflete o desenrolar de um plano organizado de Deus.

Os seiscentos mil, mais as suas respectivas famílias, não constituíam toda a comitiva. Havia também uma multidão de não israelitas entre eles — egípcios que tinham se convencido de que *Yahweh* era Deus e o Deus de Israel, e/ou que, por uma razão ou outra, não viam futuro para si mesmos no Egito, e/ou tinham se apaixonado por mulheres israelitas, e/ou membros de outros grupos étnicos (outros **hebreus**). Isso conecta-se a notas que aparecem na ordenança para a Páscoa. Como os países modernos, Israel abrigará muitos estrangeiros em seu meio, que estão lá pelas mesmas razões que aquela multidão mista que acompanhou os israelitas no Êxodo, mas também (por exemplo) porque estavam envolvidos em comércio. Como Israel deve se relacionar com eles?

Hoje, podemos questionar: Que tipo de visto eles possuem? Israel pergunta: Eles podem participar da Páscoa? Eles são mais como estrangeiros ou israelitas, mais como membros da congregação israelita, membros do povo de Deus, ou mais como adeptos de outras religiões? Como Deus se relaciona com eles? A resposta é que eles devem escolher. Se forem o tipo de imigrantes ou comerciantes que estão hospedados na vila ou cidade, mas que, eventualmente, voltarão para suas casas e continuarão a adorar seus antigos deuses, então são bem-vindos para ganhar o seu sustento aqui. Contudo, seria inapropriado que participassem do festival em que Israel celebra o grande ato de redenção de Deus. Caso desejem se tornar parte desse povo da **aliança**, primeiro devem ser circuncidados para, então, participar. Eles e outras pessoas sempre terão ciência de pertencerem a outro grupo étnico, mas também saberão que Israel está totalmente aberto a que pessoas de outras etnias se unam à comunidade da aliança. Não é preciso nascer como um israelita para ser parte do povo de Deus.

ÊXODO 13:17—14:31
UM TIPO DE MEDO LEVA A OUTRO

17Quando o faraó tinha deixado sair o povo, Deus não os guiou pelo caminho da terra dos filisteus porque era perto, porque [Deus disse]: "Para o caso de o povo ter uma mudança de coração ao verem a batalha e voltarem para o Egito." **18**Deus fez o povo dar a volta pelo caminho do deserto, pelo mar de Juncos. Os israelitas subiram do Egito organizados em grupos. ¹⁹Moisés levou os ossos de José com ele, porque ele havia feito os israelitas jurarem: "Deus, certamente, os atenderá, e devem levar os meus ossos daqui com vocês." ²⁰Eles viajaram de Sucote e acamparam em Etã, à beira do deserto, ²¹com *Yahweh* indo adiante deles de dia, em uma coluna de nuvem, para guiá-los no caminho, e de noite, em uma coluna de fogo, para dar-lhes luz, a fim de que pudessem ir de dia e de noite. ²²A coluna de nuvem, durante o dia, e a coluna de fogo, durante a noite, não sairiam de diante do povo.

CAPÍTULO 14

¹*Yahweh* falou a Moisés: ²"Diga aos israelitas que eles devem voltar atrás e acampar perto de Pi-Hairote, entre Migdol e o mar. Vocês devem acampar próximo a Baal-Zefom, em frente dele, junto ao mar. ³O faraó dirá acerca dos israelitas: 'Eles estão perdidos na terra. O deserto se fechou sobre eles.' ⁴Eu fortalecerei a determinação do faraó, e ele os perseguirá, para que eu possa ganhar honra por meio do faraó e todo o seu exército, e os egípcios possam reconhecer que eu sou *Yahweh*." Assim eles fizeram. ⁵Quando o rei do Egito foi informado de que o povo tinha fugido, a determinação do faraó e de seus servos com o povo mudou. Eles disseram: "O que é isso que fizemos, livrando Israel de nosso serviço?" ⁶Ele preparou a sua carruagem e levou o seu povo com ele; ⁷levou seiscentas carruagens escolhidas e todas as outras carruagens egípcias, com oficiais em todas elas.

⁸Então, *Yahweh* fortaleceu a determinação do faraó, rei do Egito, e ele perseguiu os israelitas. Como os israelitas estavam saindo de mãos erguidas, ⁹os egípcios os perseguiram. Eles os alcançaram acampados junto ao mar, todos os cavalos das carruagens do faraó, seus cavaleiros e seu exército, perto de Pi-Hairote, defronte de Baal-Zefom. ¹⁰Quando o faraó chegou perto, os israelitas levantaram os olhos e avistaram os egípcios

marchando atrás deles. Eles ficaram com muito medo. Os israelitas clamaram a *Yahweh* **¹¹**e disseram a Moisés: "Foi por falta de sepulturas no Egito que você nos levou para morrer no deserto? O que é isso que você nos fez, levando-nos a sair do Egito? **¹²**Não é isto o que lhe dissemos no Egito: 'Deixe-nos em paz e serviremos aos egípcios, porque servir aos egípcios é melhor para nós do que morrer no deserto'?" **¹³**Moisés disse ao povo: "Não tenham medo. Tomem a sua posição e vejam o livramento que *Yahweh* realizará a vocês hoje. Porque vocês nunca mais verão os egípcios que veem hoje.**¹⁴** *Yahweh* — ele lutará por vocês. Vocês — vocês podem permanecer quietos."

[Nos versículos 15-31, Yahweh, *então, instrui Moisés a falar aos israelitas para que avancem em direção ao mar, levante a sua vara sobre o mar e o divida.* Yahweh *divide o mar, enviando um forte vento, e os israelitas começam a atravessar, ladeados por uma parede de água. Quando os egípcios os seguem,* Yahweh *os faz entrar em pânico e suas carruagens atolarem. O mar retorna, e eles se afogam. Os israelitas veem o que acontece, reverenciam* Yahweh *e passam a confiar em* Yahweh *e em Moisés.]*

Neste fim de semana, nosso reitor está em um retiro de reflexão, e no próximo, estará fora, pregando numa igreja de outra cidade. Demorei um pouco a entender, e alguém me sussurrou que esse era o código para ele discernir se deveria sair, caso a igreja o convidasse a se mudar para lá. A saída de seu pastor é algo um pouco assustador. Ele tem estado conosco por oito anos e sido uma grande dádiva para nós. (Igualmente, tem me propiciado muitas oportunidades de envolvimento no ministério.) Perder o seu pastor não é o mesmo que enfrentar o exército egípcio, mas suscita algumas questões similares. Conseguiremos enfrentar o futuro? Em quem confiar? A mudança pode ser difícil: preferimos uma situação conhecida.

Nas ruas de Tel Aviv era possível deparar com trechos de uma antiga ferrovia (é provável que já a tenham removido), remanescentes da linha férrea entre Damasco e o Cairo, cujos trens estão fora de circulação há algum tempo. Ao sul de Tel Aviv, ela percorre a evidente rota plana ao longo da costa até o **Egito**. Essa poderia parecer a rota mais óbvia a ser seguida pelos israelitas em sua jornada do Egito até **Canaã**, mas Canaã fazia parte do Império Egípcio (na realidade, os filisteus ainda não estavam lá; Êxodo descreve a geografia em termos que façam sentido aos ouvintes posteriores da história). Havia muito tráfego por essa rota justamente por ser a mais óbvia. Os egípcios a mantinham sob vigilância, e, assim, ir por aquele caminho significaria encontrar problemas, na certa. Então, Deus os levou a uma rota interior, mas que envolvia a travessia do mar de Juncos, o "mar de caniços" (o termo origina-se de Êxodo 2, quando Miriã deixou Moisés entre os juncos do Nilo).

De maneira frustrante, apesar de a narrativa nos fornecer muitos detalhes concretos sobre o caminho seguido pelos israelitas, não é possível, de fato, localizar nenhum dos locais mencionados no texto. O mar de Juncos pode ser um dos braços ao norte do que denominamos mar Vermelho, em ambos os lados do Sinai, ou pode ser uma região de lagos pantanosos dentro do Sinai. O que conhecemos sobre a geografia e a história do Egito também não nos auxilia a estabelecer como o Êxodo ocorreu. O único detalhe sólido que podemos conectar aos registros egípcios é a referência a Ramessés, em Êxodo 1. Talvez isso nos ajude a focar a ênfase que a narrativa coloca sobre como Deus guiou os israelitas. Quando, seguindo a orientação de Deus, você acaba em um beco sem saída, é razoável reagir como os israelitas. Eles ainda têm problemas, mas isso não significa que Deus os abandonou.

Como de costume, Deus tem em mente um quadro mais amplo. Poderíamos pensar que a fuga do povo israelita do

Egito significaria o fim da história do Êxodo, e tudo o que eles precisam agora é marchar rumo à terra prometida. O transporte dos ossos de José cumpre os desejos de toda a família ancestral, isto é, saber que um dia eles terão o seu descanso na terra prometida, como um lugar que pertence à família, não simplesmente onde eles vivem como estrangeiros. Todavia, isso sugere que nem Deus nem o faraó terminaram o que iniciaram. Deus encoraja o faraó a não desistir ainda.

Não nos deve surpreender o fato de o faraó mudar de ideia novamente, questionando se as desvantagens de permitir a saída do povo superam as vantagens. A cada vez, há um desastre, mas as coisas parecem diferentes quando o desastre termina. Do ângulo de Deus, é óbvio que o faraó já admitiu a derrota, mas não está claro se ele, de fato, já reconheceu quem é Deus. Assim, Deus está satisfeito por ter uma confrontação final por meio da qual ele obterá honra ao derrotar o faraó e seu exército. Uma vez mais, é enfatizado como os eventos demonstram que **Yahweh** é Deus. O líder da grande potência pensa que a sua vontade decide o que acontece no mundo, e seu povo, bem como os demais, tendem a acreditar nele. A vitória de *Yahweh*, no mar de Juncos, fornecerá uma prova final de que essa não é a realidade.

Os israelitas oscilarão das mãos elevadas em louvor e/ou confiança e/ou triunfo ao medo absoluto. Eles clamam a Deus, o que é a atitude certa, mas suas palavras a Moisés expressam quão aterrorizados eles estão. A exemplo das pragas no Egito, a divisão do mar tem sido explicada como um evento natural; um forte vento soprou naquele exato momento, permitindo que os israelitas atravessassem e, então, as águas retornassem sobre os egípcios, quando estes seguiam o povo. Explicações desse tipo enfraquecem o foco da história em relatar como o evento provou que *Yahweh* é Deus e que o líder da grande potência é bem menos poderoso do que imagina ser. Esse ponto aparece no encerramento do capítulo: "Quando Israel viu o grande poder que *Yahweh* exerceu sobre os egípcios, o povo temeu a *Yahweh* e confiou em *Yahweh* e em seu servo, Moisés." O hebraico usa a mesma palavra para ter medo e para reverenciar, para um medo negativo e para uma submissão positiva. No começo da história, as parteiras temeram a Deus, no bom sentido, em vez de temer ao faraó e obedecer-lhe. Ao final do relato, Israel desiste de temer o futuro e o faraó, no mau sentido, para temer a Deus, no bom sentido. Que esse é um temor positivo é indicado pelo fato de vir acompanhado da confiança em *Yahweh*. Os israelitas alcançaram as parteiras.

ÊXODO 15:1–21
MOISÉS E MIRIÃ CANTAM E DANÇAM

¹Então, Moisés e os israelitas cantaram esta canção a *Yahweh*. Eles disseram:

"Cantarei a *Yahweh* porque ele é tão exaltado:
  cavalo e seu cavaleiro, ele lançou ao mar.
² *Yahweh* é a minha força e a minha canção:
  ele se tornou a minha libertação.
Esse é o meu Deus — eu o glorificarei:
  o Deus de meu pai — eu o exaltarei.
³ *Yahweh* é um guerreiro;
  Yahweh é o seu nome.
⁴As carruagens do faraó e o seu exército, ele lançou ao mar;
  Os seus oficiais selecionados foram afogados no mar
    de Juncos.
⁵As profundezas os cobriram;
  eles desceram ao fundo como uma pedra.
⁶Tua mão direita, *Yahweh*, foi majestosa em poder;
  tua mão direita, *Yahweh*, despedaçou o inimigo.
⁷Na grandeza de tua majestade, derrubaste os teus oponentes;
  enviaste a tua fúria, e ela os consumiu como palha.

⁸Ao sopro de tuas narinas, as águas se empilharam;
inundações levantaram-se como uma muralha;
profundezas solidificaram no coração do mar.
⁹O inimigo disse: 'Perseguirei, alcançarei;
dividirei o despojo, meu apetite será saciado.
Desembainharei a minha espada, minha mão os subjugará.'
¹⁰Sopraste o teu sopro, o mar os cobriu;
afundaram como chumbo nas águas poderosas.
¹¹Quem é como tu entre os deuses, *Yahweh*;
quem é como tu, majestoso em santidade,
assombroso em glória, fazendo maravilhas?
¹²Estendeste a tua mão;
a terra os engoliu.
¹³Em teu compromisso, guiaste o povo que restauraste;
em tua força, os conduziste à tua santa morada.
¹⁴Povos ouviram e tremeram;
a angústia apoderou-se dos habitantes da Filístia.
¹⁵Então, os chefes de Edom ficaram aterrorizados;
os líderes de Moabe — o tremor tomou conta deles;
todos os habitantes de Canaã esmoreceram.
¹⁶Terror e pavor caíram sobre eles;
pelo poder de teu braço, tornaram-se tão imóveis quanto
uma pedra,
até que o teu povo passou, *Yahweh*.
¹⁷Tu os trouxeste e os plantaste em teu próprio monte,
o lugar que fizeste para habitares, *Yahweh*,
o santuário, Senhor, que tuas mãos estabeleceram.
¹⁸*Yahweh* reinará para todo o sempre!"

¹⁹Porque os cavalos do faraó, suas carruagens e seus cavaleiros entraram no mar e *Yahweh* fez a água retornar sobre eles, enquanto os israelitas seguiram em solo seco, no meio do mar.

²⁰Miriã, a profetisa, irmã de Arão, tomou um tamborim em sua mão, e todas as mulheres a seguiram com tamborins e dançando. ²¹Miriã cantava para elas: "Cantem a *Yahweh*, porque ele é tão exaltado: cavalo e seu cavaleiro, ele lançou ao mar."

Algumas semanas atrás, antes de minha esposa falecer, estávamos em um restaurante no qual uma de minhas bandas favoritas tocava *swing*, *blues* e *rockabilly*, ao vivo. Meus pés e minhas mãos acompanhavam o ritmo ou, talvez, apenas batiam e pisoteavam (não consigo entender como alguém pode ficar imóvel enquanto ouve música). A namorada do guitarrista percebeu que Ann não podia dançar comigo e veio me perguntar se eu gostaria de dançar. Minha primeira reação foi recusar, dizendo que eu não era bom de dança, mas, então, confessei que, por Ann não poder dançar comigo, não me sentiria à vontade (mas apreciei o atencioso convite). A música suscita uma gama complicada de sentimentos. Para mim, a dança sugere tanto alegria quanto sofrimento.

Um *midrash* judaico sobre a história do mar de Juncos traz isso à tona (um *midrash* é uma história edificante ligada à Escritura; muitas dessas histórias procuram explicar algo intrigante sobre a Escritura). Ela principia-se com como os israelitas não foram instruídos a regozijarem-se na Páscoa, como seria o esperado, e explica que os anjos queriam regozijar-se no mar de Juncos, mas Deus lhes disse que não fizessem isso: "A obra de minhas mãos [os **egípcios**] está se afogando no mar; cantariam vocês diante de mim?" Uma versão da história acrescenta: "Não se alegre quando o seu inimigo cair" (Provérbios 24.17).

Não obstante, foi perfeitamente compreensível que Moisés e os israelitas cantassem, bem como Miriã e as demais mulheres dançassem. Como as mulheres é que iniciaram a história do Êxodo, elas a terminaram. Quando Deus age para trazer juízo, para mostrar quem realmente ele é, ou para derrubar opressores, há razão para sofrimento e tristeza, bem como para alegria e louvor. Pode chamar isso de o primeiro salmo na Bíblia. Muitos salmos louvam a Deus por resgatar o povo da angústia e da opressão, sendo possível imaginá-los sendo entoados no templo. Miriã e Moisés não esperam chegar à igreja para declarar o louvor a Deus. O louvor começa no mundo exterior. A canção deles enfatiza uma nota que percorre toda a história do Êxodo. O líder da grande potência pensava ser o poder proeminente em seu mundo, o que o levou a pensar que era deus, porém *Yahweh* mostrou quem é, de fato, Deus. O faraó dizia que os seus deuses eram muito poderosos; agora, Deus mostrou que eles nada são.

O fato de Miriã ser uma profetisa pode explicar a última parte da canção. Quando Deus rompe as estruturas de um mundo patriarcal, isso pode incluir tornar mulheres em profetas ou "juízes" (como Débora), a exemplo do ocorrido no começo da história em ambos os Testamentos. A profecia delas pode assumir a forma de um ato de louvor que vê o significado de longo alcance do que Deus tem feito. Esse cântico faz isso. Filístia, Edom, Moabe e outros ainda não reagiram como descrito, mas a canção fala de como eles reagirão se forem sábios. Israel ainda não chegou à terra de **Yahweh**, nem começou a adorar no santuário de *Yahweh*, mas aquele evento, junto ao mar de Juncos, estabelece que Israel assim o fará, pois fornece uma base para declarar que "*Yahweh* reinará para todo o sempre!"

Como ocorre no restante da história do Êxodo, os registros egípcios não trazem qualquer referência a uma catástrofe como essa. Em uma matéria sobre algumas descobertas arqueológicas, o *New York Times* citou a declaração de um arqueólogo egípcio: "Não há evidências sobre o êxodo. Isso é um mito." Então, mencionou outra: "Um faraó afogou-se e todo um exército foi morto [...] os egípcios não documentam as suas crises." Na realidade, eles documentam uma derrota imposta a Israel, na "Estela de Merneptá", uma inscrição em pedra do século XIII a.C., com relação ao faraó que sucedeu a Ramessés, o Grande. Trata-se da mais sólida evidência, fora do Antigo Testamento, de que Israel já existia no tempo mais provável em que ocorreu o Êxodo. Todavia, a ênfase concedida ao Êxodo em todo o Antigo Testamento também torna difícil acreditar que a história foi simplesmente inventada.

ÊXODO 15:22—17:7
SOBREVIVENDO NO DESERTO

²²Moisés levou Israel a sair do mar de Juncos, seguiram até o deserto de Sur e caminharam por três dias no deserto e não encontraram água. ²³Chegaram a Mara e não puderam beber a água de Mara porque era amarga; eis por que foi chamada "Mara". ²⁴O povo reclamou com Moisés: "O que devemos beber?" ²⁵Ele clamou a *Yahweh*, e *Yahweh* indicou alguma madeira. [Moisés] lançou-a na água, e a água tornou-se doce. [*Yahweh*] deu-lhes uma regra autoritária ali; ele os testou ali. ²⁶Ele disse: "Se vocês escutarem atentamente a voz de *Yahweh*, o seu Deus, fizerem o que é reto aos seus olhos, derem ouvidos aos seus mandamentos e guardarem todas as suas regras, não trarei sobre vocês as enfermidades que trouxe sobre os egípcios, porque eu sou *Yahweh*, o seu curador." ²⁷Então, eles chegaram a Elim. Havia doze nascentes de água ali e setenta palmeiras. Eles acamparam ali, junto à água.

CAPÍTULO 16

¹Toda a comunidade de israelitas viajou de Elim e chegou ao deserto de Sim, entre Elim e o Sinai, no décimo quinto dia do segundo mês, após saírem do Egito. ²Toda a comunidade de israelitas reclamou de Moisés e Arão no deserto. ³Os israelitas lhes disseram: "Se apenas tivéssemos morrido pela mão de *Yahweh* no Egito, quando nos sentamos junto a panelas de carne e comemos pão até nos fartar! Porque você nos trouxe a este deserto para matar toda esta congregação de fome!" ⁴*Yahweh*

disse a Moisés: "Certo. Eu lhes farei chover pão dos céus para que o povo possa sair e recolher a porção concernente a cada dia, para que possa testá-los, se irão viver por minha instrução ou não."

> *[Êxodo 16:5-36 relata como* Yahweh *fez um grande número de codornizes cair no acampamento, e à tarde e pela manhã uma substância semelhante ao pão aparecia. Daí em diante, um suprimento diário aparecia a cada dia, e dois suprimentos na sexta-feira.* Yahweh *ordenou a Israel que guardassem algum alimento no santuário para lembrar ao povo como eles foram cuidados no deserto. Êxodo 17:1-7 reporta sobre outra ocasião em que eles ficaram sem água e reclamaram de Moisés, e Deus, então, proveu.]*

Às vezes, um antigo colega costumava dizer sobre um aluno do seminário: "Ele [pode ser ela, mas não me recordo] precisa aprender a amar a igreja." O comentário vinha à tona sempre que o estudante reagia a alguma questão de aparente ineficiência, arbitrariedade ou falta de visão por parte da igreja. Eu, sabiamente, concordava com esse comentário. Então, em outra semana, alguém me repreendeu por meus frequentes comentários (segundo ele) sobre as falhas da igreja, relembrando-me da elevada estima do Novo Testamento pela igreja e do otimismo que expressa sobre ela. Senti-me corretamente castigado, embora também confuso; pensei estar certo no que havia dito (!), apesar de também reconhecer a correção do meu crítico quanto à elevada visão das Escrituras sobre a importância da igreja.

A Bíblia manifesta uma ambivalência similar sobre Israel. Trata-se do povo que Deus escolheu para si, para ser o meio divino de alcançar o mundo, um grupo que Deus, certamente, pretende levar ao seu destino. Como o texto de Romanos 11 expressa, no devido tempo, Israel como um todo será salvo. Por outro lado, em 1Coríntios 10, Paulo também utiliza a dinâmica de passagens, como estas em Êxodo sobre o que ocorreu quando os israelitas ficaram sem água ou alimento, para enfatizar o que elas nos contam sobre as falhas de Israel e suas consequências. Qualquer geração de Israel ou da igreja pode perder o seu lugar no propósito de Deus.

Os israelitas levantaram as mãos quando marcharam para fora do **Egito**. Após o seu livramento no mar de Juncos, imagino que suas mãos também estavam levantadas quando marcharam rumo ao deserto, mas logo perceberam que a vitória de Deus sobre o faraó de modo algum significou o fim de todos os seus problemas; apenas os levou ao próximo desafio. Quando Deus opera algo novo e criativo, é tentador pensar que tudo agora será lindo e maravilhoso, mas a igreja primitiva logo descobriu que teria de lidar com pessoas sendo presas, com falsificadores de suas promessas e com um grupo reclamando de outro sobre ser negligenciado durante a distribuição de comida (Atos 4—6). Era uma repetição da experiência de Israel, mesmo no sentido de envolver questões terrenas quanto a receber alimento suficiente, causando divisões no seio da comunidade. Israel queixou-se a Moisés e Arão; um grupo cristão reclamava do outro.

O livro de Salmos deixa claro que não há problema em reclamar a Deus sobre fatos que nos ocorrem e de como outras pessoas estão nos tratando (embora não incluam as respostas de Deus às orações ali registradas, e não seria surpreendente se Deus, às vezes, respondesse tão direto quanto Israel falou). Os israelitas não reclamaram de Deus, mas de Moisés e Arão; requer-se menos coragem para criticar seus líderes humanos do que criticar Deus. Felizmente, Moisés sabe o que fazer quando o povo reclama dele. Moisés clama a Deus, da maneira que os próprios israelitas tinham clamado a Deus quando o exército do faraó avançou contra eles (o problema é que o povo não está fazendo isso agora). Moisés talvez esteja clamando sobre a forma pela qual o povo está contra ele, como os líderes devem fazer para lidar com a pressão, em vez de revidar na mesma intensidade e transformar a relação em uma troca de críticas. É possível que esteja clamando a Deus em favor do povo, a exemplo do que fez em benefício do faraó (!), o que certamente é um aspecto-chave do trabalho de um líder. Deus o instrui a jogar um galho de árvore no tanque de água amarga que encontraram. A instrução pode ter parecido tola, mas talvez não para Moisés, pois ele já tinha uma considerável experiência quanto aos truques exóticos de Deus.

Êxodo acrescenta que a história estabelece um princípio da relação de Deus com o povo. Uma experiência como a que acabaram de passar é um tipo de teste. A falha do povo, na realidade, não importa, mas eles precisam aprender com o ocorrido. A regra é: viva de acordo com as ordenanças de Deus, e ele fará as coisas funcionarem. Os israelitas, então, chegam a um lugar com água abundante, o que encoraja a fé deles.

A forma pela qual eles reclamam sobre o suprimento de comida, a seguir, sugere que o povo nada aprendeu. A situação, de fato, agravou-se, e o tempo concedeu um brilho rosado à vida deles no Egito, em comparação com a realidade descrita por Êxodo: "Você nos tirou do Egito para nos matar de fome." "Vocês estão reclamando de Deus, não de nós. Deus agirá tão espetacularmente que isso mostrará que foi ele quem os tirou, não nós", Moisés e Arão replicaram.

A maneira concreta pela qual a provisão de alimento irá testá-los é que ela virá diariamente, exceto no fim de semana; na sexta-feira, eles recolherão suprimento para dois dias, de modo que tenham comida suficiente para o sábado, sem terem de fazer nada nesse dia. Isso os coloca em uma confiança diária em Deus. Quer recolham muito quer pouco, terão o suficiente. Quando tentam recolher a mais para garantir alimento para o dia seguinte (quem poderia acusá-los?), o alimento apodrece. Todavia, isso não ocorria no sábado. Além disso, se falharem na provisão para o sábado, nada terão naquele dia. Essa é a primeira referência a uma obrigação de guardar o sábado (na Criação, Deus guardou o sábado, mas não havia nenhuma menção a isso como obrigação humana). Trata-se de outra expectativa divina inesperada. Como arriscar não ter nada para sobreviver ao não fazer nada, um dia a cada sete? Não faz sentido, economicamente falando, mas isso é parte do ponto da história. O sentido reside em confiar que tudo funcionará conforme a palavra de Deus.

Todos os nossos ancestrais seguiram a orientação da coluna de nuvem e todos passaram pelo mar de Juncos como um tipo de batismo, afirma Paulo, em 1Coríntios 10. Todos eles beberam a água e comeram o alimento, porém a maioria caiu no deserto. Lembrem-se de que essas histórias foram escritas para aprendermos com elas. Não pensem que não podem ir pelo mesmo caminho, ele adverte.

ÊXODO **17:8—18:27**
O PRIMEIRO INIMIGO E O PRIMEIRO CONVERTIDO

⁸Amaleque veio e lutou com Israel em Refidim. ⁹Moisés disse a Josué: "Escolha alguns homens para nós e saia e lute com Amaleque. Amanhã, irei assumir minha posição no topo da colina com a vara de Deus na minha mão." ¹⁰Josué fez como Moisés lhe dissera, lutando com Amaleque, enquanto Moisés, Arão e Hur subiram ao topo da colina. ¹¹Quando Moisés levantava a sua mão, Israel prevalecia, mas, quando descansava a sua mão, Amaleque prevalecia. ¹²Então, quando as mãos de Moisés ficaram pesadas, eles pegaram uma pedra e a colocaram

debaixo dele. Ele sentou nela, enquanto Arão e Hur sustentavam as suas mãos, um de um lado e um, do outro. Assim, suas mãos ficaram firmes até o pôr do sol, **¹³**e Josué derrotou Amaleque e seu povo com a espada. **¹⁴***Yahweh* disse a Moisés: "Escreva isso em um documento como um memorial e declare aos ouvidos de Josué que apagarei totalmente a memória de Amaleque de debaixo dos céus." **¹⁵**Moisés construiu um altar e o chamou "*Yahweh*, a Minha Bandeira". **¹⁶**E disse: "Uma mão [se levantou] contra o trono de *Yahweh*. *Yahweh* guerreará contra Amaleque de geração em geração."

CAPÍTULO 18

¹Jetro, o sacerdote de Midiã, sogro de Moisés, ouviu tudo o que Deus tinha feito para Moisés e seu povo, Israel, como *Yahweh* tinha tirado Israel do Egito. **²**Ora, Jetro, sogro de Moisés, tinha tomado a Zípora, esposa de Moisés, depois de ela ter sido enviada, **³**e a seus dois filhos (um dos quais se chamava Gérson, porque — ele disse — "Tenho sido um forasteiro em uma terra estrangeira", **⁴**e o outro era chamado Eliézer, porque "o Deus de meu pai tem sido o meu auxílio e me resgatou da espada do faraó"). **⁵**Jetro, o sogro de Moisés, levou os seus dois filhos e sua esposa a Moisés, no deserto, onde ele estava acampado no monte de Deus. **⁶**Ele tinha dito a Moisés: "Eu, Jetro, o seu sogro, estou indo até você com sua esposa e os dois filhos dela." **⁷**Moisés saiu para se encontrar com o seu sogro. Ele curvou-se e o beijou. Cada um deles perguntou como o outro estava, e eles entraram na tenda. **⁸**Moisés recontou ao seu sogro tudo o que *Yahweh* tinha feito ao faraó e aos egípcios em favor de Israel, todas as dificuldades que encontraram no caminho e como Deus os tinha resgatado. **⁹**Jetro regozijou-se por todo o bem que *Yahweh* tinha feito a Israel, quando os resgatou do poder dos egípcios. **¹⁰**Jetro disse: "*Yahweh* seja louvado, pois resgatou vocês do poder dos egípcios e do faraó, quando ele resgatou o povo do poder dos egípcios. **¹¹**Agora reconheço que *Yahweh* é maior do que todos os deuses, porque nisso todos se colocaram contra eles." **¹²**Então, Jetro, o sogro de Moisés, apresentou uma oferta queimada e sacrifícios a Deus, e Arão e todos os anciãos de Israel vieram para comer pão diante de Deus com o sogro de Moisés.

[Os versículos 13-27 relatam o conselho de Jetro a Moisés sobre como lidar com a pressão em tomadas de decisões e oferecer orientação ao povo, sugerindo a Moisés indicar algumas outras pessoas para cumprirem essas tarefas enquanto ele foca a abordagem a Deus em favor do povo, bem como a mediação do ensino de Deus a eles.]

Acabei de assistir a um filme chamado *O leitor*. Um dos personagens principais é uma garota alemã que, por volta de 1940, trabalhou como guarda da SS, em Auschwitz, vivendo, desde então, com a culpa do que fez e que, até o fim, jamais escapou desse sentimento. O outro, é um rapaz muito jovem para ter se envolvido diretamente na guerra, mas que pertence a uma geração de germânicos que precisa fazer as pazes com o que a guerra significou. No pensamento judaico, Hitler foi o amalequita do século XX. O presidente de Israel referiu-se ao rei Amaleque em sua carta que declinava a demonstração de misericórdia ao criminoso de guerra nazista Adolf Eichmann. Na Segunda Guerra Mundial, todavia, com as pessoas que foram levadas a colaborar com os nazistas, havia aquelas que tinham resistido e que, mesmo sendo gentios, correram riscos e, às vezes, sacrificaram a própria vida para proteger os judeus. Alguns o fizeram porque reconheciam os judeus como povo de Deus; outros, apenas por instintos humanitários. O filme *A lista de Schindler* fala a respeito de um desses gentios. O Museu do Holocausto de Jerusalém, Yad VaShem, celebra essas pessoas tanto quanto os judeus que morreram.

Os amalequitas e Jetro representam essas duas atitudes com relação a Israel e ao povo judeu ao longo dos milênios. Irônica e, de certo modo, significantemente, tanto Amaleque quanto Jetro eram descendentes de Abraão. O relacionamento entre Israel e os povos de Amaleque e Midiã (ao qual Jetro pertencia) não é o mesmo dos judeus com o **Egito**; é um relacionamento no seio de uma família. O mesmo pode ser dito quanto à relação entre nazistas e judeus; os nazistas, em sua maioria, eram cristãos, assim como a maioria das pessoas que procuraram proteger os judeus. (Descrever os nazistas como cristãos é ofensivo a estes porque vemos a atitude e o comportamento daqueles como incompatíveis com a fé cristã; mas o fato é que eram cristãos professos.)

Assim, os amalequitas atacaram os israelitas enquanto o povo fazia a sua jornada pelo deserto. O Êxodo não fornece nenhuma razão para o ataque. Talvez tenham imaginado que poderiam tomar posse dos rebanhos e do gado dos israelitas. Habitando a região sul de **Canaã**, é possível que os amalequitas tenham se sentido ameaçados pelo avanço do povo de Israel. Ganância, ressentimento e medo, em geral, têm alimentado o antissemitismo. No entanto, o relato de Êxodo não apresenta o motivo, e isso sublinha o mistério da hostilidade a Israel e ao povo judeu que tem sido um aspecto recorrente da experiência israelita e judaica.

O que você faz quando os amalequitas o atacam? Os judeus do presente, às vezes, criticam a geração de seus avós pela submissão com que foram conduzidos aos campos de extermínio e determinam que Amaleque ou Hitler jamais terão essa experiência novamente (temos que manter isso em mente ao procurarmos compreender a situação do Oriente Médio. Alguns judeus enxergam os palestinos ou iranianos como outra versão dos amalequitas). Moisés e Josué fornecem a eles um modelo contrário. Uma vez mais, Moisés assume o controle do poder que Deus lhe havia concedido no mar de Juncos e direciona as forças do céu na batalha que se segue, com a pitoresca necessidade de receber um suporte físico enquanto agia. A forma pela qual a batalha transcorre evidencia que não se trata de algo meramente deste mundo, mostrando as forças divinas em ação, assegurando a vitória a Israel. O episódio lembra o conflito com o faraó, exceto que aqui, pela primeira vez, os israelitas são envolvidos no combate; não são meros espectadores da ação de Deus. Josué obtém uma vitória vital, embora isso não signifique aniquilar Amaleque; na realidade, não fica explícito que os israelitas mataram alguém (talvez os amalequitas tenham fugido dos israelitas quando viram que estes estavam preparados para a luta, em lugar de se deitarem e ser mortos!). Portanto, as promessas que encerram esse relato são importantes para o futuro e permanecem relevantes para o povo judeu.

A história de Jetro, o midianita, oferece um contraste. Moisés tem a oportunidade de contar ao seu sogro o que Deus fez por Israel ao resgatar o povo do faraó e, então, dos problemas que enfrentaram durante a jornada pelo Sinai (como os conflitos quanto ao alimento e a água, bem como o ataque de Amaleque). Jetro reage efusivamente em louvor e apresenta suas ofertas para mostrar a sua sinceridade. É uma reação e tanto para um sacerdote midianita. Talvez não devesse ser chamado de o primeiro convertido; pode ter sido Hagar, em Gênesis, não se falando em todos os estrangeiros que acompanharam os israelitas quando estes saíram do Egito. Todavia, Jetro é o primeiro que tem a sua história de conversão relatada em detalhes. Ele também representa um lembrete de uma promessa melhor que aquela com respeito à destruição de Amaleque, a promessa de que Deus atrairá o mundo para reconhecer o Deus de Israel.

Após verem Jesus, os "magos vindos do oriente" não se tornaram discípulos, mas retornaram para casa a fim de retomarem sua vida. Não obstante, eles não podem mais ser os mesmos. Após oferecer a Moisés algum conselho paternal, Jetro não permanece com o povo de Israel; ele volta para sua casa a fim de retomar a sua vida. No entanto, Jetro não pode mais ser o mesmo.

ÊXODO 19:1–25
DOIS TIPOS DE PREPARAÇÃO PARA O ENCONTRO COM DEUS

¹No começo do terceiro mês, após os israelitas saírem do Egito, naquele dia eles chegaram ao deserto do Sinai. ²Eles saíram de Refidim, chegaram ao deserto do Sinai e acamparam no deserto. Israel acampou ali, diante do monte, ³e Moisés subiu a Deus. *Yahweh* o chamou do monte: "Você deve dizer à casa de Jacó e falar aos israelitas: ⁴'Vocês mesmos viram o que fiz aos egípcios, eu os levantei sobre asas de águias e os trouxe para mim. ⁵Assim, agora, se realmente ouvirem a minha voz e guardarem a minha aliança, vocês serão para mim um bem precioso dentre todas as nações. Porque toda a terra é minha, ⁶mas vocês, em particular, serão um reino sacerdotal, uma nação santa.' Estas são as palavras que você deve dizer aos israelitas."
⁷Moisés veio e convocou os anciãos do povo e declarou diante deles todas as palavras com que *Yahweh* o instruiu. ⁸Todo o povo respondeu como um só: "Tudo o que *Yahweh* falou, nós faremos." Então, Moisés levou as palavras do povo de volta a *Yahweh*, ⁹e *Yahweh* disse a Moisés: "Eis que virei a você em uma nuvem espessa para que o povo possa ouvir quando eu lhe falar e também possa confiar em você para sempre."

Então, Moisés reportou as palavras do povo a *Yahweh*, ¹⁰e *Yahweh* disse a Moisés: "Vá ao povo, santifique-o hoje e amanhã e os faça lavar suas vestes. ¹¹Devem estar prontos para o terceiro dia, porque no terceiro dia *Yahweh* descerá diante dos olhos de todo o povo no monte Sinai. **¹²**Você deve estabelecer limites para o povo ficar em volta, dizendo: 'Tenham o cuidado de não subir ao monte ou tocar a sua base. Qualquer um que tocar o monte, certamente, estará condenado à morte. **¹³**Nenhuma mão deve tocá-lo, pois ele deve ser simplesmente apedrejado ou alvejado com flechas. Seja um animal, seja uma pessoa, não deve viver.' Quando o chifre soar, eles podem subir ao monte."

[Nos versículos 14-25, Moisés transmite as instruções de Yahweh, e Deus desce sobre o monte, sendo acompanhado de fumaça, tremor de terra e trovão. Deus, novamente, adverte o povo sobre não ultrapassar os limites, na tentativa de vê-lo.]

Quando Israel ocupava o Sinai, no começo dos anos 1970, era possível voar de Tel Aviv até uma pista de pouso, próxima ao Mosteiro de Santa Catarina, e, então, pegar um ônibus israelense até o pé do próprio monte. Guardo uma foto da desconcertante parada de ônibus, localizada em pleno deserto, tendo a inesquecível silhueta do monte Sinai ao fundo, destacando-se na planície. Subir ao monte foi uma experiência deveras extraordinária. Durante todo o percurso de subida, fiquei repetindo para mim mesmo as palavras de Salmos 24: "Quem poderá subir o monte do Senhor?" (Desconsidere o fato de o salmo se referir ao monte Sião.) O salmo responde com uma variedade de desafios ao seu comportamento e estilo de vida. Ao mesmo tempo, senti-me extasiado pela maravilha de estar no mesmo monte no qual Deus apareceu a Moisés e a Israel. (Desconsidere também o fato de ninguém saber, com certeza, se aquele é, de fato, o monte Sinai, embora seja o único com uma longa tradição dessa identificação; e, se não for, então o monte real é algum outro similar.) Foi uma experiência espiritual e emocional, bem como moralmente desafiante. (Claro que, para muitas pessoas naquele fim de semana organizado pela Sociedade Israelita da Natureza, tratava-se apenas de uma aventura ou atividade de lazer.)

Quando os israelitas chegaram ao Sinai, logo tiveram uma experiência mortalmente desafiante — ou talvez deveríamos identificá-la como relacionalmente desafiante. Ela marca uma nova etapa no relacionamento de **aliança** entre Deus e Israel. Em geral, pensamos no Sinai como a ocasião em que essa relação foi estabelecida, mas Deus já estava nesse relacionamento de aliança com Israel; o Êxodo ocorreu porque Deus estava atento a essa aliança (Êxodo 2:24). O que aconteceu no Sinai foi uma espécie de renegociação dos termos da aliança, como ocorreria novamente por ocasião da vinda de Cristo. Quando Deus estabeleceu uma aliança com os ancestrais de Israel, foi um compromisso 99% da parte de Deus, uma promessa de algo que Deus iria fazer. Não havia exigências específicas impostas a Abraão, exceto que todos do sexo masculino fossem circuncidados. A situação, agora, mudou. Deus iniciou o processo por meio do qual a promessa da aliança está sendo cumprida. O povo está a caminho da terra que Deus lhes prometera. Deus já os tinha resgatado da servidão no **Egito**. (Na verdade, se você fosse um israelita, poderia pensar que a frase sobre asas de águia era esmerada demais. "Asas de águias? Perdoe-me, mas nós andamos. Eis por que levamos dois meses para chegar aqui.")

Então, agora, é razoável Deus considerar que o compromisso entre ele e Israel deva se tornar mais mútuo. Se os israelitas, então, também guardarem a aliança, como Deus tem feito, eles podem assumir uma posição especial em conexão com o propósito divino no mundo. "Reino sacerdotal" (literalmente, "um reino de sacerdotes") e "nação santa" são uma forma dupla de descrever a mesma coisa. A ênfase reside na primeira das duas palavras em cada sentença. Elas expressam o sentido de Israel ser uma nação como qualquer outra, um reino como qualquer outro que, no devido tempo, será governado por reis; mas, na realidade, trata-se de uma nação santa e um reino de sacerdotes.

O fato de ser um sacerdócio representa certa tensão com o fato de ser um reino. Ser um reino significa uma pessoa possuir o poder supremo. Descrevê-los como um reino de sacerdotes os lembra (e também ao rei) de que todos eles têm uma relação íntima e sacerdotal com Deus. A descrição divina dos israelitas aqui é a origem da expressão "sacerdócio de todos os que creem". É fácil aos pastores e demais pessoas suporem que os pastores têm uma relação especial com Deus, mas Deus não considera isso bem assim. Os pastores podem deter poder, mas todas as pessoas têm essa relação especial. (Não há aqui nenhuma ideia de que, como um sacerdócio, Israel tenha um ministério aos demais povos. O foco repousa no privilégio da posição sacerdotal deles. A **Torá** considera que eles devem ser meios de levar bênção ao mundo, mas não usa a linguagem "sacerdotal" nessa ligação.)

Ser santo representa uma tensão diferente com ser uma nação. As nações possuem meios naturais de funcionar; o Egito ilustra como as nações são. Ser uma nação santa significa estar no mundo, mas não ser do mundo. Você consegue sobreviver no mundo com base nisso? A experiência de Israel, a seu tempo, pareceu sugerir que não e que precisava ser como as outras nações a fim de sobreviver (notadamente, para ter um rei liderando o povo na batalha — sendo um reino, de fato). Da mesma forma, a igreja, em geral, tem descoberto que não pode funcionar no mundo com essa base e, portanto, suas estruturas e procedimentos são os mesmos de outras organizações. As palavras de Deus impõem uma exigência, mas também uma visão encorajadora à frente disso.

"Tudo o que **Yahweh** falou, nós faremos." Ah, se isso fosse verdade!

Assim como impõe um desafio moral e relacional ao povo, a aparição de Deus no Sinai coloca diante deles um desafio emocional e espiritual (embora seja também relacional). Para alguns cristãos, Deus é uma pessoa a ser temida, fazendo-os se sentirem mais confortáveis com Jesus; a descrição de Deus, no final de Êxodo 19, confirma os seus piores temores. Para outros, Deus é um Pai amoroso, e eles são desencorajados pela descrição aqui. O Êxodo oferece a ambos os tipos de cristãos algo a ser aprendido.

Um modo de fazer isso é começando pelo Novo Testamento, em Hebreus 12, que aborda a história do Sinai. O texto observa quão terrível foi a aparição de Deus no Sinai, esboçando um contraste com a posição dos cristãos. Podemos supor que o autor de Hebreus está prestes a celebrar o fato de os cristãos não terem que pensar em termos de medo, mas não é isso o que ele faz. O contraste que o capítulo observa é que os israelitas estavam simplesmente ouvindo Deus na terra. "... Se os que se recusaram a ouvir aquele que os advertia na terra não escaparam, quanto mais nós, se nos desviarmos daquele que nos adverte dos céus?", pergunta Hebreus 12:25. Se nos desviarmos, o falar de Deus a nós também será terrível. O fenômeno audiovisual e as advertências feitas por Deus a Moisés são designados para fazer Israel levar a divindade de Deus realmente a sério, mas nem eles nem nós precisamos ter medo, porque já vimos como Deus cuidou deles e cuida de nós (diz Hebreus 12:28-29, assim como Êxodo 19): "Adoremos a Deus de modo aceitável, com reverência e temor, pois o nosso 'Deus é fogo consumidor!'"

ÊXODO 20:1-21
UMA REGRA DE VIDA

¹Deus falou todas estas palavras: **²**"Eu sou *Yahweh*, o seu Deus, que os tirou do Egito, de uma casa de servos. **³**Vocês não terão outros deuses contra mim. **⁴**Não farão para si escultura ou qualquer semelhança de coisa alguma nos céus acima, sobre a terra abaixo ou nas águas debaixo da terra. **⁵**Não se curvarão diante deles; não os servirão. Porque eu, *Yahweh*, o seu Deus, sou um Deus passional, visitando a desobediência dos pais sobre os filhos, até a terceira e quarta [gerações] em relação a pessoas que se opõem a mim, **⁶**mas demonstrando compromisso a mil [gerações] em relação a pessoas que entregam-se a mim e guardam os meus mandamentos. **⁷**Não elevarão o nome de *Yahweh* em vão, porque *Yahweh* não absolverá quem elevar o seu nome em vão. **⁸**Estejam atentos ao dia do sábado para torná-lo santo. **⁹**Seis dias vocês podem servir e fazer todo o trabalho, **¹⁰**mas o sétimo dia é um sábado para *Yahweh*, o seu Deus. Não farão trabalho nenhum, vocês, seu filho ou sua filha, seu servo ou sua serva, ou o estrangeiro residente em seu assentamento. **¹¹**Porque em seis dias *Yahweh* fez os céus, a terra, o mar e tudo o que está neles, e descansou no sétimo dia. Eis por que *Yahweh* louvou o sábado e o santificou. **¹²**Honra seu pai e sua mãe para que seus dias sejam longos na terra que *Yahweh*, o seu Deus, está lhes dando. **¹³**Não assassinarão. **¹⁴**Não cometerão adultério. **¹⁵**Não roubarão. **¹⁶**Não darão falso testemunho contra o seu próximo. **¹⁷**Não cobiçarão a casa do seu próximo: Não cobiçarão a esposa do seu próximo ou o seu servo ou a sua serva, ou seu boi ou jumento, ou qualquer coisa que seu próximo tiver."

[Os versículos 18-21 discorrem sobre o testemunho do povo quanto aos assustadores elementos que acompanham a aparição de Deus e as palavras tranquilizadoras de Moisés ao povo.]

ÊXODO 20:1-21 • UMA REGRA DE VIDA

Como professor de seminário na Inglaterra, era minha tarefa perguntar aos alunos, que constituíam a minha responsabilidade pastoral particular, sobre a regra de vida deles. A ideia de uma regra de vida havia se popularizado, embora talvez a ideia fosse mais popular do que, na realidade, guardar uma regra. Uma regra de vida pode abranger o padrão de adoração de sua igreja, a sua oração e leitura bíblica, o seu jejum e suas ofertas, bem como a reflexão sobre o seu relacionamento com Deus. Pode também envolver quanto de seu tempo você dedica às compras e aos exercícios físicos, quanto bebe e come, que horas vai para a cama, quanto é hospitaleiro com as demais pessoas, se reserva algum tempo para ficar sozinho e em silêncio. Pode abordar como você lida com áreas complexas, como, por exemplo, o sexo. Muitos cristãos costumavam ser hesitantes quanto a uma regra de vida porque parecia algo legalista, mas não precisa ser assim. Faça algumas perguntas a alguém sobre essas áreas de vida e, decerto, você estabelecerá uma agenda para uma demorada conversação.

As igrejas podem ter uma regra de vida e, assim, os Dez Mandamentos constituem o começo da regra de vida de Israel. O Antigo Testamento não os referencia como "dez mandamentos", somente como "dez palavras" (o termo "decálogo" deriva de uma palavra em latim que originariamente significava "dez palavras"). Na forma em que se apresentam, de fato, parecem tanto definições quanto mandamentos, embora sejam fortes imperativos. Eles possuem algumas sobreposições com a regra de vida que a igreja necessita e são endereçados aos homens israelitas que são chefes de famílias. Embora muitos mandamentos possam ser aplicados a pessoas, em geral eles trazem à luz as responsabilidades e tentações que envolvem os chefes de famílias em uma sociedade patriarcal.

ÊXODO 20:1-21 • UMA REGRA DE VIDA

Os mandamentos principiam-se com o ponto estabelecido por Deus no início de Êxodo 19. Deus tirou Israel de sua servidão no **Egito**, dando-lhe o direito de estabelecer algumas premissas caso Israel queira estar em um relacionamento exclusivo com Deus. O primeiro mandamento não visa negar a existência de outros deuses (o Antigo Testamento tende mais a rebaixá-los como subordinados ao verdadeiro Deus), mas negar a Israel o direito de tratá-los como deuses. Há, pelo menos, dois contextos nos quais o povo será tentado a fazer isso. Eles viverão lado a lado com os povos locais de **Canaã**, que buscam o auxílio de outros deuses para que suas colheitas sejam abundantes e seus animais e famílias sejam férteis, bem como capacitá-los a contatar seus familiares já mortos a fim de obter sabedoria e ajuda. Os cabeças das famílias israelitas (e, portanto, as próprias famílias) devem confiar apenas em *Yahweh* em todas essas necessidades.

Os israelitas não devem fazer estátuas para ajudá-los na adoração. Esta é outra exigência contracultural; as pessoas gostam de algo visível para facilitar a adoração. O problema é que uma estátua jamais pode representar genuinamente a natureza falante e ativa do Deus real. Na realidade, a adoração com o auxílio de uma estátua significa adorar a um deus diferente. Esse ato, portanto, torna o Deus real passionalmente irritado. Deus resgatou os israelitas da servidão ao faraó para que pudessem servir-lhe; eles não têm que se curvar a outros deuses como se fossem libertados para servi-los. As consequências no seio da família serão terríveis. Elas afetarão não apenas os pais, mas os filhos, netos e bisnetos. A vida familiar é assim. (Mas, se aceitarem essa restrição, o **compromisso** de Deus alcançará muito mais gerações.)

Ainda, não devem associar *Yahweh* a coisas não relacionadas a ele e que, na verdade, não têm realidade. Podem fazer isso provocando as suas próprias guerras e, então, dizer que são de *Yahweh*, construindo um santuário por conveniência própria e dizendo que ele pertence a Deus, tomando suas próprias decisões e atribuindo-as a Deus, ou indicando o governo que desejam e, então, dizerem que é a vontade de Deus.

Eles devem guardar a observância do sábado. Os chefes de família devem assegurar que todos em sua casa façam isso, mesmo os animais. Os servos não podem ser enviados para trabalhar no plantio no sábado, quando devem descansar. Esse mandamento faz todo o sentido e será um dos mais difíceis de serem obedecidos, especialmente quando o dono sabe que há trabalho a ser feito na propriedade e que falhar nisso implica o risco de a família não ter nada para comer no ano seguinte.

O chefe de família deve honrar seus pais que, agora, serão idosos e não mais tão úteis à economia familiar quanto eram outrora, mas que podem ser inclinados a interferir nas decisões que sabem ser necessárias. A família é crucial para o modo em que Israel deve funcionar, e falhar na honra aos pais põe em perigo a estrutura fundamental da sociedade, ameaçando, portanto, a própria existência.

Eles não devem matar ninguém. As versões tradicionais trazem: "Não matarás", mas o mandamento não usa a palavra comum para matar; antes, uma palavra para matar alguém sem mandado judicial. Isso não impede a execução (embora não haja indicações de que a pena capital fosse comum em Israel, mesmo que a **Torá**, mais tarde, viesse a permitir), nem as guerras. O mandamento pressupõe que os relacionamentos podem se tornar tão frágeis, no seio da família e na sociedade, que uma pessoa queira matar outra, encarando essa realidade.

Não devem ter casos extraconjugais. Eis outra realidade da vida em Israel, como na igreja e na sociedade. Uma vez mais, isso coloca em risco a família e, portanto, a sociedade.

Por todo o entusiasmo, satisfação e afirmação que um homem pode encontrar em um adultério, isso está fora dos limites.

Os israelitas não devem roubar. O boi e o jumento do próximo são para a subsistência dele. Suas ovelhas, cabras, oliveiras e seus grãos são meios de sustentar a sua família. Ao roubá-los, ameaça-se a família dele.

Não devem também testemunhar que seu próximo fez algo que, na verdade, não fez. Esse pode ser um meio "legal" de alcançar os mesmos fins que um assassinato ou furto, sendo igualmente proibido.

Devem olhar para a atitude interior que jaz por trás de muitos desses atos externos. A esposa do próximo pode ser melhor administradora do lar (semelhante à mulher descrita em Provérbios 31); seus servos podem ser mais esforçados; seus animais podem ser mais resistentes. Assim, você poderia realizar o seu trabalho com mais eficiência se os possuísse. Contente-se com o que você tem e obtenha o melhor deles, expressa o mandamento. Confie que as coisas ficarão bem.

ÊXODO 20:22—22:15
LIDANDO COM AS CRISES

22 *Yahweh* disse a Moisés: "Você deve dizer isso aos israelitas: 'Vocês mesmos viram como lhes falei dos céus. **23** Comigo vocês não farão deuses de prata e não farão deuses de ouro para vocês mesmos. **24** Um altar de terra farão para mim e sacrificarão nele as suas ofertas queimadas e sacrifícios de comunhão, suas ovelhas e bois. Em todo lugar que leve o meu nome a ser celebrado, virei a vocês e os abençoarei. **25** Mas, se fizerem um altar de pedras para mim, não o construirão de pedras cortadas, porque, quando empunharem os seus cortadores nelas, as tratarão como comuns. **26** Não subirão ao meu altar por degraus, para que a sua nudez não seja exposta nele.'

CAPÍTULO 21

¹"Estas são as regras que você deve estabelecer diante deles. ²Quando adquirirem um servo hebreu, ele deve servi-los por seis anos. No sétimo ano, ele deve sair livre, de graça. ³Se ele vier solteiro, sai solteiro. Se tiver uma esposa, sua esposa sai com ele. ⁴Se o seu senhor lhe der uma esposa e ela lhe der filhos ou filhas, a esposa e os filhos dela pertencem ao seu senhor. Ele sai sozinho. ⁵Se o servo explicitamente disser: 'Eu amo o meu senhor, minha esposa e meus filhos. Não sairei livre', ⁶o seu senhor deve levá-lo perto de Deus, e levá-lo à porta ou ao batente da porta, e o senhor deve furar a sua orelha com um furador. Ele é seu servo para sempre. ⁷Quando alguém vender a sua filha como uma serva, ela não sai livre como os servos. ⁸Se o seu senhor não se agradar dela, tendo ele mesmo a designado para si, deve permitir que ela seja redimida. Ele não tem o poder de vendê-la a um povo estrangeiro, porque seria desleal com ela. ⁹Mas, se ele designá-la a seu filho, deve lidar com ela de acordo com a regra para filhas. ¹⁰Se ele tomar para si mesmo outra esposa, não privará a primeira de alimento, de roupas ou de seus direitos conjugais. ¹¹Se ele não lhe fizer estas três coisas, ela poderá sair de graça, sem pagamento."

[Êxodo 21:12—22:15 estabelece regras para lidar com assassinato, homicídio culposo, assaltos, brigas e disputas sobre propriedade, bem como situações em que um animal mata um homem.]

Quando eu trabalhava como pastor, a Receita Federal me tratava como autônomo em vez de empregado. Não sei a razão dessa classificação, pois não me sentia como um trabalhador autônomo. Eu respondia a um chefe (meu reitor), que fazia questão de mostrar que mandava em mim, bem como tinha empregadores (a igreja), que deixavam claro que eu trabalhava para eles. Algum tempo depois, virei chefe, quando cheguei ao cargo de diretor de seminário (em termos dos Estados

Unidos, uma mescla entre ser presidente e reitor), embora, claro, fosse um empregado do seminário e prestasse contas ao conselho de curadores. Apreciei muito ser o chefe, mas, com o passar do tempo, senti que precisava sair das responsabilidades inerentes àquele cargo e voltar a ser um simples professor, motivo de minha mudança para a Califórnia. No romance *A leste do Éden*, John Steinbeck descreve um homem chinês (com graduação universitária) que conta por que era feliz em ser um servo. Ele possui um senhor que cuida dele e, embora tenha que trabalhar, em contrapartida o seu senhor tem de trabalhar *e* se preocupar.

Durante os séculos XVII, XVIII e XIX, as pessoas que migraram da Europa para a América, em sua maioria, vieram como servos contratados. Eram, em geral, pessoas desempregadas ou condenadas, que encontraram uma nova vida na América, trabalhando por alguns anos para pagar a sua passagem. Todavia, durante a última parte daquele período, quase todas as pessoas oriundas da África chegaram como escravos, sem qualquer perspectiva de liberdade. As traduções bíblicas, em geral, usam o termo "escravo", em passagens como Êxodo 21, mas trata-se de um equívoco. O Antigo Testamento não possui uma palavra equivalente a "escravo", porque a ideia de escravidão tem origem na Europa, sendo conhecida na **Grécia**, Roma, Grã-Bretanha e América, porém não no Oriente Médio. Nessa região, as pessoas eram mais como servos contratados, no tocante à lei propiciar-lhes alguma proteção; os senhores não podiam fazer com eles o que bem desejassem, e eles serviam por um tempo limitado.

A servidão deles, portanto, era uma forma de obter um recomeço de vida, como foi o caso dos que migraram da Europa para os Estados Unidos. Uma das razões para se tornar um servo eram as dívidas. Digamos que a sua colheita tenha fracassado e você não tivesse armazenado nada para comer no ano seguinte; trabalhar para alguém propiciava a possibilidade de um recomeço. Era possível deixar o seu filho ou sua filha se tornar um servo ou uma serva primeiro, pois isso lhe possibilitava prosseguir na labuta, permanecer em pé, além de manter a família unida. Vender-se ao serviço seria o último recurso. Caso conseguisse manter o seu negócio, poderia pagar ao homem que lhe fez o empréstimo para continuar de portas abertas, por assim dizer, para o qual o seu filho ou a sua filha está trabalhando, e, assim, "redimi-los". A venda de sua filha, assim, seria uma forma de arranjar-lhe casamento, com o senhor ou o seu filho; de uma forma ou de outra, você acabaria tendo de arranjar um casamento para ela.

As regras em Êxodo 21 fornecem alguma proteção aos servos, tendo um enfoque particular com as garotas naquela posição. Mais tarde, no capítulo, há prescrição de punição para um senhor que mata um servo, embora não por "meramente" feri-lo; o senhor, então, deve privar-se do trabalho daquele servo. As regras também atendem a algo do interesse dos senhores; de nada serviria tornar as condições de serviço muito ponderadas em favor dos servos, de modo que um patrão jamais aceitasse um servo. Isso derrotaria o objetivo de proporcionar às pessoas necessitadas uma forma de sobrevivência e de obter um novo começo. A possibilidade de alguém querer trabalhar como servo por toda a vida (como o homem chinês) mostra que essa servidão nada tinha a ver com escravidão. Essas regras têm muito a ensinar a culturas nas quais as pessoas que empobrecem e/ou contraem dívidas dispõem de poucas formas de escapar da armadilha da pobreza e passam a vida toda em colapso familiar.

A referência a um servo **hebreu** pode significar que as regras também abrangem os estrangeiros; pode até mesmo tê-los especialmente em mente. Em qualquer país, muitos servos são estrangeiros. A história de Rute ilustra esse ponto. A narrativa principia-se com Elimeleque e sua família sendo obrigados a deixar Israel e ir para Moabe por causa de uma onda de fome. Esta seria o tipo de circunstância que levaria uma família a mudar-se para um país estrangeiro a fim de buscar lá um meio de subsistência. Êxodo 21, mais à frente, proíbe o sequestro de pessoas (para que se tornem servos), da maneira que os escravos foram forçados a vir para a América.

A passagem de Êxodo 21:12—22:15 cobre uma coleção, aparentemente randômica, de "coisas corriqueiras". A sua aleatoriedade indica que essa coletânea de regras não é um código de leis, designado a lidar sistematicamente com aquelas coisas que tipicamente causam problemas em comunidades, e disponível para ser consultado de uma forma "legal". Trata-se mais de um conjunto de exemplos a fim de propiciar à comunidade e aos anciãos da vila uma ideia de como lidar com tais questões, usando-os como referência para tratar questões similares. Isso inclui a regra básica do "olho por olho". Pelo que sabemos, ninguém jamais tratou essa regra como uma lei literal, assim como a recomendação de Jesus para arrancar o olho que o faz tropeçar não deveria ser considerada literalmente. O que isso faz é estabelecer limites para a compensação que alguém tem o direito de reivindicar quando sofre algum dano. Igualmente, pelo que conhecemos, ninguém jamais foi executado por ofensas como desprezar os pais, ou a maioria das inúmeras ofensas "capitais" na regra de vida de Israel. Afirmar que "alguém deveria ser condenado à morte" é uma forma de dizer: "Esta é uma coisa realmente perversa de se fazer; pode levar a consequências terríveis."

As regras de Israel para regular a servidão e outros assuntos possui equivalentes em códigos sociais de outros povos do Oriente Médio. Uma característica distinta, na versão de Israel, está no modo em que principia-se com algumas regras sobre adoração. Deus ocupa o primeiro lugar na regra de vida de Israel. A forma precisa com que essa regra funciona, então, mostra uma preocupação em distinguir Israel de outros povos, exatamente por tratar de alguns procedimentos sociais que eram similares aos deles. Outros povos tinham imagens de seus deuses porque as consideravam úteis, mas a maneira pela qual Deus apareceu a Israel no Sinai mostra que esse Deus não é do tipo que pode ser representado por uma estátua. Outros povos construíam altares de pedra elaborados e magníficos. Todavia, Deus afirmou que um altar simples, feito de terra ou pedra natural, seria suficiente, alertando para não expor-se acidentalmente nele.

ÊXODO 22:16—23:19
VOCÊS CONHECEM OS SENTIMENTOS DE UM ESTRANGEIRO

¹⁶"Se um homem seduzir uma garota que não esteja comprometida e dormir com ela, ele deve fazer o pagamento adequado de casamento por ela como esposa para si mesmo. ¹⁷Se o pai dela recusar-se absolutamente a entregá-la como esposa, ele deve pesar a prata de acordo com o pagamento de casamento para garotas. ¹⁸Uma médium: vocês não permitirão que ela viva. ¹⁹Qualquer um que tenha sexo com um animal, definitivamente, deve ser condenado à morte. ²⁰Alguém que sacrificar a um deus que não *Yahweh* somente deve ser 'devotado'. ²¹Um estrangeiro: vocês não irão maltratá-lo ou afligi-lo, porque vocês foram estrangeiros no Egito. ²²Qualquer viúva ou órfão: vocês não os oprimirão. ²³Se os oprimirem de alguma forma, quando eles clamarem a mim, ouvirei atentamente o clamor deles. ²⁴Minha ira se acenderá, e eu os matarei com a minha espada. Suas esposas se tornarão viúvas; os seus filhos, órfãos. ²⁵Se emprestarem dinheiro ao meu povo, a uma pessoa oprimida que está com vocês, não serão como um credor para ele. Não o farão pagar

juros. ²⁶Se tomarem a capa de seu próximo como garantia, antes do pôr do sol devem devolvê-la a ele, ²⁷porque é a sua única coberta, proteção para sua pele. No que ele vai dormir? Quando ele clamar a mim, eu ouvirei, porque sou gracioso.

²⁸"Não menosprezarão Deus ou amaldiçoarão um líder entre o seu povo. ²⁹A sua plenitude [de colheita] e a sua prensagem [de uvas]: não as atrasarão. O primogênito de seus filhos: o darão a mim. ³⁰Farão isso com seus bois e seus rebanhos. Ficarão sete dias com sua mãe; no oitavo dia, o darão a mim. ³¹Vocês serão um povo santo para mim. Não comerão carne de um animal ferido no campo; o lançarão aos cães.

CAPÍTULO 23

¹"Não transmitirão denúncias vazias; não unam as mãos com o infiel para ser uma testemunha maliciosa. ²Não seguirão a maioria na prática do mal; não testemunharão em um caso dobrando-se à maioria, cedendo a ela. ³Mas não honrarão um homem pobre em seu caso. ⁴Quando encontrarem o boi ou o jumento extraviado de seu inimigo, positivamente o devolverão a ele. ⁵Se virem o jumento de seu inimigo deitado sob a sua carga não se abstenham de levantá-lo, mas definitivamente o ajudem a erguê-lo. ⁶Não distorcerão uma decisão para uma pessoa pobre em seu caso. ⁷Declarações falsas: fiquem distantes delas. O inocente, o fiel: não os matem, porque eu não trato o infiel como fiel. ⁸Subornos: não os recebam, porque os subornos cegam pessoas que podem ver e invertem as declarações do fiel. ⁹Um estrangeiro: não o maltratarão; vocês mesmos conhecem os sentimentos de um estrangeiro, porque foram estrangeiros no Egito."

[Os versículos 10-19 cobrem instruções para deixar a terra descansar um em cada sete anos, permitir que os necessitados comam do que cresce naturalmente, guardar o sábado, não orar a outros deuses e observar os festivais.]

Existem estrangeiros que livremente escolhem viver em outro país, e há os que se sentem obrigados a fazê-lo (e, então, há os "estrangeiros" que vêm em espaçonaves). Sou um estrangeiro, e isso, ocasionalmente, me traz problemas. Em nosso primeiro Dia da Independência, nos Estados Unidos, hasteei uma bandeira britânica por diversão, porém logo descobri que os meus vizinhos levavam a independência norte-americana muito a sério para achar graça em minha piada. Tive que aprender coisas sobre a cultura para evitar confusões. Após doze anos, ainda corro o risco de acidentalmente ofender pessoas com minhas palavras. Sou tributado sem representação, mas essa é a minha escolha. Os estrangeiros nos Estados Unidos ou na Grã-Bretanha, em sua maioria, tendo documentos legais ou não, têm uma escolha apenas no sentido formal. Todos estão vivendo em um país que não o seu de origem porque circunstâncias os levaram para lá, como Elimeleque e sua família, na história de Rute. Provavelmente, prefeririam estar em casa, pois realizam os serviços indesejados pelos locais, são marginalizados e, quando surge uma recessão, sempre estão entre as primeiras vítimas. Em geral, não contam com um bom plano de saúde, como um cidadão comum. Assim, é fácil obter vantagem deles.

Muitas dessas dinâmicas serão aplicadas aos estrangeiros em Israel, mas uma cultura tradicional acrescenta alguns fatores extras. Para viver, é necessário comer. Não há supermercados; as pessoas cultivam ou criam a sua própria comida. Cultivar o alimento demanda um pedaço de terra; mas a terra pertence ao povo local, distribuída entre suas famílias. Assim, para encontrar um meio seguro de viver, de alguma forma, você deve pertencer a uma família.

Em Êxodo 20—23, há algumas referências explícitas a como a fé em Deus afeta as expectativas que o texto expressa, e muitas de suas regras são similares às expectativas presentes em outros documentos do Oriente Médio, como o "código legal" de Hamurabi, que foi um grande rei **babilônio**, alguns séculos antes de Moisés. Escrevi "código legal" entre aspas porque era um código de leis semelhante ao da **Torá**. Não se tratava de um livro de estatutos, uma base para a prática da lei na Babilônia, mas uma declaração da maneira pela qual a sociedade deveria operar, ou de alguns exemplos concretos dos princípios que Hamurabi alegava defender. Pode parecer surpreendente que o ensino da Torá fosse similar ao ensino de outros povos, mas o Antigo e o Novo Testamentos assumem que Deus não deixou o mundo fora de Israel sem uma compreensão de Deus e de como viver. Parte desse entendimento foi embutido no ser humano. Portanto, não deve ser motivo de espanto que outros povos do Oriente Médio tenham discernimentos semelhantes aos de Israel sobre como uma sociedade deveria funcionar (e sobre Deus). Seria possível, talvez, perder a ciência de noções básicas sobre Deus e a moralidade; mas, então, isso seria perder algo dado ao ser humano na Criação.

Não surpreende também que o envolvimento particular de Deus com Israel fosse expresso em algumas reflexões especiais (tecnicamente, estamos falando sobre uma revelação especial em oposição a uma revelação natural). Assim, Deus ocupa a primazia na regra de vida de Israel. Então, há um lembrete recorrente a respeito do histórico de Israel em seu resgate do **Egito**: "Vocês foram estrangeiros no Egito [...] vocês mesmos conhecem os sentimentos de um estrangeiro." A preocupação em proteger o imigrante não aparece no código de Hamurabi. O ato de livramento de Deus deveria moldar a vida dos israelitas, pois ele reflete a natureza divina. O Deus que ouviu o lamento dos israelitas também ouve o clamor das pessoas maltratadas por eles. Em outras palavras, a graça de Deus aplica-se a outros povos, não apenas a mim, especialmente quando não os trato com generosidade. Consistente com esse fato é o encorajamento ao empréstimo a alguém em necessidade. Em nossa cultura, emprestar a alguém em dificuldades financeiras é um meio de obter lucro, mas, na visão da Torá, o empréstimo é um modo de auxiliar as pessoas a se levantarem, de preferência antes que a situação piore e elas sejam forçadas à servidão para honrar suas dívidas. É possível que você tenha de emprestar até mesmo ao seu inimigo. Com certeza, você deve estar preparado para ajudar ao seu inimigo; quando Jesus fala às pessoas que elas deveriam amar seus inimigos, ele está explicitando algo que a Torá já subentende.

É fácil nos sentirmos confortáveis com tais preocupações, porém igualmente fácil é escolher as partes da Torá que desejamos cumprir. Apreciamos pensar que agimos assim pelo fato de sermos cristãos, contudo é mais provável que agimos assim com base na cultura à qual pertencemos. Para sermos justos com a Torá, precisamos nos aprofundar nos textos que parecem estranhos, não apenas usá-la para afirmar o que nos atrai. Os comentários sobre a jovem seduzida ilustram um ou dois pontos. A Torá não possui regulamentação sobre o processo regular do casamento; trata-se de uma questão entre famílias, e a Torá entende que as pessoas sabem o que fazer a respeito. Ela lida apenas com situações marginais que causam conflito na comunidade. Ela opera com o fato do "padrão duplo", o que torna mais fácil para o homem livrar-se do sexo fora do casamento do que para a mulher. O motivo, claro, é o fato de ser a mulher que engravida; quem será responsável pela criança? A Torá opera com a suposição de que casamentos são arranjados pelas famílias, um sistema que não tem muito apelo no Ocidente, mas que não parece ser muito pior que o nosso sistema. (A Torá não assume que um pai deveria casar a sua filha contra a vontade dela, a julgar por histórias como a de Rebeca.)

ÊXODO 23:20-33
COMO CHEGAR À TERRA PROMETIDA

²⁰"Eis que irei enviar um ajudante adiante de vocês para cuidar de vocês no caminho e levá-los a um lugar que preparei. ²¹Cuidem-se em relação a ele. Ouçam a sua voz. Não o desafiem, porque ele não tolerará as suas rebeliões, porque meu nome está nele. ²²Mas, se realmente escutarem a voz dele e fizerem tudo o que eu disser, serei um inimigo dos seus inimigos, um adversário de seus adversários, ²³porque meu ajudante irá adiante de vocês e os levará aos amorreus, aos hititas, aos ferezeus, aos cananeus, aos heveus e aos jebuseus, e eu os aniquilarei. ²⁴Vocês não se curvarão diante dos seus deuses, não os servirão, não farão o que eles fazem, mas os demolirão totalmente e quebrarão as suas colunas, ²⁵e sirvam a *Yahweh*, o seu Deus. Ele abençoará o seu pão e a sua água, e eu removerei a enfermidade de seu meio. ²⁶Não haverá aborto ou infértil em sua terra. O número total de seus dias eu trarei à conclusão. ²⁷O meu terror, enviarei adiante de vocês, e isso lançará pânico a todos os povos entre os quais vocês chegarem. Farei todos os seus inimigos virarem as costas diante de vocês. ²⁸Enviarei vespas adiante de vocês, e elas expulsarão os heveus, os cananeus e os hititas. ²⁹Não os expulsarei adiante de vocês em um ano, para que a terra não se torne desolada e os animais selvagens se tornem muitos para vocês. ³⁰Pouco a pouco, os expulsarei diante de vocês até que sejam frutíferos e possuam a terra. ³¹Estabelecerei as suas fronteiras do mar de Juncos até o mar dos filisteus, e do deserto até o Eufrates, porque entregarei em suas mãos os habitantes da terra, e os expulsarão diante de vocês. ³²Não selarão aliança com eles ou com seus deuses. ³³Eles não viverão em sua terra para que não levem vocês a me ofender por servirem aos deuses deles, porque isso seria uma cilada para vocês."

As pessoas de hoje preocupam-se com os israelitas aniquilando os **cananeus**. Até onde se pode dizer, isso apenas se tornou uma questão nos tempos modernos. Embora os cristãos expliquem essa preocupação pela referência à exortação de Jesus quanto a amar nossos inimigos, até alguns séculos atrás os cristãos não viam nenhum conflito no relato do Antigo Testamento a esse respeito. O Novo Testamento não demonstra nenhuma hesitação quanto às conquistas de Josué e, pelo contrário, o considera um grande homem. Agostinho comentou que amar os nossos inimigos não significa ter de amar os inimigos de Deus. Embora seja possível que enxerguemos as coisas com maior clareza que o Novo Testamento e Agostinho, deveríamos, pelo menos, considerar a possibilidade de haver algo estranho quanto a nós em nossa cultura moderna e que não é o fato de sermos mais esclarecidos.

Nessa primeira descrição de como os israelitas entrarão naquela terra, eles não são instruídos a matar ninguém. É Deus quem fará isso. Isso pode parecer um pouco incongruente. Deus não ama todos os povos? Repetindo, o Novo Testamento declara isso, mas essa realidade não impede Jesus de falar sobre como o seu amoroso Pai mandará trilhões de pessoas para o inferno. Deus lida com o compromisso pessoal de amar todas as pessoas atuando contra o mal, para não arruinar todo o Universo. Para Deus, há um chamado à justiça inserido na decisão se, em determinado momento, ele deve exercer misericórdia ou é necessário dizer: "Basta!"

Para os povos de Canaã, Deus fez a chamada de juízo contra eles. A **Torá** já indicou o reconhecimento de que Deus não pode expulsar os povos de Canaã simplesmente com base num domínio eminente ou compra compulsória: "Preciso da sua terra para dá-la aos israelitas e, portanto, estou expulsando vocês." Em Gênesis 15:13-16, Deus explicou a Abraão que haveria um longo tempo antes que seus descendentes pudessem tomar posse da terra na qual viviam como imigrantes, porque a pecaminosidade dos povos locais ainda não havia chegado ao limite. Por implicação, agora Deus tem uma razão para expulsá-los. O que havia de tão ruim neles? O mais próximo que o Antigo Testamento chega de uma explicação é falar sobre as suas práticas religiosas perversas e cruéis, notadamente o sacrifício de infantes. Esta é uma prática bem evidenciada, embora os povos cananeus não fossem os únicos a adotar tal procedimento. Assim, um elemento na explicação do destino deles é que eles estavam no lugar errado e no tempo errado. Eles não ficaram impunes por práticas que outros povos adotaram sem punição. Isso estabelece uma ligação com outra consideração que vem à tona aqui. Deus está determinado a estabelecer Israel em Canaã como um povo que vive segundo Deus. Todavia, habitar em meio aos cananeus poderia significar que a influência deles sobre os israelitas fosse maior que a influência destes sobre os cananeus, o que, de fato, ocorreu. Os israelitas adotaram a prática do sacrifício infantil, bem como de outros elementos da cultura de vida dos cananeus. Eis a razão pela qual os israelitas acabaram sendo expulsos da terra: **Efraim**, no século VIII a.C., e **Judá**, no século VI a.C. O princípio aplicado aos cananeus também foi aplicado aos israelitas. Em conexão com Êxodo 15:22—17:7, enfatizamos a percepção, expressada por Paulo, de que o princípio aplicado a Israel também se aplica à igreja. Não temos uma porção de terra para ganhar ou perder, como ocorreu com os cananeus e israelitas, mas temos um destino ou uma posição a herdar ou a pôr em risco. Eis um dos motivos pelos quais fazemos bem em nos incomodarmos com o tratamento de Deus aos cananeus. Se Deus fez isso com eles, pode muito bem fazer conosco. Então, é melhor ouvirmos com atenção o que o **ajudante** de Deus diz aos israelitas.

ÊXODO 23:20-33 • COMO CHEGAR À TERRA PROMETIDA

A exortação em Êxodo não é dirigida apenas aos israelitas naquela jornada do **Egito** a Canaã. A ligação entre o modo de viver dos cananeus e o de Israel nos lembra que essas histórias constituem mais do que simples relatos do que acontecia entre Deus, Moisés e Israel no século XIII a.C. Como o apóstolo Paulo indica, foram escritas para que pessoas nos séculos seguintes aprendessem com elas. Refletir sobre como elas fizeram sentido para os israelitas que ouviram esses relatos nos ajuda a perceber certos aspectos nelas. Muitas das regras em Êxodo 20—23 fariam pouco sentido para uma multidão de israelitas no deserto; pouco se aplicam à vida que tinham então. Todavia, as regras são endereçadas aos israelitas estabelecidos na terra de Canaã. O mesmo se aplica a essa seção de encerramento das palavras de Deus a Moisés a serem transmitidas ao povo. Elas fazem mais sentido para pessoas vivendo na terra ao longo dos séculos. Isso também se encaixa no modo com que o discurso expressa coisas tensas entre si. Deus pretende expulsar os **cananeus** da terra; ele enviará um terror santo e vespas mundanas adiante dos israelitas a fim de levar os cananeus a um estado de pânico. Então, por que os cananeus ainda estão na terra? Bem (o discurso prossegue para deixar claro), há desvantagens na expulsão dos cananeus. O relato propicia aos seus ouvintes uma variedade de reflexões teológicas e recursos para ajudá-los na compreensão do que Deus está fazendo a eles.

A nação de Israel passa praticamente toda a sua existência pressionada por seus inimigos — poderes locais, como os filisteus e os edomitas, e grandes potências, como os **egípcios** ou os **assírios**. Deus promete aos israelitas que todos esses poderes não os subjugarão. Em contraste, durante muitos desses séculos, Israel pode ouvir essa história e pensar: "**Ferezeus**? Hititas? Jebuseus? Não os tenho visto ultimamente. Deus cumpriu a sua promessa. Portanto, talvez eu possa confiar que Deus irá lidar com os filisteus e assírios." Ao mesmo tempo, com frequência, Israel esteve envolvido no tipo de atividade sobre o qual o discurso adverte, como servir aos deuses desses povos e reciclar as "colunas" (pilares como símbolos dos deuses). Era algo tentador presumir que os deuses cultuados pelos cananeus fossem entidades que sabiam como fazer as plantações produzirem em abundância; afinal, os cananeus tinham confiado neles por anos, com sucesso. Israel é instruído de que *Yahweh* é a chave para ter pão para comer, bem como para ter fertilidade, boa saúde e vida longa.

Ao ouvirem essas palavras, cada geração é estimulada a ouvir o que Deus, ou o ajudante divino, está dizendo agora, enquanto prossegue na jornada rumo ao cumprimento de sua vocação de ser um reino sacerdotal e uma nação santa.

ÊXODO 24:1–18
VENDO A DEUS

¹Ele disse a Moisés: "Suba a *Yahweh*, você e Arão, Nadabe e Abiú, e setenta anciãos israelitas. Curvem-se a distância. ²Moisés apenas deve se aproximar de *Yahweh*; eles não devem se aproximar, e o povo não deve subir com ele."

³Moisés foi e falou ao povo todas as palavras de *Yawheh* e todas as regras. Todo o povo respondeu a uma só voz, dizendo: "Todas as coisas que *Yahweh* disse, nós faremos." ⁴Moisés escreveu todas as palavras de *Yahweh*. Cedo de manhã, ele construiu um altar ao pé do monte Sinai e doze colunas para os doze clãs israelitas. ⁵Enviou alguns jovens israelitas, e eles ofereceram ofertas queimadas e sacrificaram bois como sacrifícios de comunhão. ⁶Moisés tomou metade do sangue e o colocou em bacias, e metade do sangue ele jogou sobre o altar. ⁷Ele tomou o livro da aliança e o leu para o povo que o ouvia. Eles disseram: "Tudo o que *Yahweh* disse, nós faremos, nós

obedeceremos." ⁸Moisés tomou o sangue, jogou-o nas pessoas e disse: "Aqui está o sangue da aliança que *Yahweh* selou com vocês, baseada em todas essas palavras."

⁹Moisés e Arão, Nadabe e Abiú, e setenta anciãos israelitas subiram ¹⁰e viram o Deus de Israel. Sob seus pés havia algo como um pavimento de safira, como os próprios céus pela pureza. ¹¹Contra os "pilares" dos israelitas ele não levantou a sua mão. Eles contemplaram Deus e comeram e beberam.

¹²*Yahweh* disse a Moisés: "Suba a mim no monte e fique ali. Dar-lhe-ei as tábuas de pedra com o ensinamento e o mandamento que escrevi para ensiná-los." ¹³Assim, Moisés e Josué, o seu assistente, subiram a Deus no monte. ¹⁴Aos anciãos, ele disse: "Fiquem aqui por nós até que retornemos a vocês. Aqui estão Arão e Hur com vocês. Qualquer um que tiver algo a dizer, pode abordá-los."

¹⁵Então, Moisés subiu ao monte, e a nuvem cobriu o monte. ¹⁶O esplendor de *Yahweh* habitou o monte Sinai; a nuvem o cobriu por seis dias. No sétimo dia, ele chamou a Moisés do meio da nuvem. ¹⁷A aparência do esplendor de *Yahweh* era como fogo consumidor no topo do monte, diante dos olhos dos israelitas. ¹⁸Moisés foi ao meio da nuvem e subiu ao monte. Moisés esteve no monte quarenta dias e quarenta noites.

Uma canção cristã, gravada por Michael W. Smith, intitulada "Abra os olhos do meu coração, Senhor", declara: "Eu quero te ver; ver-te exaltado em majestade, brilhando na luz da tua glória." Outra canção, "Quero te ver", de Andy Park, repete várias vezes a súplica "Tua face eu quero ver". Ao entoar essas canções, sempre me pergunto o que quero expressar e o que as outras pessoas na congregação querem dizer. Acho que sabemos o que queremos dizer com aquela frase introdutória, "Abre os olhos do meu coração", me diz. Estamos pedindo por uma percepção interior de estar na presença de Deus. Outras músicas exultam com a ideia de ver o Senhor "face a face", na ressurreição. Há também uma forma visionária de ver o Senhor, um sentido de ver fisicamente. Então, há a visão física mais literal que os discípulos experimentaram.

Não tenho certeza sobre o tipo de visão a que se refere o texto de Êxodo 24, nem mesmo se autor de Êxodo sabe. Uma indicação é a maneira confusa de contar esse episódio. Você permanece com aquela percepção de que sabe o que está acontecendo, mas, então, a lógica da história surge. Na noite passada, assistimos a um filme, intitulado *Home* [Lar], sobre uma mulher que faz as pazes com o fato de ter câncer e como isso afeta o relacionamento com seu marido e sua filha. Isso a faz revisitar a sua infância e a enfermidade de sua mãe. Ao retratar a sua filha, a narrativa salta para retratá-la como adulta, comportando-se um pouco como quando era criança, e então dá um novo salto, retratando-a na infância. Para acompanhar a história, o espectador precisa ajustar a sua perspectiva constantemente. Essencialmente, é uma história inspirada em fatos reais, e os saltos na narrativa auxiliam a transmitir a verdade histórica. Então, em Êxodo, quem sobe ao monte? Moisés? Moisés e Arão, com Nadabe e Abiú? Hur? Os setenta anciãos? Algumas pessoas que são "pilares" da comunidade? Josué? E quem vê o quê? Quantas vezes Moisés sobe ao monte? A frequência aqui é uma adição ao número de vezes em que ele o faz em Êxodo 19 (precisei de quatro horas, e Moisés tem oitenta anos de idade).

Parte da genialidade dessa forma de contar uma história é tornar algumas realidades claras, porém ainda deixar você com uma adequada sensação de mistério. Se Êxodo pudesse nos fornecer um relato direto e objetivo do encontro entre Deus, Moisés e a comitiva, como se fosse o encontro dos discípulos com Jesus, certamente isso seria equivocado, pois banalizaria o evento. Um encontro real com Deus está fadado a ser indescritível. Paradoxalmente, ao tornar impossível saber exatamente o que aconteceu, Êxodo nos transmite uma genuína impressão de sua natureza significativa e singular.

Algo mais faz uma antagônica contribuição a esse respeito. Igualmente, pode-se comparar Êxodo 24 com um filme cujo diretor não contrata um continuísta. Parece como se Israel tivesse inúmeras versões de sua história, assim como os cristãos primitivos dispunham de uma série de versões sobre a história de Jesus. Possuir inúmeras versões dos eventos do Sinai significava dispor de inúmeras formas de tentar descrever o indescritível. Quando os israelitas constituíram o livro que denominamos Êxodo, o instinto deles era o de incluir vários relatos do que ocorreu. É possível haver outras versões que eles omitiram, embora não haja como saber quais. Eles preservaram aquelas nas quais percebiam veracidade, sem tentar transformá-las em uma narrativa direta, sem a presença de áreas pontiagudas.

Ao lerem essa história, as pessoas sabem que o texto faz uma série de afirmações vitais. Deus, de fato, encontrou-se com Israel no Sinai. O israelita comum foi protegido do aspecto assustador daquele encontro; os líderes encontraram-se com Deus em nome do povo. Um ponto-chave do encontro de Deus com Israel foi o estabelecimento de uma nova versão do relacionamento de **aliança**, de modo que os ouvintes da história pudessem ter a garantia da relação de Deus com eles. Deus assegurou que Israel soubesse como deveriam viver no futuro; assim, os ouvintes desse relato, com certeza, conhecem as expectativas de Deus.

As ações com o sangue dos animais não são sacrifícios regulares, mas uma cerimônia especial que pode estar associada ao estabelecimento de uma aliança. Uma história em Jeremias 34 ilustra o que isso significa, ao falar sobre o povo cortando o bezerro em dois e andando entre as duas metades do animal. Fora da Bíblia, sabemos de um documento, com o registro de um tratado entre a Síria e a **Assíria**, que envolve o desmembramento de um cordeiro e demanda que o rei sírio ore para que possa ser tratado da mesma maneira que o animal caso ele quebre o tratado. Portanto, quando Êxodo fala sobre "selar" uma aliança, a referência mais literal é quanto a "cortar" a aliança. A cerimônia envolveu cortar os animais e aspergir o sangue sobre o povo e também sobre o altar, que representa Deus. Assim, Deus e o povo estão afirmando: "Que eu seja desmembrado e meu sangue espalhado caso eu quebre esta aliança."

ÊXODO 25:1—26:30
COMO CONSTRUIR UMA IGREJA — I

1 *Yahweh* falou a Moisés: **2** "Diga aos israelitas que tragam uma oferta para mim. Você deve receber a oferta de todo indivíduo cuja resolução o impelir. **3** Esta é a oferta que deve receber deles: ouro, prata, cobre; **4** tecido azul, púrpura e escarlate, linho fino, pelos de cabra, **5** peles curtidas de carneiro, peles de golfinho, madeira de acácia; **6** óleo para iluminação, especiarias para o óleo da unção e para o incenso aromático; **7** pedras de ônix e pedras para colocar no éfode e no peitoral. **8** Devem me fazer um santuário, e eu habitarei no meio deles. **9** De acordo com tudo o que eu irei lhe mostrar, o modelo da habitação e o modelo de todos os seus acessórios, assim vocês devem fazê-lo.

10 "Devem fazer um baú de madeira de acácia de dois côvados e meio de comprimento, um côvado e meio de largura e um côvado e meio de altura. **11** Revistam-no de ouro puro, por dentro e por fora, e façam uma moldura de ouro em todo o seu redor. **12** Fundam quatro argolas de ouro para ela e coloquem-nas em seus quatro pés, duas argolas em um lado e duas no outro. **¹³**Façam varas de madeira de acácia, revestidas de ouro, **¹⁴**e insiram as varas nas argolas nos lados do baú, para carregá-lo. **¹⁵**As varas devem estar nas argolas do baú; elas não devem ser removidas dele. **¹⁶**Coloque dentro do baú a declaração que eu lhe darei.

¹⁷"Devem fazer uma tampa de expiação de ouro puro, de dois côvados e meio de comprimento e um côvado e meio de largura, **¹⁸**e façam dois querubins de ouro (de trabalho batido devem fazê-los), nas duas extremidades da tampa. **¹⁹**Façam um querubim numa extremidade, e o outro, na outra extremidade, e façam os querubins em uma só peça com a tampa, em suas duas extremidades. **²⁰**Os querubins devem estar com suas asas estendidas para a frente, protegendo a tampa com suas asas, e com suas faces de frente uma para a outra; suas faces estarão voltadas para a tampa. **²¹**Coloque a tampa no baú, no topo, e coloque dentro do baú a declaração que eu lhe darei. **²²**Encontrar-me-ei com você lá e lhe falarei sobre a tampa, entre os querubins que estão acima do baú da declaração, tudo o que lhe ordenarei para os israelitas."

[Yahweh prossegue dando instruções para a confecção de uma mesa de ouro para o "pão da presença", um candelabro de seis braços em ouro para o santuário, as cortinas que formam as suas paredes, as coberturas de peles que vão sobre elas, e os suportes que as mantêm no lugar.]

Em nossa igreja, começamos a nos incentivar mutuamente para ofertar pelos reparos que precisam ser realizados em nossas instalações. Temos uma lista de prioridades, como a substituição de algumas vigas de madeira que apodreceram com as chuvas (estamos na Califórnia) e a construção de um acesso apropriado para pessoas com deficiência (que era a minha prioridade pessoal, pois era obrigado a levantar a cadeira de rodas de minha esposa um degrau ou dois para entrar na igreja a cada domingo). O conselho paroquial (o comitê da igreja) concordou com a lista de prioridades e, então, transmitiu a lista aos membros. Não tenho dúvida de que a nossa pequena congregação irá contribuir com generosidade. Tão importante quanto as ofertas é como as pessoas contribuem com as suas habilidades. Um membro é hábil com instalações elétricas, e outro é talentoso no trabalho com madeira; ele esculpiu a cruz na igreja. Uma mulher é cozinheira de mão cheia; ainda salivo só de pensar nos deliciosos bolos que ela faz. Na Festa de São Barnabé (nosso patrono), na outra semana, recebemos *e-mails* com um lembrete sobre o dia, bem como comentários sobre o que Barnabé tem a nos ensinar. Outros lideram o louvor durante as férias de nosso organista, assim como há até mesmo pessoas capacitadas a pregar sermões...

O santuário ou habitação que o Êxodo descreve necessitará de ofertas que supram tanto a questão financeira quanto a oferta de habilidades. O dinheiro ainda não havia sido inventado; não há o risco de as pessoas pensarem que cumpriram o seu dever com a assinatura de um cheque. As ofertas, em sua maioria, virão dos próprios bens das pessoas ou demandarão a exploração dos recursos naturais locais (sim, há criaturas parecidas com golfinhos nadando na região do Sinai, e as pessoas locais os pescam e utilizam suas peles como couro). Na lista de compras dada por Deus a Moisés, vemos também a razão da coleta de despedida dos israelitas antes de saírem do **Egito**. Decerto, inadvertidamente, os egípcios contribuirão para a construção do santuário de **Yahweh**. A seu tempo, o Êxodo falará sobre as habilidades e talentos a serem exigidos para os serviços que as pessoas devem executar.

Eles farão um "santuário" que é uma "habitação" (as traduções bíblicas, em geral, usam a palavra "tabernáculo"). A ideia de ter um lugar onde Deus "habitará" no meio deles é inusitada. No passado, Deus era "o Deus de Abraão, Isaque e Jacó", o Deus associado ao povo que estava sempre em movimento, presente com eles aonde quer que fossem. O Deus que não vivia em um lugar específico. Agora, é o Deus que está atuante no meio deles, que acabou de tirá-los do Egito e que está prestes a levá-los para **Canaã**. Lá, eles se assentarão, e Deus se assentará ali também. A "habitação" estará localizada em determinado lugar, em Canaã, e os israelitas sempre saberão que Deus está naquele local e que ali podem orar a ele. Ao mesmo tempo, o termo **hebraico** sugere um lugar no qual alguém "permanece" (como expressamos); "permanecer" é menos permanente ou fixo que "viver" lá. A estrutura será móvel.

Como um "santuário", uma estrutura santa ou sagrada, é um local especial, separado do uso comum e apropriado à santidade distinta de Deus, que vem para ali permanecer. Aos cristãos, isso aponta para um paradoxo. A vinda de Cristo eliminou a necessidade de um lugar sagrado; o povo de Deus, agora, é o "lugar" no qual Deus habita. Não obstante, os cristãos logo se descobriram separando lugares especiais para a adoração, e, nos Estados Unidos, um local de culto é, usualmente, chamado de santuário. Isso reflete a carência humana por um local separado, uma necessidade à qual Deus graciosamente condescende.

As detalhadas instruções começam com alguns dos elementos mais importantes do santuário. Primeiro, deverá haver um baú, com pouco mais de um metro de comprimento e cerca de setenta centímetros de altura e de largura (um côvado é uma medida linear de cerca de 45 centímetros). A Versão Revista e Corrigida Fiel, bem como outras versões, em geral fazem referência a uma "arca", mas a palavra significa uma caixa, embora seja apenas usada ocasionalmente para expressar baús usados para outros fins. Na Versão Revista e Corrigida Fiel, é denominada de "a arca da **aliança**", mas, de novo, Êxodo não utiliza o termo comum para "aliança", mas uma palavra que significa uma declaração solene. Assim, a "arca da aliança" é o "baú da declaração". A ligação com a aliança é que a "declaração" diz respeito ao tipo de expectativas que Deus "declarou" a Israel em conexão com a aliança, especificamente os dez mandamentos. O baú não possui grande significado em si; a sua função é conter as duas tábuas que expressam as bases para a relação de aliança de Israel com Deus, as quais Deus dará a Moisés após fornecer as especificações do santuário.

De igual modo, "tampa da **expiação**" não tem um significado em si a essa altura, embora o seu nome subentenda que é significante em conexão com a relação das pessoas com Deus (algumas versões bíblicas, incluindo a Versão Revista e Corrigida Fiel, trazem o termo "propiciatório"). Aqui, o foco reside nos querubins posicionados em ambas as extremidades da tampa. Não devemos pensar nos querubins como figuras angelicais e infantis, como são considerados hoje, pois eles são impressionantes o suficiente para montarem guarda nos portões do Éden, a fim de impedir a entrada forçada de pessoas, de modo que aqui, especificamente, a sua função é de guardiães do baú. Eles são figuras aladas imponentes, de tal modo que nas visões de Ezequiel podem voar e transportar o trono de Deus pelos céus. Eles, portanto, representam Deus. Não é permitido fazer uma imagem de Deus, mas as imagens de querubins sugerem a presença divina cujo trono invisível eles transportam. Entronizado acima deles, Deus se encontrará com Moisés (o "você" é uma referência específica a Moisés) para revelar as demais instruções que Deus deseja transmitir a Israel, quando a revelação do Sinai terminar e Deus quiser permanecer em comunicação com o povo.

ÊXODO 26:31—27:21
COMO CONSTRUIR UMA IGREJA — II

³¹"Devem fazer uma cortina de linho fino trançado e de fios azul, púrpura e escarlate. Deve ser feito como um trabalho criativo, com querubins. ³²Coloque-a nos quatro postes de acácia revestidos de ouro, com seus ganchos de ouro nas quatro bases de prata. ³³Fixe a cortina sob os colchetes e coloque o baú da declaração lá, atrás da cortina. A cortina separará o lugar santo do lugar santíssimo para vocês. ³⁴Ponha a tampa da expiação sobre o baú da declaração, no lugar santíssimo. ³⁵Coloque a mesa do lado de fora da cortina, e o candelabro, em frente à mesa, no lado sul da habitação, com a mesa no lado norte. ³⁶Façam uma tela de linho fino trançado e de fios azul, púrpura e escarlate para a entrada da tenda, a obra de um bordador, ³⁷e façam para a tela cinco postes de acácia e os revista com ouro, com seus ganchos de ouro, e fundam para eles cinco bases de cobre.

CAPÍTULO 27

¹"Devem fazer o altar de madeira de acácia, com cinco côvados de comprimento, cinco côvados de largura (o altar será quadrado) e três côvados de altura, ²e façam seus chifres nos quatro cantos (seus chifres devem ser um com ele), e o revistam de cobre. ³Façam seus baldes para remoção das suas cinzas, suas pás, bacias, os garfos e tachos de fogo: façam todos esses utensílios de cobre. ⁴Façam uma grade para ele, uma malha feita de cobre, e façam na malha quatro argolas de bronze em seus quatro cantos. ⁵Coloquem-na debaixo da beirada do altar; a malha deve ficar à meia altura do altar. ⁶Façam varas para o altar, varas de madeira de acácia, e as revistam de cobre. ⁷As varas devem ser inseridas nas argolas e ficar nos dois lados do altar quando ele for carregado. ⁸Façam-no oco, de tábuas. Como lhe foi mostrado no monte, assim devem ser feitos. ⁹E façam um pátio para a habitação."

ÊXODO 26:31—27:21 • COMO CONSTRUIR UMA IGREJA – II

> *[Em 27:10-21, Yahweh fornece as especificações para as armações que delimitam o pátio, cem côvados de comprimento por cinquenta côvados de largura, com seus suportes, uma tela para a entrada, todos confeccionados de materiais similares aos já especificados. Essa passagem, então, prescreve o azeite de oliva, para a iluminação, que deve queimar durante toda a noite, do lado de fora da cortina, em frente ao baú.]*

Quando ainda criança, na derradeira parte da Segunda Guerra Mundial, revela a tradição familiar que eu costumava acompanhar os "fogos de artifícios" e as "fogueiras" do meu quarto, no andar superior. Eram, na realidade, bombas caindo sobre a pista da força aérea britânica, na qual hoje está situado o aeroporto internacional de Birmingham, e os incêndios que durante os bombardeios devastaram a cidade vizinha de Coventry, incluindo a sua catedral do século XIV. Pouco mais de uma década depois, visitei as ruínas da catedral à época, quando uma nova catedral estava sendo construída. Deus realmente quer catedrais? Não haveria um meio melhor de investir aqueles recursos em nome de Deus? A questão veio à tona novamente quando nos mudamos para Los Angeles e a Arquidiocese Católica Romana construía a sua nova catedral. Não seria o dinheiro mais bem aplicado na assistência aos pobres? Por que Deus desejaria um santuário como esse descrito em Êxodo? Por que Deus quis detalhar tantas instruções específicas para a sua construção? Por que Deus, então, decidiu incluir o projeto de sua construção em seu livro?

Embora as instruções com respeito ao santuário sejam, de fato, necessárias para a sua construção, não haveria necessidade de registrá-las. O seu registro, por escrito, as tornou disponíveis para as gerações posteriores. É instrutivo imaginar as pessoas lendo essas instruções como leram sobre a construção do templo de Davi e Salomão ou o **Segundo Templo**, construído após o exílio, ou quando participaram da construção destes. O primeiro templo foi concebido por Davi, não Deus, que expressou sentimentos mistos com relação a ele (veja 2Samuel 7). Isso está relacionado à percepção de que os santuários existem para o nosso benefício, não o de Deus. Observamos que não havia santuários em Gênesis ou nas décadas iniciais da igreja primitiva. Não obstante, logo as congregações cristãs estavam construindo santuários. Deus não precisava de um lugar especial para encontrar-se com as pessoas, mas estas sim. Aqui, em Êxodo, igualmente, Deus ia ao encontro das pessoas onde elas estavam, em sua necessidade (como seres humanos físicos) por um lugar físico.

Havia uma razão específica para o desconforto de Deus com o desejo de Davi de edificar um palácio para Deus, baseado no fato de que o próprio Davi possuía um. Deus apreciava estar em movimento em vez de preso em um único lugar. As instruções para a construção do santuário no deserto lembrariam esse fato ao povo. O santuário no deserto era uma tenda glorificada, não um palácio glorioso. As instruções trazem seguidas referências à natureza portátil dos elementos da habitação. Ela poderia acompanhar a peregrinação do povo, enquanto o Deus que era acessível ao povo lá poderia seguir o deslocamento. O templo era uma estrutura imponente no alto da colina, em Jerusalém, elevando-se acima das pessoas comuns. O santuário no deserto era uma habitação magnífica em meio ao próprio acampamento do povo, no mesmo nível que os israelitas. Quando o templo foi queimado e devastado pelos **babilônios**, as instruções para o santuário no deserto lembrariam ao povo algumas verdades sobre Deus e eles, bem como, talvez, que deveriam considerar com mais atenção quando vislumbrassem a possibilidade de reconstruí-lo.

Quando os ocidentais pensam em um santuário, imaginam, em parte por questões de clima, um espaçoso edifício, no interior do qual toda a congregação se reúne para adorar. O monte do Templo, em Jerusalém, fornece uma ideia melhor da dinâmica do templo ou do santuário no deserto. O santuário em si é uma pequena estrutura sagrada (cerca de 5 m x 14 m) que pertencia especialmente a Deus, cercado por um pátio do tamanho de um pequeno campo de futebol. Ali, as pessoas podem se reunir para estar com Deus, especialmente em grandes ocasiões de adoração, ou apenas para encontros sociais e até mesmo entretenimentos esportivos. É parte da estrutura em que Deus acolhe as pessoas, em oposição aos aposentos privados de Deus; a habitação de Deus funciona como uma residência familiar, na qual o pátio era o cenário das reuniões familiares. O altar do sacrifício situava-se lá por sua importância nessas reuniões. Aqui, as famílias, bem como homens e mulheres individualmente, traziam as ofertas que expressavam o seu amor e compromisso a Deus, a sua gratidão pelo que Deus lhes havia feito, assim como o seu desejo de compensar por suas transgressões. Os detalhes da construção não são claros, assim como o significado dos chifres, embora, talvez, representassem a força divina (como os chifres de um touro).

Dois terços do santuário real abrangem o "lugar santo", no qual ficam a mesa com os pães da Presença e o candelabro. O Êxodo não explica o significado dessas e outras características do santuário, mas pode-se imaginar que elas lembrariam o povo de que maneira Deus lhes providenciou o "pão diário" e a luz que precisavam para seguir na jornada. (Caso alguém questionasse se o pão era alimento para Deus, a sua fé logo indicava que isso não se encaixava no que eles sabiam sobre Deus.)

O terço final do santuário constitui o "lugar santíssimo", que mais poderosamente simboliza a presença de Deus. O baú com a declaração fornecida por Deus ficava lá. Por um lado, a existência do pátio expressa a realidade de estar na presença do Deus que deseja estar em comunhão com o povo. Do outro, a separação do lugar santíssimo lembra as pessoas da distinção real entre o Deus celestial e a humanidade criada, bem como evita que a confiança do povo se torne um tipo de familiaridade equivocada. Dividindo os dois "aposentos" do santuário, há a cortina com seus querubins bordados, correspondentes às imagens de querubim sobre o baú. Eles constituíam outra lembrança da presença de Deus ali.

ÊXODO 28:1—29:37
COMO ORDENAR UM SACERDOTE

¹"Você mesmo deve ter Arão, seu irmão, trazido à sua frente, e os filhos dele com ele, dentre os israelitas, para atuarem como sacerdotes para mim: Arão, Nadabe e Abiú, Eleazar e Itamar, filhos de Arão. ²Faça vestimentas sagradas para Arão, o seu irmão, para esplendor e beleza. ³Você mesmo deve falar a todos os que são hábeis no coração, às pessoas que enchi com um espírito de habilidade, para que façam as vestimentas de Arão para sua consagração, a fim de atuar como sacerdote para mim. ⁴Estas são as vestimentas que eles devem fazer: um peitoral, um éfode, um manto, uma túnica trançada, uma cobertura para a cabeça e uma faixa. Eles devem fazer as vestimentas sagradas para Arão, o seu irmão, e para os filhos dele, para atuarem como sacerdotes para mim. ⁵Eles mesmos devem obter o ouro, os fios azul, púrpura e escarlate e o linho fino."

[Os versículos 6-43 fornecem os detalhes dos vários itens.]

CAPÍTULO 29

¹"Isto é o que você deve fazer para eles ao consagrá-los para atuarem como sacerdotes para mim. Tome um novilho do rebanho, dois carneiros inteiros, ²pão asmo e bolos misturados com azeite e bolachas untadas com azeite; faça-os de farinha

de trigo selecionada. ³Coloque-os numa cesta, trazendo-os à frente, na cesta, com o novilho e os dois carneiros. ⁴Deve trazer Arão e seus filhos à entrada da tenda do encontro e lavá-los com água. ⁵Pegue as vestimentas e vista Arão com a túnica, o manto, o éfode e o peitoral e amarre o éfode sobre ele com o trabalho esmerado do éfode. ⁶Coloque a cobertura em sua cabeça e o emblema sagrado na cobertura. ⁷Pegue o óleo da unção e derrame-o sobre a sua cabeça, ungindo-o. ⁸E seus filhos: traga-os à frente, vista-os com túnicas ⁹e enrolem faixas neles, em Arão e seus filhos, e coloquem gorros neles. O sacerdócio será deles por uma regra em perpetuidade. Você, então, deve ordenar Arão e seus filhos."

[Os versículos 10-37 fornecem os detalhes para os rituais de sacrifício envolvidos.]

Em breve, devo completar quarenta anos de ensino em seminários e um pouco mais como sacerdote e pastor. Alguns anos após começar a ensinar no seminário, senti-me embaraçado por perceber que não acreditava mais haver dentro da fé cristã algo como uma teologia de ordenação, uma teologia de sacerdócio — ou, pelo menos, que haja uma teologia que possa ser chamada de bíblica. É comum em diferentes denominações haver apenas uma pessoa em particular, designada na congregação, que pode celebrar a ceia do Senhor e/ou pregar, ou um "pastor sênior" que detém a suprema autoridade e responsabilidade debaixo de Deus para aquela congregação. Esse costume comum conflita não apenas com a prática, mas também com as convicções teológicas do Novo Testamento.

Com o passar do tempo, consegui ver a razão pela qual a igreja sentia a necessidade de sacerdotes e como Deus podia olhar para isso. As dinâmicas da Escritura com respeito ao ministério são similares às relativas ao santuário. Em Gênesis, não havia sacerdotes, e, quando Israel chega ao Sinai, Êxodo 19:1-8 afirma toda a relação sacerdotal do povo com Deus. Então, Êxodo 19:9-25 faz referência a alguns sacerdotes, e, agora, Deus está fornecendo instruções detalhadas para a ordenação de sacerdotes. A igreja, igualmente, saiu da afirmação neotestamentária de que todo o povo era sacerdotal e passou a indicar sacerdotes e pastores seniores dentro das congregações. A dinâmica desse movimento traça um paralelo ao dos santuários. Deus não é identificado com um lugar, mas com um povo, porém ele se dispõe a nos encontrar num lugar designado porque isso nos é útil. Isso fornece uma pista do que aconteceu no tocante aos sacerdotes. Deus não necessita da existência de sacerdotes, mas o seu povo tende a retrair-se quando há muita responsabilidade ou excessiva liberdade em relação a Deus. Assim, resignando-se, Deus atende à nossa necessidade por mediadores e líderes, indica alguns e procura prepará-los para que atuem de maneiras com as quais Deus possa conviver. (Deus tem muito a resignar-se quanto a nós.)

Teológica e cronologicamente, o sacerdócio do povo vem antes. Um sacerdote como Arão incorpora o que o povo é. A descrição no capítulo 29 refere-se, em particular, aos trajes sacerdotais de Arão e, portanto, da pessoa que, mais tarde, ocupará a função de sumo sacerdote. Ele é o que desempenha os papéis especiais associados a ocasiões como o Dia da Expiação (Êxodo faz apenas uma breve menção aos trajes simples que outros sacerdotes deveriam vestir em ocasiões mais regulares). As pessoas são convidadas a olhar para o sumo sacerdote e enxergarem a si mesmas. Elas são envolvidas na confecção das roupas que ele irá vestir. O fato de trajar roupas especiais ao ser separado para o seu sacerdócio corresponde à separação de Deus, como povo especial, destinado a servir a Deus. As roupas devem ser esplendorosas e belas, pois Israel é um povo belo e esplêndido aos olhos de Deus.

ÊXODO 28:1—29:37 • COMO ORDENAR UM SACERDOTE

A exemplo das instruções para a edificação do santuário, as prescrições quanto à ordenação dos sacerdotes foram, no devido tempo, registradas por escrito para o bem das comunidades posteriores. Até quando os israelitas viram esses trajes sendo vestidos? É plausível imaginar esses capítulos sendo escritos durante o **exílio**, quando o culto no templo estava suspenso e ninguém havia realmente visto um sacerdote em ação. Os capítulos são, então, uma prescrição para o que precisa ser feito, caso o templo seja reconstruído algum dia, ou uma visão de como poderia ser, ou, ainda, uma promessa de Deus do que poderia ser ou será. Eles constituem uma obra da imaginação, e aprendemos pensando sobre como um sacerdote seria e refletindo sobre o significado de seu traje e de suas ações. Recentemente, assisti à *Valsa com Bashir*, uma animação israelense sobre alguém procurando recuperar as memórias que perdeu da invasão do Líbano por parte de Israel. A animação permitiu que seus temas fossem expressos de forma mais poderosa e simbólica do que ocorreria caso a invasão fosse meramente reencenada como a maioria dos filmes de guerra. Assim também é com esse retrato imaginativo do sacerdote israelita.

Entre as vestimentas, o éfode, o manto, a túnica trançada e a faixa são versões especiais de roupas comuns, um pouco similares a uma camisa ou camiseta, um colete, um roupão de banho e um cinto. A cobertura para a cabeça, como um turbante, identificaria o seu portador como alguém importante. Usualmente, um peitoral tem a função de proteger quem o usa, mas esse era diferente. Havia doze pedras preciosas costuradas nele, representando os doze clãs israelitas. O peitoral simbolizava como o sacerdote realizava o seu trabalho em benefício de todo o povo. Quando ele se apresentava diante de Deus, todo o povo era representado por ele. Isso foi, mais tarde, simbolizado com a gravação dos nomes dos doze clãs em duas pedras de ônix fixadas nas ombreiras do éfode. Ao mesmo tempo, a unção simbolizava o fato de o sacerdote pertencer a Deus; ele unia Deus e o povo. O peitoral também incorporava um pequeno bolso para o Urim e o Tumim, meios de Deus responder ao povo quando necessitavam de uma resposta ou orientação (talvez fossem gravados com sinais que indicavam "Sim" ou "Não").

A consagração de Arão e seus filhos envolve um rito de **purificação**, para a remoção de qualquer traço que portassem pelo contato com algo impuro. Eis também o significado do novilho, descrito como uma oferta de purificação. A inclusão dos carneiros é específica para a ordenação, mas o primeiro é uma versão de uma oferta queimada regular, uma dádiva pura a Deus. O sangue do segundo cordeiro é aplicado a Arão e seus filhos, novamente implicando purificação, consagração e a identificação de Deus com os sacerdotes. De igual modo, é uma oferta compartilhada por Deus e os sacerdotes e, portanto, inicia a maneira com que os sacerdotes compartilham de algumas ofertas; de forma similar, eles consomem o pão. O termo "ordenar", literalmente, significa "encher a mão", o que pode sugerir tanto permitir-lhes o compartilhamento das ofertas quanto conceder-lhes autoridade para agir como sacerdotes.

ÊXODO 29:38—30:38
COMO INICIAR E TERMINAR O DIA

[38] "Isto é o que deve ser oferecido sobre o altar: dois cordeiros, de um ano de idade, regularmente a cada dia. [39] Ofereçam um cordeiro de manhã e o outro ao anoitecer, [40] com um décimo de farinha fina misturada com azeite batido (um quarto de medida) e uma libação (um quarto de medida de vinho para um cordeiro). [41] Quando oferecerem o segundo cordeiro, ao anoitecer, ofereçam-no da mesma maneira que a oferta de cereal e sua libação de manhã; um aroma agradável, um presente

a *Yahweh*, ⁴²uma oferta queimada regular ao longo de suas gerações à entrada da tenda do encontro, diante de *Yahweh*, na qual eu os encontrarei e falarei com você. ⁴³Encontrar-me-ei com os israelitas ali. Tornar-se-á sagrado pelo meu esplendor. ⁴⁴Consagrarei a tenda do encontro e o altar e consagrarei Arão e seus filhos para atuarem como sacerdotes para mim. ⁴⁵Habitarei entre os israelitas e serei Deus para eles, ⁴⁶e eles reconhecerão que sou *Yahweh*, o Deus deles, que os tirou do Egito para habitar entre eles. Eu sou *Yahweh*, o Deus deles."

[Êxodo 30:1-38 fornece instruções para a construção do altar do incenso e seu uso, para a fabricação de incenso, do óleo da unção e da bacia, bem como para todos pagarem meio siclo ao santuário, a cada ano.]

Quando a minha esposa faleceu, "celebramos" a vida dela e marcamos a sua morte com um culto memorial onde queimamos grande quantidade de incenso, algo que não fazemos regularmente em nossa igreja. Um aspecto notável da queima de incenso é o aroma, que é um pouco incômodo, caso não estejamos acostumados com ele. Outro aspecto é a visão das pequenas nuvens de fumaça pairando acima. A queima de incenso era uma característica proeminente da adoração israelita, embora o Antigo Testamento jamais explique a razão disso. O Novo Testamento associa o incenso com a oração: Apocalipse 5:8 e 8:3-4 retratam "seres viventes", anciãos e um anjo oferecendo incenso com as orações do povo de Deus, de modo que a fumaça subindo sugere a subida das nossas orações a Deus, misturadas com os louvores deles. Amei a ideia de que os nossos louvores por minha esposa e as nossas orações por nós mesmos — a minha oração por mim e a minha família —, no contexto de nossa perda e tristeza, estivessem elevando-se a Deus, tão certo quanto a fumaça do incenso ali, naquela igreja. Isso se encaixa com o texto de Lucas 1:10-13, que descreve Zacarias como um sacerdote fazendo a oferta de incenso, em seu turno, quando ele recebe a informação de que a sua oração foi respondida (sua oração pela libertação de Israel e para que ele e sua esposa pudessem ter o filho pelo qual há muito ansiavam).

O incenso provém de recursos como madeira, casca, fruto e resina de variadas árvores, que produzem uma fragrância quando queimados. Deus, aqui, especifica as ervas a serem incluídas na confecção do incenso especial usado na adoração e também instrui Moisés quanto à construção do **altar** do incenso a ser colocado no interior do santuário. Somente esse incenso especialmente prescrito deve ser usado, porém não com objetivos cotidianos de gerar uma fragrância agradável. Similarmente, Deus prescreve os constituintes do óleo a ser usado na unção de sacerdotes e as várias partes da estrutura para marcá-las como pertencentes a Deus, bem como, uma vez mais, proíbe o uso desse óleo de unção especial para fins cotidianos como se fosse algo comum.

A queima regular de incenso deve ocorrer no contexto dos dois sacrifícios diários regulares a serem realizados no santuário, ao amanhecer e ao anoitecer. Ao romper de um novo dia, Israel oferece-se a Deus, oferece o dia a Deus e busca a bênção divina para o dia que se inicia; não apenas em pensamento, mas em ações. O sacrifício, assim como a oferta de pão e de vinho, incorpora a entrega de Israel a Deus. Constituem formas de culto e adoração das quais Israel nada ganha para si, porque uma oferta queimada, ou holocausto, é simplesmente dada a Deus. Então, quando o dia chega ao fim e a noite cai, novamente Israel oferece-se a Deus, oferece o dia que passou e busca a presença e a proteção de Deus para a noite. A questão que esse padrão suscita a nós é: Como podemos, juntos, marcar o início e o fim do dia com um louvor e uma oração assim compartilhados? Não significa que precisamos estar fisicamente unidos; com frequência, os israelitas estavam a quilômetros de distância do santuário, mas sabiam que era o momento de oração e louvor e que podiam unir-se, mesmo a distância. Há algum paralelo com a antiga ideia cristã de o ministro soar o sino da igreja quando é chegada a hora da oração da manhã e da noite, para que as pessoas ainda longe de casa, nos campos, possam participar. O padrão israelita também levanta a questão de como a nossa oração e o nosso louvor não podem ser apenas emoções e pensamentos, palavras e música, mas algo que envolve todo o nosso ser e que nos custe um preço.

Essa adoração, de fato, envolve todas as pessoas. Ao prescrever o que Moisés deve fazer, Deus promete: "eu os encontrarei", no plural. Após a promessa: "e falarei com você", no singular, referindo-se a Moisés. Deus, novamente, diz: "Encontrar-me-ei com os israelitas ali." O povo pode estar seguro de que Deus fala a Moisés, de maneira que os leitores subsequentes da **Torá** podem estar seguros de que o que leem ali provém do que Deus realmente falou a Moisés e aos seus sucessores. Eles não são deixados à mercê da própria sorte, sem orientação quanto ao que Deus espera deles. Podem também estar certos da presença de Deus, de que Deus está com *eles*. Pessoas como Moisés e Arão não se colocam entre eles e Deus, de modo que Deus se encontre com eles, mas não com pessoas comuns. Deus vai ao encontro de todo o povo. Esse santuário é, de fato, a habitação terrena de Deus. Assim como você visita outras pessoas e é bem-vindo ao seu jardim para um churrasco (mas não em seus aposentos privados, claro), de igual modo, você visita Deus e é bem-vindo ao pátio de Deus para um churrasco.

Assim, a estrutura que Israel erigirá torna-se um local sagrado. A glória de Deus é ali manifestada. Como seria isso? Como ocorreria? O esplendor ou a glória de Deus é a manifestação externa da santidade divina. O Antigo Testamento, com frequência, discorre sobre esse esplendor em termos da aparição de uma nuvem que, ao mesmo, tempo, revela e oculta a presença de Deus. No coração da nuvem, há um brilho cintilante com tamanha intensidade que você ficaria cego caso olhasse para ele, mas a nuvem misericordiosamente mascara esse brilho, embora, igualmente, confirme a sua presença ali. Êxodo 16 fala nesses termos em conexão com a dádiva do maná e da codorniz; Êxodo 24 faz isso em conexão com a aparição de Deus no Sinai. Aqui, Êxodo 31 promete que a presença de Deus junto ao povo não estará restrita a eventos ocasionais ou singulares como a aparição no Sinai. Deus estará sempre no santuário. No texto em questão, não há qualquer referência à nuvem. As pessoas que leem Êxodo sabem que não há uma manifestação divina visível, toda vez que eles se encontram com Deus no santuário, mas a promessa ainda é válida. Deus está lá, com certeza. A relação entre eles e Deus está segura: "serei Deus para eles". Isso é sublinhado pela referência adicional ao reconhecimento de Deus como aquele que os tirou do **Egito** para habitar entre eles. O Êxodo foi uma manifestação do esplendor de Deus e, quando eles recontam esse evento, é uma reafirmação e lembrete da glória divina.

O Êxodo menciona dois outros complementos ao serviço dos sacerdotes. No pátio do santuário, entre o santuário e o altar do sacrifício, havia uma bacia de cobre na qual os sacerdotes podiam cerimonialmente purificar as suas mãos e os seus pés, antes de adentrarem o santuário ou apresentarem uma oferta no altar. Deus também prescreve que os israelitas adultos devem contribuir com meio siclo cada um para a manutenção do santuário. O valor não é elevado, sendo igual para ricos e pobres; todos possuem igual posição e responsabilidade a esse respeito.

ÊXODO 31:1–18
O PRIMEIRO DOM ESPIRITUAL

¹*Yahweh* falou a Moisés: **²**"Veja, eu convoquei pelo nome a Bezalel, filho de Uri, filho de Hur, do clã de Judá. **³**Eu o enchi com o espírito divino de reflexão, discernimento, conhecimento e toda a destreza, **⁴**para fazer desenhos e trabalhar com ouro, prata e cobre, **⁵**e no corte de pedra para fixação e entalhe de madeira, para trabalhar em todo o ofício. **⁶**Além disso, eu mesmo lhe dei Aoliabe, filho de Aisamaque, do clã de Dã, e à mente de todos os que sejam perspicazes de mente concedi discernimento. Eles farão tudo o que tenho lhe ordenado: **⁷**a tenda do encontro, o baú para a declaração, a tampa da expiação sobre ele, todos os utensílios da tenda, **⁸**a mesa, seus utensílios, o candelabro de ouro puro, todos os seus utensílios, o altar do incenso, **⁹**o altar da oferta queimada, todos os seus utensílios, a bacia, o seu suporte, **¹⁰**as vestimentas trançadas, as vestimentas sagradas para Arão, o sacerdote, e as vestimentas de seus filhos para atuarem como sacerdotes, **¹¹**o óleo da unção e o incenso aromático para o santuário. Assim como eu lhe ordenei, eles devem fazer."

¹²*Yahweh* disse a Moisés: **¹³**"Você mesmo, fale aos israelitas: 'Todavia, os meus sábados vocês devem guardar, porque este é um sinal entre mim e vocês, por suas gerações, para o reconhecimento de que eu, *Yahweh*, os consagrei. **¹⁴**Devem guardar o sábado porque ele é sagrado para vocês. A pessoa que tratá-lo como comum deve ser absolutamente condenada à morte. Quando alguém trabalhar nele, essa pessoa deve ser cortada de sua parentela. **¹⁵**Em seis dias o trabalho deve ser feito. O sétimo dia é um dia de parada completa, sagrado a *Yahweh*. Qualquer um que trabalhar no dia de sábado deve ser absolutamente

> condenado à morte. **¹⁶**Os israelitas devem guardar o sábado, fazendo do sábado, durante as gerações, uma aliança em perpetuidade. **¹⁷**Entre mim e os israelitas, isso será um sinal em perpetuidade. Porque em seis dias *Yahweh* fez os céus e a terra e, no sétimo dia, parou e encontrou revigoramento.'"
>
> **¹⁸**Ele deu a Moisés (quando tinha terminado de falar com ele no monte Sinai) as duas tábuas da declaração, tábuas de pedra escritas pelo dedo de Deus.

Uma experiência incrível da paternidade é quando os seus filhos conseguem fazer algo que você não é capaz de fazer. Enquanto consigo tocar apenas três acordes no violão, pensando em como posicionar os dedos a cada troca de acorde, nosso filho caçula deixou-me atônito antes de chegar à pré-adolescência por sua habilidade intuitiva para a música. Enquanto a minha capacidade de compreender o funcionamento de um motor a combustão dura cinco minutos, confundindo-me depois desse período, esse mesmo filho caçula foi capaz de desmontar um motor de carro e remontá-lo sem receber qualquer instrução prévia. Ao mesmo tempo que ele me surpreendia com sua destreza ao violão, o seu irmão mais velho estava entre a primeira geração que cresceu com computadores e estava escrevendo um programa que me permitia incorporar o hebraico em meus textos. Estes são dons e se tornam dons espirituais quando você os entrega a Deus. Em outras palavras, os dons espirituais não são habilidades adicionais, divinamente concedidas, para complementar o que somos capazes de fazer "naturalmente". Eles são aspectos da maneira que Deus, em amor e graça, nos criou e que podem se tornar dons com os quais servimos a Deus. (Eles podem, de fato, ser capacidades que jamais percebemos ter e que são liberadas e encontram expressão de uma forma que não ocorreria caso o Espírito Santo não estivesse agindo em nós.)

A linguagem complexa usada por Êxodo auxilia na ênfase desse ponto. A intenção de Deus é usar pessoas que já são habilidosas, sensatas ou talentosas em mente, coração ou espírito e colocar habilidade, sensatez ou talento em sua mente, coração ou espírito. Aqueles artífices seriam incapazes de fazer as coisas que necessitam fazer caso Deus não os tivesse criado do jeito que são, mas também não seriam capazes de fazê-las, caso Deus não se envolvesse com eles agora, inspirando-os na execução da sua obra. Bezalel não era alguém totalmente inábil no trabalho com metal a quem Deus, agora, concedeu esse talento, mas alguém já dotado desses dons a quem Deus, agora, comissiona a fazer o trabalho que é necessário.

Deus chega ao fim das instruções para a construção do santuário e, então, entrega as duas tábuas de pedra, gravadas com os dez mandamentos que constituem a declaração, a serem guardadas no baú do santuário. Antes, porém, as instruções acrescentam uma nota de rodapé surpreendente. Quantos dias por semana são corretos para servir a Deus na construção do santuário? Certamente, a resposta é "sete", afinal, é a obra de Deus, é para fazer algo maravilhoso para ele. Estamos falando de construir um lugar no qual Deus virá e habitará entre o povo.

Na verdade, não. Ainda que esteja fazendo esse serviço para Deus, você deve trabalhar apenas seis dias por semana. O sábado ainda é sagrado, é solo santo, reivindicado por Deus. É imperativo que você mantenha os pés afastados dele. A fim de sublinhar o ponto, Deus concede a esse dia um novo significado. O sábado é um sinal, como o arco-íris ou comer pão asmo (sem fermento) na Páscoa, que lembra o povo de sua relação especial com Deus. Os demais povos com os quais os israelitas conviveriam, seja em **Canaã** ou na **Babilônia**, não guardavam o sábado e, às vezes, conscientemente ou não, tentaram comprometer a observância do povo de Israel. Guardar o sábado era uma coisa estranha de fazer, pois era contracultural. Todavia, exatamente por esse aspecto, era sobremodo importante, constituindo um símbolo da relação especial dos israelitas com Deus. Se ignorassem esse sinal, estariam comprometendo e colocando em perigo essa posição singular. Eis a razão da seriedade das sanções citadas por Êxodo. No Antigo Testamento, existem muitas referências à quebra do descanso sabático, porém há apenas uma história em que o transgressor do sábado foi condenado à morte. Como ocorre com outras ofensas, tornar a quebra do sábado uma transgressão capital não é uma forma de dizer o que uma corte deveria fazer, mas expressar a gravidade dessa ofensa, porque ela compromete a posição distinta de Israel como povo de Deus.

Assim, o descanso no sábado precisa ser observado, estando sempre em perigo. Há coisas que não podem deixar de serem executadas no sábado, como cuidar dos filhos, pastorear as ovelhas ou oferecer os sacrifícios diários. Deus não é legalista. Contudo, existem coisas que podem ser deixadas de lado nesse dia. A tentação de presumir que trabalhar para Deus no sábado não constitui uma transgressão é particularmente sutil. O ponto é sublinhado ainda mais por um novo e ousado comentário sobre a razão de Deus descansar no sábado. Êxodo 23:12 ordena aos israelitas assegurarem que os servos e imigrantes que trabalham para eles tenham a oportunidade de encontrar refrigério no sábado. Agora, Êxodo diz que o primeiro sábado foi quando Deus descansou. Isso não significa que Deus estivesse cansado, mas, como Gênesis, implica que dar um passo atrás e contemplar as realizações da semana era algo valioso para Deus. O texto não argumenta que deveríamos guardar o sábado porque nos será benéfico (podemos, então, pensar que não precisamos disso), mas por causa de nossa preocupação com outras pessoas e a nossa vocação de sermos semelhantes a Deus.

ÊXODO **32:1-29**
COMO ORAR PELOS REBELDES

¹O povo viu que Moisés demorava-se longamente para descer do monte. Então, o povo reuniu-se contra Arão e lhe disse: "Levante-se, faça para nós deuses que irão adiante de nós, porque a esse Moisés, o homem que nos trouxe do Egito, não sabemos o que aconteceu a ele." **²**Então, Arão lhes disse: "Tirem as argolas de ouro das orelhas de suas esposas, filhos e filhas e tragam-nas a mim." **³**Assim, todo o povo retirou as argolas de ouro em suas orelhas e as trouxeram a Arão. **⁴**Ele tomou [o ouro] das mãos deles e moldou-o com uma ferramenta e transformou-o na estatueta de um bezerro. Eles disseram: "Israel, estes são os seus deuses que tiraram vocês do Egito." **⁵**Quando Arão viu isso, ele construiu um altar diante dele. Arão proclamou: "Amanhã, é um festival para *Yahweh*!" **⁶**Assim, na manhã seguinte, bem cedo, eles ofereceram ofertas queimadas e trouxeram sacrifícios de comunhão. O povo assentou-se para comer e para beber e se divertirem.

⁷*Yahweh* falou a Moisés: "Desça, porque o seu povo arruinou as coisas. **⁸**Rapidamente, eles se desviaram do caminho que lhes ordenei. Fizeram para si mesmos a estatueta de um bezerro, curvaram-se e sacrificaram a ela e disseram: 'Israel, estes são os seus deuses que tiraram vocês do Egito.'" **⁹***Yahweh* disse a Moisés: "Tenho visto este povo. Eis que é um povo obstinado. **¹⁰**Assim, agora, deixe-me, para que a minha ira possa queimar contra eles e os consuma, e torne você em uma grande nação." **¹¹**Moisés procurou acalmar *Yahweh*, seu Deus: **¹²**"Por que os egípcios diriam: 'Foi para trazer desastre que ele os tirou, para matá-los nos montes e eliminá-los da face da terra'? Torna-te do furor da tua ira. Cede de trazer desastre sobre o teu povo.

¹³Lembra-te de Abraão, Isaque e Israel, teus servos, aos quais juraste por ti mesmo: 'Farei a sua descendência muito numerosa, de modo que sejam como as estrelas nos céus, e toda esta terra da qual falei darei à sua descendência, e eles a possuirão em perpetuidade.'" **¹⁴**Assim, *Yahweh* cedeu do desastre que disse que faria ao seu povo.

[Nos versículos 15-29, Moisés desce do monte com as tábuas, vê o bezerro e a dança, despedaça as tábuas e destrói o bezerro. Ele desafia Arão quanto ao que ele fez, bem como desafia as pessoas a posicionarem-se ao lado de Deus. O clã de Levi respondeu, e Moisés, então, os instrui a matar todos os envolvidos na celebração ao bezerro, o que eles obedecem.]

É possível dizerem que migrei aos Estados Unidos a fim de evitar a responsabilidade da liderança. Eu era o diretor de um seminário e ganhava mais que meus colegas porque o meu trabalho era passar as madrugadas acordado, pensando no futuro da instituição. De forma metafórica, sobre a minha mesa havia uma placa que dizia: "A responsabilidade para aqui." Quando assumi minha nova posição, recomeçando como um professor comum, chegava ao meu escritório, no primeiro período, procurava pelas pilhas de papéis a tratar e nada encontrava; então, ia à biblioteca. Ocasionalmente, ficava sabendo de algum problema a ser tratado pelo deão ou o diretor e pensava: "Antes, eu é que tinha que lidar com isso; agora, não", e, então, ia à biblioteca novamente. Na Inglaterra, lembro-me, em especial, de uma primavera em que o número de alunos inscritos no treinamento de ordenação era muito baixo, e o nosso seminário foi afetado por isso. Os docentes ficaram preocupados com o futuro do seminário, com o seu próprio e, claro, com os seus empregos, e alguns vieram ao meu escritório para me confrontar. Será que eu não tinha percebido aquela crise terrível? Por que não estava fazendo algo a respeito? Claro que não dormi naquela noite. (No fim, tudo se resolveu a contento.)

Por essa razão, solidarizo-me com Arão. Contrariando o pano de fundo daquela cena idílica no topo do monte, com Moisés memorizando as instruções do santuário a ser construído pelo povo para ser a habitação de Deus entre eles, na base do monte os israelitas estão engajados em ações opostas, ponto a ponto, ao que Deus tem em mente. Moisés parece ter se perdido em sua maravilhosa experiência espiritual com Deus; lá embaixo, o povo está parado no deserto sem nada para fazer e nenhuma ideia do que deve acontecer agora. Eles precisam assumir a responsabilidade por si mesmos. Antes, eles tinham um Deus que se preocupava com eles e um líder que mediava a orientação de Deus. Agora, não tinham nenhum dos dois. Assim, os israelitas foram ao supostamente segundo no comando e cobraram dele alguma atitude. Arão, então, tenta encontrar uma ação que os satisfaça, sem comprometer muito a fidelidade deles.

A palavra hebraica para "Deus" e "deuses" é a mesma. Em geral, não há indeterminação porque o contexto deixa claro qual o sentido correto, mas a ambiguidade subjacente possibilita que Arão e o povo tenham visões distintas do que está ocorrendo nesse episódio. O povo fala sobre "deuses", mas Arão confecciona apenas uma estatueta e, subsequentemente, proclama um festival "para **Yahweh**". Talvez o povo não veja a si mesmo desistindo de *Yahweh*, o Deus de Israel. Pode ser que vejam esses outros "deuses" como representantes ou subordinados do Deus real. Muito mais tarde, na história de Israel, quando outros deuses são cultuados no templo, essa será a forma de o povo ver isso (lembre-se, novamente, de que são essas as pessoas para as quais a história está sendo escrita e pelas quais é lida). Certamente, Arão não considera que se está abandonando *Yahweh*. Não obstante, o povo está, de modo consciente, deixando de lado o primeiro mandamento sobre não ter outros deuses contra *Yahweh*. Por seu turno, Arão está, também conscientemente, desconsiderando o segundo mandamento, sobre não fazer uma imagem ou algo que auxilie as pessoas na adoração, seja uma estátua de *Yahweh,* seja de qualquer outro "deus".

Entre eles, ambos desconsideraram as exigências mais básicas de sua fé. Deus deve estar indignado, e Moisés sabe que Deus está certo. Ele destrói as tábuas gravadas com aqueles mandamentos porque o povo destruiu o relacionamento que elas incorporavam. Moisés encoraja as pessoas que estão do lado de Deus na execução de uma terrível punição aos que se envolveram naquela apostasia. Mas primeiro ele confronta Deus. A inclinação divina é simplesmente abandonar o povo e recomeçar com Moisés, a exemplo do que, outrora, fizera com o mundo, recomeçando com Noé. Moisés diz: "Não podes fazer isso. O que os **egípcios** dirão? E quanto às promessas com as quais te comprometeste?" E, então, Deus cede.

Esse intercâmbio é outro exercício de fazer teologia mediante o relato de uma história, como a narrativa do conflito entre Moisés e o faraó (uma reflexão em torno da relação entre a soberania de Deus e a responsabilidade humana). A questão teológica aqui é: Como Deus deve responder à rebelião e à falha do seu povo? Seria apropriado rejeitar o povo, mas Deus não pode fazer isso e enfrenta duas obrigações conflitantes; ele está dividido entre as obrigações de expulsar e de ser misericordioso. (Quando tais conflitos ocorrem conosco, pelo menos podemos encontrar conforto no fato de Deus também os ter experimentado. Ser Deus não torna tudo simples.)

Ao mesmo tempo, essa troca sugere algo significativo sobre a oração, pois nela somos como filhos pedindo aos nossos pais para fazerem o que desejamos. Às vezes, os filhos falham em suas tentativas, mas, outras vezes, são bem-sucedidos. Notavelmente, portanto, Moisés não está rogando por si, mas pelo povo, e ora pela própria honra de Deus. De modo significativo, ele não está pedindo para que o Deus, inclinado à misericórdia, seja severo em sua resposta, mas argumenta o contrário. A oração é para conformarmos a nossa vontade à vontade divina? Moisés acha que a oração é para conformar a vontade de Deus à nossa; ou, antes, Moisés sabe que a vontade divina nem sempre é inexoravelmente definida, mas que Deus tem que lidar com obrigações conflitantes e que ele toma a decisão sobre qual obrigação tem prioridade apenas numa base de 51 por 49. Assim, pode ser fácil empurrar os valores para o outro lado. Quando Deus anuncia a determinação de nos abençoar, não há como fazer Deus mudar de ideia a esse respeito, como indicado por Balaão a Balaque, em Números 23. Todavia, quando Deus anuncia uma determinação de punir, sempre vale a pena tentar, como Abraão assumiu em Sodoma e profetas, como Amós e Jeremias, assumirão.

ÊXODO **32:30—33:11**
COMO VERIFICAR AS COISAS COM DEUS

[30]No dia seguinte, Moisés disse ao povo: "Vocês cometeram um grande erro, mas agora subirei a Deus. Talvez possa fazer expiação por sua transgressão." [31]Assim, Moisés voltou a *Yahweh* e disse: "Bem, foi um grande erro o que esse povo cometeu quando fizeram um deus de ouro para si. [32]Mas, agora, se puderes carregar a transgressão deles... Mas, se não, podes apagar-me do livro que escreveste." [33]*Yahweh* disse a Moisés: "Apagarei do meu livro todo aquele que me ofender. [34]Então, agora vá, lidere o povo para onde eu lhe disse. Eis que o meu ajudante irá à sua frente. E, no dia em que eu for a eles, irei em relação ao delito deles."

³⁵Assim, *Yahweh* feriu o povo porque fizeram o bezerro por meio de Arão,

CAPÍTULO 33

¹e *Yahweh* disse a Moisés: "Prossiga, suba daqui, você e o povo que trouxe do Egito, para a terra que eu jurei a Abraão, Isaque e Jacó, dizendo: 'À sua descendência a darei.' ²Enviarei um ajudante à sua frente e expulsarei os cananeus, os amorreus, os hititas, os ferezeus, os heveus e os jebuseus, ³terra que mana leite e mel, porque não subirei em seu meio, pois vocês são um povo obstinado, para que não os consuma no caminho." ⁴Quando o povo ouviu essa dura mensagem, eles passaram a prantear, e ninguém vestiu os seus enfeites.

⁵Então, *Yahweh* disse a Moisés: "Diga aos israelitas: 'Vocês são um povo obstinado. Caso subisse em seu meio, por um momento, poderia acabar com vocês. Assim, agora, retirem as suas joias de vocês, para que eu possa decidir o que devo fazer com vocês.'" ⁶Então, os israelitas despiram-se de suas joias do monte Horebe em diante.

⁷Ora, Moisés tomava uma tenda e a montava fora do acampamento, a alguma distância dele. Ele a denominava tenda do encontro. Qualquer um que buscasse algo de *Yahweh* saía à tenda fora do acampamento. ⁸Quando Moisés ia para a tenda, todo o povo se levantava e permanecia em pé, à entrada de suas tendas, observando-o até ele entrar na tenda. ⁹Quando Moisés ia à tenda, a coluna de nuvem descia e permanecia à entrada da tenda, e ele falava com Moisés. ¹⁰Todo o povo via a coluna de nuvem posicionada à entrada da tenda, e todo o povo se levantava e se curvava, cada pessoa à entrada de sua tenda. ¹¹*Yahweh* falava a Moisés face a face, como quem fala a um amigo, e ele voltava ao acampamento, embora Josué, o seu assistente, filho de Num, um rapaz jovem, não se movesse da tenda.

Durante a maior parte de minha vida, mantenho um lugar particular no qual oro todos os dias. No momento, é uma antiga cadeira reclinável, situada em frente à minha mesa. Próximo a ela, há uma pequena mesa em que guardo uma Bíblia, um caderno de anotações, e assim por diante. Do outro lado da cadeira, há uma pequena prateleira onde coloco a minha xícara de café. Defronte à cadeira, há um sofá no qual, às vezes, imagino Deus assentado, enquanto leio, reflito, converso com ele e lhe pergunto coisas, procurando ver se tem algo a me dizer. Sei que Deus está presente à escrivaninha, enquanto escrevo, bem como em outras dependências da casa, nas quais igualmente posso lhe falar, mas me ajuda ter um lugar específico no qual costumo conversar com ele.

É possível que dinâmicas equivalentes se aplicassem à relação de Israel e Deus. A tenda do encontro pela qual Moisés recebeu extensas especificações, em Êxodo 25—31, ainda não tinha sido construída, porém uma tenda do encontro similar, claramente, já existia. O livro de Êxodo não esclarece a relação entre a tenda do encontro que **Yahweh** designou e essa tenda do encontro já disponível. Trata-se de outra indicação do processo descontraído pelo qual a **Torá** veio a existir, sem uma pessoa responsável pela continuidade, a fim de assegurar o perfeito encaixe de tudo. Deus podia ensinar a Israel por meio das instruções para a construção da elaborada tenda do encontro, em especial quando os leitores contemplam as similaridades e diferenças entre o primeiro templo e o **Segundo Templo**. Deus podia, igualmente, ensinar a Israel por meio da narrativa sobre essa tenda do encontro mais simples, um lugar no qual as pessoas podiam ir e conversar com Deus por si mesmas, talvez para obter o conselho divino quanto a um problema, para orar pela cura de um filho enfermo ou, ainda, para conversar com Deus sobre um conflito com o vizinho de tenda. Literalmente, o

Êxodo fala de pessoas "buscando *Yahweh*", mas a forma pela qual o Antigo Testamento usa essa expressão deixa claro que isso significa buscar direção ou auxílio de *Yahweh*.

A referência a todos serem livres para ir até lá é o cenário para a descrição de Moisés indo lá. Como líder do povo, ele tem uma razão especial para buscar a orientação divina. O ensino da Torá, em sua maioria, é descrito como concedido pela iniciativa de Deus no cume do Sinai, mas parte dele é descrita como dada pela iniciativa de Moisés, ao lidar com uma questão. Esse relato sugere como ele pode ter obtido a orientação de Deus nessa conexão, expressando um modelo da vida contínua de Israel. Israelitas comuns sempre podiam ir e falar a Deus no santuário, assim como Ana o fez (1Samuel 1). Os sucessores de Moisés, líderes como os juízes, anciãos, sacerdotes, reis e profetas, sempre poderiam ir e conversar com Deus ali, como Moisés o faz, quando enfrentassem questões emergentes e precisassem saber o que Deus teria a dizer ao seu povo quando novas circunstâncias surgissem. A responsabilidade deles não seria meramente descobrir o que fazer, mas consultar Deus sobre isso. Podemos especular que o material, por fim, reunido na Torá, surgiu de um processo similar.

O retrato da acessibilidade a Deus coloca-se em pungente justaposição ao relato da argumentação de Moisés pelo perdão da transgressão do povo no Sinai. Uma vez mais, a sequência dos eventos é irregular. Por que Moisés está fazendo isso quando ele já conversou com Deus no topo do monte? Êxodo 32:35 faz referência ao mesmo extermínio já relatado nos versículos anteriores, ou Deus está ameaçando com outro? A descontinuidade novamente reflete a forma pela qual o livro de Êxodo é uma coletânea de histórias separadas e sobrepostas. Deus e Israel não querem perder nenhuma delas, de modo que Êxodo simplesmente as reúne.

Não muito tempo antes disso, o faraó implorou a Moisés para "carregar" o seu delito e suplicar a Deus em seu favor (Êxodo 10:1-20). Há, portanto, certa humilhação envolvida no ato de Moisés implorar a Deus para carregar o delito de Israel, mas Deus e Moisés terão que se acostumar com essa ideia. Deus teve que tolerar a desobediência do mundo e dos ancestrais e, doravante, tem que tolerar as transgressões de Israel e da igreja. Não obstante, Moisés fala como alguém arrojado e audacioso. Ele está totalmente comprometido com Israel. No diálogo, no cume do Sinai, Deus havia proposto abandonar o povo e recomeçar com Moisés, porém este o demoveu desse intento. Aqui, ele vai além de resistir à intenção de Deus e diz: "Se não os tiver, não terá a mim também." O "livro" de Deus pode simplesmente ser a lista de Deus com as pessoas que pertencem a Israel ou, talvez, de modo mais específico, os planos de Deus sobre quem usar no cumprimento do propósito de levar Israel ao seu destino e trazer bênção ao mundo. De qualquer forma, Moisés diz: "Risca o meu nome se riscares os nomes deles." Isso pode significar: "Risca o meu nome e deixa os deles"; mas isso envolve alguma releitura de suas palavras. Seja como for, dessa vez Deus resiste ao argumento de Moisés a fim de expressar outro ponto necessário. Existe algo como uma responsabilidade humana individual, e Moisés precisa deixar o seu povo aceitar a parte deles.

A comissão de seguir em frente, na jornada rumo a **Canaã**, deixa claro que a história ainda não descarrilhou, conquanto o povo seja "obstinado" como um boi selvagem que não quer que lhe coloquem um jugo para ser levado aonde o fazendeiro quiser. Esta é a verdade, ainda que Deus resista à pressão de Moisés, puna o povo ou precise manter uma distância segura de Israel, caso o povo se comporte de modo questionável a ponto de ser impossível resistir à intenção de descer sobre eles como uma tonelada de tijolos. Igualmente é verdadeiro mesmo se o povo tiver que viver um pouco mais sobriamente à luz do que aconteceu. Deus ainda está comprometido a levá-los a Canaã e expulsar os povos que perderam o direito de ali permanecerem em razão de seus delitos (não há, novamente, qualquer referência a matá-los). No entanto, Deus liderará o povo e agirá por meio de um **ajudante** em vez de uma pessoa.

ÊXODO 33:12-23
ROCHA ETERNA QUE SE ABRIU

12Moisés disse a *Yahweh*: "Veja, tu me dizes: 'Faça subir este povo', mas tu mesmo não me fizeste conhecer quem irás enviar comigo. E tu mesmo disseste: 'Eu o conheço pelo nome; de fato, você tem encontrado favor aos meus olhos.' **13**Assim, agora, se tenho realmente encontrado favor aos teus olhos, permitirás que eu conheça o teu caminho, para que possa reconhecer-te, a fim de poder encontrar favor aos teus olhos? Veja, porque esta nação é teu povo." **14**[*Yahweh*] disse: "A minha face virá e lhe darei descanso." **15**[Moisés] lhe disse: "Se a tua face não vier, não nos faças subir daqui. **16**Por que meios seria reconhecido, então, que tenho encontrado favor aos teus olhos, eu e o teu povo, a menos que venhas conosco, para que possamos ser distintos, eu e o teu povo, de qualquer outro povo na face da terra?" **17***Yahweh* disse a Moisés: "Isso também que você falou eu farei, porque você encontrou favor aos meus olhos, e eu o conheço pelo nome."

18Ele disse: "Tu me mostrarás a tua glória?" **19**[*Yahweh*] disse: "Eu mesmo passarei toda a minha bondade diante da sua face e proclamarei o nome de *Yahweh* à sua frente: Mostrarei graça a quem quer que eu mostre graça, mostrarei compaixão a quem quer que eu mostre compaixão." **20**Mas ele disse: "Você não pode ver a minha face, porque a humanidade não pode me ver e permanecer viva." **21***Yahweh* disse: "Há aqui um lugar comigo.

ÊXODO 33:12-23 • ROCHA ETERNA QUE SE ABRIU

> Fique em pé na rocha. ²²Quando o meu esplendor passar, eu o colocarei em uma fenda na rocha e porei a minha mão sobre você até eu ter passado. ²³Então, retirarei a minha mão e você verá as minhas costas, mas a minha face não será vista."

No condado de Somerset, na região oeste da Inglaterra, há um desfiladeiro chamado Garganta de Cheddar (sim, o queijo vem de lá). Certo dia, em 1763, um jovem ministro foi apanhado por uma tempestade nas colinas próximas. Augustus Toplady, o ministro, buscou refúgio em uma caverna e descobriu-se refletindo sobre a maneira pela qual a "rocha da fé" nos fornece um abrigo durante as tormentas da vida (ele, na realidade, faleceu de tuberculose, aos 38 anos). As palavras do hino *Rocha eterna que se abriu* formaram-se em sua mente lá. Sua sentença de abertura traça um paralelo com essa história em Êxodo. O relato e o hino possuem em comum a percepção de que há aspectos do próprio ser de Deus que seriam uma ameaça para nós, mas que Deus, em pessoa, nos salva deles. O hino, portanto, foca a justiça de Deus e o nosso pecado, enquanto a história de Êxodo refere-se ao esplendor sobrenatural de Deus e à nossa vulgaridade mortal. Isso constitui outro exemplo de Êxodo expressando uma profundidade teológica por meio da narrativa de uma história.

Esse mistério teológico particular vem à tona inúmeras vezes no livro de Êxodo, em especial no capítulo 24. O que queremos dizer com estar na presença de Deus ou vê-lo? Isso é possível considerando que Deus é o poderoso, sobrenatural e transcendente criador e nós somos apenas mortais comuns? Existe ainda aquele problema moral. Deus tem indicado quão perigosa seria a sua presença "literal" junto ao desobediente povo de Israel. Deus segue em constante conflito para ser tolerante com relação aos israelitas e pode nem sempre lograr êxito. Seria melhor se Deus comissionasse um **ajudante** para acompanhar o povo e mantivesse uma distância segura. Então, aqui, a questão de abertura de Moisés pode ser: "Quem é esse ajudante?" ou "Está certo, há esse ajudante adiante de nós abrindo caminho, mas quem estará comigo?" A pergunta não é muito diferente daquela que ele fez quando Deus lhe apareceu pela primeira vez (Êxodo 3). Não se pode criticar Moisés por perguntar, pois a liderança é um ofício solitário. Como enviá-lo por conta própria, como líder de Israel, corrobora a afirmação de Deus quanto a conhecê-lo e mostrar favor a ele?

A resposta divina, uma vez mais, envolve a referência ao nome de *Yahweh*. Êxodo, com frequência, utiliza o termo "reconhecer" usualmente em conexão ao reconhecimento de Deus por parte das pessoas, embora Deus tenha "reconhecido" a opressão de Israel. Quando o Antigo Testamento fala sobre Deus reconhecendo Abraão, Israel e Jeremias, significa que Deus fixa o olhar sobre eles, agrada-se deles e os escolhe como servos. Em Êxodo, a *ideia* do reconhecimento de Moisés (e Israel) por Deus está presente, apesar de a *palavra* em si não aparecer nessa conexão. Êxodo também não fala explicitamente de Deus mostrando favor a Moisés, embora Gênesis tenha usado essa expressão em relação a Abraão e Noé e, uma vez mais, em substância, Deus estava fazendo isso em Êxodo 3 (ainda que Moisés não estivesse inclinado a ver o comissionamento de Deus como um favor).

Sendo isso verdadeiro, Moisés diz: eu preciso que me mostres o teu caminho. A dinâmica do diálogo faz lembrar aquele do capítulo 3. O caminho de Deus (em oposição aos "caminhos" de Deus — plural) sugere a natureza característica de quem é Deus e de como ele age. Se parece estranho que Moisés solicite tal revelação após todo esse tempo, devemos lembrar que a preocupação de Êxodo não é nos dar uma informação biográfica sobre o desenvolvimento espiritual de Moisés, mas de nos ajudar a entender quem é Deus e como podemos nos relacionar com ele. O livro de Êxodo (como o restante da Bíblia), em geral, adota mais de uma vertente em um assunto para auxiliar a nossa compreensão.

A resposta de Deus "A minha face virá e lhe darei descanso" possui implicações similares a "Eu serei o que serei". Não há nada concreto quanto a isso, apenas uma promessa geral, com um convite implícito para confiar e não se sentir sobrecarregado pela responsabilidade. (O seminário em que eu costumava trabalhar, na Inglaterra, chamava-se St. John's Theological College [Faculdade Teológica de S. João] e, quando eu estava prestes a sair, um dos alunos aparentemente perguntou se a faculdade iria agora mudar o seu nome. Sempre que me sentia sobrecarregado pela responsabilidade de estar no comando, tentava lembrar que não era a faculdade do John; na realidade, Deus assumiu a responsabilidade por ela.)

Deus, igualmente, fornece uma reafirmação paradoxal: "Eu mesmo não irei com você — mas a minha face irá com você." Isso parece uma distinção sem uma diferença. Contudo, a promessa significa que as pessoas serão protegidas do tipo de realidade da presença de Deus que seria uma ameaça para elas, mas assegura a realidade da presença divina que será uma bênção. (O hebraico não possui um termo específico para "presença"; assim, a palavra para "face" cobre a ideia de presença. Conectada a isso, está a ideia de que, quando a face de Deus brilha sobre nós, somos abençoados.)

A realidade da presença divina, contudo, não é suficiente para Moisés; ele quer ver o esplendor de Deus. Essa é uma aspiração irrealista, porque seria similar a olhar para o sol e, portanto, poderia cegá-lo. Como um gesto de amor, então,

Deus leva Moisés o mais próximo possível dessa experiência e, ao mesmo tempo, o protege de seu perigo mortal. Deus proclamará a bondade, a graça e a compaixão em associação ao nome de *Yahweh* em seu mais amplo alcance ("a quem quer que"). Estas são as características associadas com a face ou a presença de Deus e constituem outra maneira de indicar o "caminho" de Deus.

Não obstante, Deus, então, identifica a "face" com o "esplendor" e afirma ser muito perigoso para Moisés vê-la! Se nos sentimos confusos, esse é um sinal de que estamos enxergando o ponto. Trata-se de um mistério tentar pensar sobre a presença de Deus. É difícil evitar palavras que parecem contraditórias. O que o relato faz é assegurar Moisés, Israel e nós de que a presença de Deus, de fato, segue conosco — e, por consequência, a sua bondade, compaixão e graça — e que não precisamos ter medo. Estamos protegidos de qualquer ameaça a nós como seres humanos e (o foco de Toplady) como pecadores.

ÊXODO **34:1-26**
AGORA, SELAREI UMA ALIANÇA

¹*Yahweh* disse a Moisés: "Talhe duas tábuas de pedra como as primeiras, e escreverei nas tábuas as palavras que estavam nas primeiras, que você quebrou. **²**Esteja pronto pela manhã e suba ao monte Sinai, de manhã, e apresente-se a mim lá, no cume do monte. **³**Ninguém deve subir com você, nem deve aparecer em lugar algum do monte, nem os rebanhos ou manadas devem pastar em frente ao monte." **⁴**Assim, ele talhou duas tábuas de pedra como as primeiras. Cedo, de manhã, Moisés subiu ao monte Sinai, como *Yahweh* lhe ordenara, levando as duas tábuas de pedra em sua mão. **⁵***Yahweh* desceu em uma nuvem, tomou a sua posição com ele ali e proclamou o seu nome. **⁶***Yahweh* passou diante de sua face. *Yahweh* proclamou: "*Yahweh*, Deus compassivo e gracioso, longânimo, grande em compromisso e veracidade, ⁷mantendo compromisso a milhares, carregando a desobediência, a rebelião e a falha, certamente ele não absolve, visitando a desobediência dos pais nos filhos e netos, até a terceira e a quarta gerações."

⁸Moisés rapidamente curvou-se ao chão ⁹e disse: "Se eu tenho, de fato, encontrado favor aos teus olhos, meu Senhor, irá o Senhor em nosso meio? Porque este é um povo obstinado, perdoa a teimosia e a nossa ofensa. Possui-nos." ¹⁰[*Yahweh*] disse: "Agora, irei selar uma aliança. Diante de todo o seu povo farei maravilhas que não foram criadas em toda a terra ou entre todas as nações. Todo o povo, em cujo meio você está, verá quão incrível é o feito de *Yahweh* que irei fazer com vocês."

[Deus repete a promessa de expulsar os habitantes de Canaã e a declaração de que Israel não deve fazer nenhuma aliança com eles porque isso os levará a compartilhar seus compromissos religiosos. Ao contrário, Israel deve destruir as formas de culto desses povos. Deus prossegue, reafirmando um conjunto de compromissos básicos adicionais a serem cumpridos por Israel, em sua maioria, repetindo expectativas já expressas em Êxodo 20—23.]

Visitar Jerusalém propicia inúmeras experiências notáveis aos sóbrios ocidentais. A celebração de um *bar mitzvah* ou *bat mitzvah*, junto ao Muro das Lamentações, é uma ocasião de grande exultação, que envolve cantos e danças enquanto rolos da **Torá** são carregados em uma procissão agitada e entusiasmada. O fervor desse evento também está presente na grande celebração do povo judeu, nos meses de setembro/outubro, chamada *Simchat Torá* [Júbilo da Torá]. Esse evento envolve procissões em torno da sinagoga com rolos da Torá, cantos e danças, em que muitas pessoas podem se revezar no transporte dos rolos, lendo-os e declarando uma oração de bênção sobre eles. A cantoria e a dança podem chegar às ruas adjacentes. Tais celebrações parecem ter começado na Idade Média, mas estão vinculadas à atitude do Antigo Testamento com respeito à Torá. Embora os cristãos, em geral, considerem que a lei deve ter sido, e ainda é, um fardo para os judeus, nem o Israel do Antigo Testamento nem os judeus modernos enxergam a Torá dessa maneira.

Êxodo 34 nos fornece uma pista da razão disso. Os israelitas haviam colocado em risco a relação deles com Deus, com resultados potencialmente fatais. Isso é simbolizado pela destruição das tábuas gravadas com os mandamentos de Deus por Moisés. Aquelas tábuas deveriam ser guardadas no santuário como um símbolo da relação de Deus e Israel, mas o povo quebrou os mandamentos, e, assim, Moisés quebrou as tábuas, como a decretar o fim do relacionamento. No entanto, Deus está preparado para recomeçar, e a regravação dos mandamentos em duas tábuas novas expressa isso. A renovada dádiva dos mandamentos é motivo de grande júbilo. A aliança não está irremediavelmente rompida.

As implicações são desenvolvidas na autodescrição de Deus, um resumo sucinto de teologia sistemática, de uma doutrina de Deus, que, com frequência, é citada nos Salmos e nos Profetas. Como é Deus?

1. Deus é compassivo: A palavra está relacionada ao termo hebraico para ventre, no intuito de sugerir que Deus tem sentimentos maternos com relação a Israel. Como pode uma mãe expulsar o filho de seu ventre? Assim, como Deus pode expulsar Israel?
2. Deus é gracioso: Graça significa mostrar favor a alguém quando não há nenhum merecimento na pessoa agraciada. A justiça de Israel não foi a razão de sua escolha por Deus; portanto, a sua falha não significa Deus voltar atrás em sua escolha.

3. **Deus é longânimo**: Caso o capítulo 32 não dê suporte a essa característica, os leitores de Êxodo podem percorrer a história de Israel (e da igreja) para ver como Deus, ao não expulsar o povo, demonstra quão paciente é.
4. **Deus é grande em compromisso**: Como a graça, o compromisso significa Deus envolver-se com Israel mesmo não havendo nada de especial neles. Vai além da graça, ao declarar a manutenção do compromisso de Deus, ainda que o povo perca qualquer direito a isso.
5. **Deus é grande em veracidade**: Deus permanece fiel e inabalável. O que diz, acontece. Quando Deus faz promessas, elas se cumprem.
6. **Deus mantém o compromisso a milhares**: julgando a partir do que segue, isso implica provavelmente milhares de gerações, o que nos leva aos nossos dias e além.
7. **Deus carrega a desobediência, a rebelião e a falha**: Quando um filho se rebela ou desobedece, a mãe perdoa e resiste às tormentas. Quando o filho se machuca por fazer algo estúpido e desobediente, a mãe o conforta, limpa e protege o ferimento, aceitando a responsabilidade pela teimosia do filho, em vez de dizer: "Bem feito! Agora, aguente as consequências."
8. **Deus não absolve**. Após as sete características anteriores, esta é surpreendente. A paciência da mãe não dura para sempre. Ela pode dizer "É isso aí" e deixar o filho sofrer um pouco.
9. Na realidade, Deus pode nos visitar como resultado de nossa desobediência. Trata-se de uma imagem terrível e assustadoramente mafiosa. Como uma visita a mando de algum chefão da máfia, isso pode envolver não apenas o infrator, mas a sua família, porque o destino das famílias está amarrado.

A boa-nova é que você pode contar com Deus. A má notícia é que você não pode contar com Deus. O relacionamento com Deus é como qualquer outra relação pessoal. Quando a outra pessoa é amorosa e graciosa, você deve ter o cuidado de não imaginar que a sua resposta não conta para nada. Quando comete algum erro, você pode ter problemas, mas pode lembrar a si mesmo que o amor e o compromisso são mais básicos à outra pessoa do que a ira ou o ciúme.

Acima do Muro das lamentações, quando os judeus estão celebrando o *bar mitzvah* ou o *bat mitzvah*, situa-se o Haram al-Sharif [Nobre Santuário, em árabe], com o Domo da Rocha, no qual os adoradores muçulmanos na mesquita podem nos fazer lembrar a forma em que Moisés se prostrou em resposta à aparição de Deus. Eles mostram como o ato de ajoelhar-se é algo sério e que envolve todo o corpo, não um mero e gracioso inclinar-se sobre o banco à frente. Uma vez mais, Moisés suplica a Deus para ir com ele e o seu povo. Em resposta, Deus fala sobre selar uma **aliança**. É a primeira vez que Deus faz isso em Êxodo. O capítulo 24, de fato, envolve um tipo de reafirmação do relacionamento de aliança à luz da saída do Egito, mas somente aqui, no capítulo 34, é que Deus torna isso explícito. É um gesto importante, pois Israel colocou em perigo a aliança por sua ação, e Moisés quebrou as tábuas da aliança. A aliança ainda é válida? Ela foi anulada? Ao expressar as graciosas palavras "irei selar uma aliança", Deus reassegura o compromisso de aliança, a despeito de Israel colocá-la em perigo. A graça pode superar a justiça.

ÊXODO **34:27—40:38**
A MAGNÍFICA PRESENÇA

²⁷*Yahweh* disse a Moisés: "Escreva essas palavras, porque com base nessas palavras eu selei uma aliança com você e com Israel." ²⁸Ele ficou ali com *Yahweh* quarenta dias e quarenta noites; não comeu alimento nem bebeu água. Ele escreveu nas tábuas as palavras da aliança, as Dez Palavras. ²⁹Quando Moisés desceu do monte Sinai com as duas tábuas da declaração em sua mão, quando desceu do monte, Moisés não sabia que a pele de sua face resplandecia por sua conversa com ele. ³⁰Arão e todos os israelitas viram Moisés: ali, a pele de sua face resplandecia. Eles ficaram com medo de chegar perto dele. ³¹Moisés os chamou, e Arão e todos os líderes da comunidade voltaram, e Moisés lhes falou. ³²Depois, todos os israelitas se aproximaram, e ele lhes deu, como mandamentos, tudo o que *Yahweh* lhe falou no monte Sinai. ³³Quando Moisés terminou de falar com eles, ele colocou um véu sobre a sua face. ³⁴Assim, quando subia diante de *Yahweh* para falar com ele, Moisés retirava o véu até voltar. Quando voltava, falava a todos os israelitas o que lhe havia sido ordenado. ³⁵Os israelitas viam a face de Moisés, como a pele de sua face resplandecia, e Moisés colocava de volta o véu sobre a sua face até subir para falar com ele.

[Êxodo 35:1—40:33a relata como Moisés liderou os israelitas na implementação das instruções para a construção do santuário.]

CAPÍTULO 40

³³ᵇAssim, Moisés terminou a obra, ³⁴ᵃ nuvem cobriu a tenda do encontro e o esplendor de *Yahweh* encheu a habitação. ³⁵Moisés não podia entrar na tenda do encontro porque a nuvem pairava sobre ela e o esplendor de *Yahweh* enchia a habitação. ³⁶Quando a nuvem levantava-se da habitação, os israelitas seguiam, durante todas as suas jornadas. ³⁷Se a nuvem não subia, eles não seguiam até o dia que ela subisse, ³⁸porque a nuvem de *Yahweh* pairava sobre a habitação de dia, e o fogo estaria nela de noite, à vista de toda a casa de Israel durante todas as suas jornadas.

Quando sento em minha antiga cadeira reclinável, ciente de que Deus está ali comigo, tal como descrevi ao abordar Êxodo 32:30—33:11, não tenho experiências que deixam meu rosto resplandecente, de modo que os alunos, mais tarde, temam se aproximar de mim (há outras razões para o medo deles). Ao ir à igreja e alegrar-me ao chegar para celebrar o que Deus tem feito por nós, não sinto uma esmagadora manifestação do esplendor de Deus que me faz pensar duas vezes antes de ir à igreja. Deveria Deus nos conceder experiências como essas, ou deveríamos ser capazes de gerá-las ou merecê-las? Algumas coisas que acontecem na Bíblia deveriam também acontecer hoje, bem como alguns atos realizados por pessoas e registrados no texto bíblico constituem o tipo de ações que deveríamos fazer hoje. Todavia, muitas histórias sobre Moisés e os israelitas (ou Jesus) estão lá para nos inspirar não porque esperamos as mesmas coisas, mas exatamente porque não devemos esperar por elas.

Embora a face resplandecente de Moisés fosse muito importante para os israelitas, a expressão é intrigante. A palavra hebraica que traduzi por "resplandecia" é relativa ao termo para chifre e, portanto, parece denotar que Moisés ostentava chifres. Talvez ele irradiasse algo similar a um chifre, algo como os raios do sol, que ofuscava as pessoas e ameaçava cegá-las. Isso estaria de acordo com a ideia de que a glória ou o esplendor de Deus é algo do qual as pessoas precisam se proteger. Quando Moisés vai à tenda do encontro para consultar Deus sobre uma questão, algo do esplendor de Deus adere a ele. Para os israelitas, isso era amedrontador, mas também encorajador, pois significava que ele realmente esteve na presença de Deus e que, de fato, podia mediar a resposta de Deus sobre qualquer questão. É um símbolo da natureza sobrenatural e fidedigna dos resultados das consultas de Moisés (e de seus sucessores) a Deus, disponíveis a Israel na **Torá**. Eis por que o que importa para Israel e para nós não é ter uma experiência igual à de Moisés, mas ter a Torá (o restante das Escrituras) que reflete como certas pessoas estavam em contato especial com Deus, como nesse caso. (Paulo aborda essa narrativa em 2Coríntios 3 para enfatizar um ponto diferente. Ele apresenta Moisés colocando o véu "para que os israelitas não contemplassem o resplendor que se desvanecia" [versículo 13]. Ele pode estar abordando o modo pelo qual o relato era compreendido pelo povo judeu na sua época. Moisés, então, vem para representar o povo judeu como um todo. O fato de os judeus não reconhecerem Jesus como o Messias sugere que um véu os impede de ver a glória de Deus na face de Jesus. A luz prosseguirá sobre eles apenas quando eles se voltarem ao Senhor.)

Quase todo o texto de Êxodo 35—40 apenas repete Êxodo 25—31, com os verbos no passado (exceto a ordenação dos sacerdotes, que ocorrerá em Levítico 8—9). Pode-se indagar se o Espírito Santo não poderia economizar espaço ou usá-lo para nos dar (digamos) uma solução ao problema do mal ou a relação entre a soberania divina e o livre-arbítrio humano. No entanto, a repetição é um encorajamento. Podemos sentir certo desalento pela rebelião e desobediência do povo, mas, aqui, eles fazem exatamente como Deus diz. Repetindo, é útil ler a história tendo em mente a perspectiva de seus leitores israelitas. Podemos pensar nas pessoas, ao tempo de Ageu, sentindo que as circunstâncias eram sobremodo severas para iniciar a restauração do templo, após o exílio. Para aqueles israelitas, seguir o exemplo de seus antepassados em sua detalhada obediência às instruções de Deus era extremamente desafiador.

Essa detalhada obediência do povo também suscita certo suspense: O que Deus irá pensar? Deus ainda está interessado no santuário, após o ocorrido em Êxodo 32—34? Eles podem construir, mas Deus virá habitar entre eles? O parágrafo de encerramento no livro de Êxodo constitui um "Sim" a essas questões. Deus não disse: "Esqueçam aquelas instruções para a construção de um santuário; estou fora." Por Deus reafirmar o compromisso a Israel, selando uma **aliança**, agora a nuvem desce quando Moisés conclui o trabalho. Uma vez mais, isso tanto revela quanto oculta a presença de Deus, indicando que Deus verdadeiramente estava lá, mas, ao mesmo tempo, que ele estava protegendo as pessoas de ficarem cegas ao olharem para aquela presença. A nuvem tinha acompanhado o povo de Israel desde o **Egito**, passando pelo mar de Juncos até o Sinai e, então, descido sobre o monte Sinai quando Deus ali falava. Agora, a nuvem cobre a tenda e o esplendor de Deus preenche o santuário. Doravante, Deus está naquele lugar. Somente quando está na hora de o povo seguir na jornada é que Deus sinaliza, com a elevação da nuvem.

A nuvem desceu assim novamente quando o templo de Jerusalém foi, primeiramente, construído, embora não haja tal descrição quando o povo respondeu à exortação de Ageu e reconstruiu o templo, após o exílio. Novamente, não é algo que os leitores experimentaram, mas a história lhes reassegura que Deus assim veio e manifestou a sua divina presença quando o santuário no deserto foi construído e, igualmente, quando o templo foi edificado. Ainda que não vissem a nuvem, com certeza Deus estava lá. Fundamentados nisso, eles podem viver convictos da presença de Deus no meio deles.

LEVÍTICO

LEVÍTICO 1:1—2:16
OFERTANDO A DEUS

1 *Yahweh* chamou Moisés e lhe falou, da tenda do encontro: **2** "Fale aos israelitas e lhes diga: 'Quando um de vocês apresentar uma oferta de animal a *Yahweh*, deve apresentar a sua oferta do gado ou do rebanho.

3 "'Se a oferta for uma oferta queimada da manada, deve apresentar um macho inteiro. Deve apresentá-lo na entrada da tenda do encontro para que possa encontrar aceitação diante de *Yahweh*. **4** Ele deve colocar a sua mão sobre a cabeça da oferta queimada para que seja aceitável por ele, ao fazer expiação por ele. **5** Deve matar o animal diante de *Yahweh*, e os filhos de Arão, os sacerdotes, devem apresentar o sangue e jogar o sangue sobre o altar, à entrada da tenda do encontro, em toda a volta. **6** Ele deve tirar a pele da oferta queimada e cortá-la em suas partes. **7** Os filhos de Arão, o sacerdote, devem acender o fogo no altar e arrumar a madeira sobre o fogo, **8** e os filhos de Arão, os sacerdotes, devem arrumar as partes, com a cabeça e o sebo, sobre a madeira que está sobre o fogo no altar. **9** Ele deve lavar as suas vísceras e suas pernas em água, e o sacerdote deve transformar tudo em fumaça no altar, como uma oferta queimada, um presente, um aroma agradável a *Yahweh*.

10 "'Se a sua oferta for do rebanho, dos cordeiros ou dos cabritos, como uma oferta queimada, ele deve apresentar um macho inteiro. **11** Deve matá-lo no lado norte do altar diante de *Yahweh*, e os filhos de Arão, os sacerdotes, devem jogar o seu sangue sobre o altar, em toda a volta. **12** Ele deve cortá-lo em suas partes, e, com a cabeça e o sebo, o sacerdote deve arrumá-las sobre a madeira que está sobre o fogo no altar. **13** Ele deve lavar as vísceras e as pernas com água, e o sacerdote deve apresentar tudo e transformar em fumaça no altar. É uma oferta queimada, um presente, um aroma agradável a *Yahweh*.'"

[Levítico 1:14—2:16 fornece instruções equivalentes para a oferta de uma rolinha ou um pombo, e para a oferta de cereal.]

No seminário, na Inglaterra, os docentes e os alunos trabalhavam como equipes, no planejamento e liderança do culto. Embora fosse um grande privilégio e apreciasse sobremaneira quando era a vez da minha equipe, de algum modo meu coração apertava sempre que essa hora chegava, antecipando as horas de discussão, definição e execução do que iríamos fazer. Nosso seminário, na Califórnia, possui um sistema diferente, mas, quando estou participando da liderança de culto, de alguma forma recebo uma sequência de mensagens sobre os preparativos e, então, um pedido para estar lá meia hora antes do horário para checagem do som. Em ambos os cenários, o grupo de louvor despenderá horas em ensaios para que tudo ocorra na mais absoluta perfeição. Definir os detalhes corretos para a adoração é de extrema importância para nós.

Quando as pessoas se lançam à leitura de toda a Bíblia, a abertura de Levítico é, em geral, a passagem na qual elas empacam, em parte por discutir diferentes detalhes que nos preocupam. Primeiramente, o texto assume que a adoração e a oração são expressas de formas externas concretas e naturais. O Antigo Testamento assume que sentimentos, palavras e música são importantes, mas que não são suficientes. Nos relacionamentos humanos, se eu dissesse à minha esposa quanto a amava, mas jamais me lembrasse de lhe dar um presente em seu aniversário, ela teria algum fundamento para questionar a veracidade de meu amor.

As instruções de Deus com respeito ao santuário descreviam as ofertas feitas a cada amanhecer e a cada anoitecer. Embora os sacerdotes oferecessem essas ofertas em nome de toda a comunidade, as próprias pessoas, usualmente, não estavam presentes. Aqui, o texto descreve ofertas que talvez um indivíduo desejasse fazer por motivos pessoais. Os relatos de pessoas fazendo ofertas desse tipo sugerem que talvez elas sejam apenas uma expressão de comprometimento e amor, ou talvez acompanhem orações por bênçãos, favor, cura ou perdão. O próprio livro de Levítico menciona expiação, o que pode subentender esse foco particular ou simplesmente reconhecer que, seja qual for o motivo que leve as pessoas a trazerem as suas ofertas, elas precisam se assegurar de que encontraram purificação para que suas ofertas sejam aceitáveis.

Às vezes, os presentes que damos uns aos outros são extravagantes e, outras vezes, de baixo custo, mas ainda assim tão significativos quanto os primeiros. O mesmo é válido quanto às ofertas a Deus. Seria, de fato, uma extravagância oferecer um novilho, ou mesmo um cordeiro ou um cabrito. Levítico 2 permite igualmente que se ofereçam alguns cereais, crus ou assados como pão ou cozidos e fritos. Isso seria muito menos custoso como oferta diária. Para os israelitas, consumir carne era uma experiência ocasional, não cotidiana; o pão seria a alimentação básica, do dia a dia. As ofertas funcionam de modo similar. Pessoas comuns talvez nunca tivessem condições de oferecer um novilho, cordeiro ou cabrito, mas podiam saber que Deus se alegrava por elas apresentarem uma oferta por dia. De toda forma, estão trazendo a Deus ofertas de sua vida cotidiana — os animais que, de certo modo, fazem parte da sua família, os grãos que cultivam e o pão que consomem. Na realidade, é permitido oferecer uma rolinha ou um pombinho, o que, presume-se, não deve custar quase nada (é a oferta que Maria apresenta em Lucas 2). É quase como colher um buquê de flores silvestres para dar de presente.

Você deve se lembrar de que somente um bom exemplo de uma oferta particular servirá como sacrifício. Se estiver oferecendo um animal, um macho servirá, ainda que os machos sejam menos valiosos que as fêmeas, mas precisa ser um que não tenha defeitos. Um animal deformado sugeriria que você está tentando impressionar (está dando um animal, não apenas alguns grãos), mas barateando a oferta. Além disso, a integridade da oferta corresponde à integridade de Deus, do santuário e da criação.

Levítico deixa claro os respectivos papéis do sacerdote e do ofertante. Este traz o animal ao pátio ou átrio, à entrada do santuário, a habitação de Deus, para "mostrá-lo" como uma oferta que Deus pode apropriadamente aceitar. O ofertante coloca a mão sobre o animal, identificando-o como seu, mata, tira a pele, corta em pedaços e, por fim, lava-o (para ocidentais urbanos, esse processo não parece um aspecto de culto muito atrativo, porém seria natural a um fazendeiro). As instruções sobre o papel do ofertante ligam-se à descrição de abertura de Levítico quanto ao seu ensino ser para o povo como um todo. No culto de Israel, as pessoas não permanecem apenas sentadas enquanto os líderes realizam a adoração por elas.

Entretanto, há uma boa razão para esse livro chamar-se Levítico. Grande parte de seu conteúdo discorre a respeito da responsabilidade dos sacerdotes, os membros do clã de Levi. Eles fazem tudo o que envolve o **altar**. Espalham o sangue sobre o altar como uma forma de devolver a vida do animal de volta a Deus, acendem o fogo, arrumam a madeira, colocam as partes do animal no altar e as queimam, para que o aroma daquele holocausto ascenda até Deus. Essas tarefas necessitam ser realizadas da forma correta, de modo que os sacerdotes é que as executam.

Embora Levítico seja um livro separado de Êxodo, em seu conteúdo os fatos seguem contínuos. A última parte de Êxodo descreve como o santuário foi construído, e o livro de Levítico abre com instruções sobre como oferecer sacrifícios ali.

LEVÍTICO 3:1—4:35
DESFRUTANDO DA COMUNHÃO E OBTENDO PURIFICAÇÃO

¹"'Se a oferta for um sacrifício de comunhão: se apresentar algo da manada, seja macho, seja fêmea, inteiro, deve apresentá-lo diante de *Yahweh*, **²**colocar a sua mão sobre a cabeça da oferta e matá-lo à entrada da tenda do encontro, e os filhos de Arão, os sacerdotes, devem jogar o sangue sobre o altar, em toda a volta. **³**Ele deve, então, apresentar da oferta de comunhão, como um presente a *Yahweh*, a gordura que cobre as vísceras, toda a gordura sobre as vísceras, **⁴**os dois rins e a gordura sobre eles, nos lombos, e o lóbulo no fígado (ele deve removê-lo com os rins). **⁵**Os filhos de Arão devem transformá-lo em fumaça no altar, com a oferta queimada sobre a madeira que está no fogo, um presente, um aroma agradável, a *Yahweh*.'"

[Os versículos 6-17 fornecem regras equivalentes quando o sacrifício de comunhão for um cordeiro ou um cabrito.]

CAPÍTULO 4

¹*Yahweh* falou a Moisés: **²**"Fale aos israelitas como segue: 'Quando uma pessoa ofender por engano em relação a qualquer dos mandamentos de *Yahweh* quanto ao que for proibido, assim se fará: **³**Se for o sacerdote ungido que ofende e traz responsabilidade sobre o povo, ele deve apresentar a *Yahweh*, pela ofensa que cometeu, um touro da manada, inteiro, como uma oferta de purificação. **⁴**Deve trazer o touro à entrada da tenda do encontro diante de *Yahweh*, colocar a sua mão sobre a cabeça do touro e matá-lo diante de *Yahweh*. **⁵**O sacerdote ungido deve pegar um pouco do sangue do touro e trazê-lo à tenda do encontro. **⁶**O sacerdote deve molhar o seu dedo no sangue e aspergir um pouco do sangue sete vezes diante de *Yahweh*, em frente à cortina do santuário. **⁷**O sacerdote deve colocar um pouco do sangue sobre os chifres do altar de incenso aromático diante de *Yahweh*, na tenda do encontro, e todo

> o resto do sangue do touro deve derramar na base do altar de oferta queimada, à entrada da tenda do encontro."'
>
> *[Os versículos 8-35 fornecem mais detalhes sobre o que o sacerdote deve fazer com as diferentes partes do touro e, então, prescreve regras equivalentes para quando a ofensa for de toda a comunidade, de um líder ou de uma pessoa comum do povo.]*

Há pouco, recebi um convite para um jantar de ação de graças e estava num dilema sobre como responder. Nossas duas primeiras celebrações do Dia de Ação de Graças foram deveras significativas, pois estávamos agradecidos pela bondade de Deus em relação à nossa mudança para os Estados Unidos. De uma forma singela, pudemos nos identificar com os pais e as mães peregrinos. Então, esse sentimento foi sobreposto por uma outra consciência. Para um estrangeiro, alguém externo à cultura, o jantar era um ritual estranho. Durante todo o ano, não comi peru assado ou torta de abóbora, e o compartilhamento ritualizado das reflexões sobre o ano que passou me pareceram, como direi, muito ritualizadas — o que para um estrangeiro significa artificial. O incômodo é meu, claro. Não há nada errado com o ritual se você for um nativo.

A adoração é ritualizada, e nos sentimos confortáveis quando participamos de alguma outra tradição cristã de nosso costume. Os sacrifícios de Israel também eram ritualizados. Como no caso da Ação de Graças, é importante fazer a coisa certa (o que, em larga escala, significa fazer o tradicional), da maneira certa e no tempo certo, sendo igualmente importante comer os alimentos certos. Isso não torna o evento sem sentido. Para um nativo, o ritual torna o evento significativo e valioso (como ocorre com as reflexões de gratidão sobre o ano, no Dia de Ação de Graças). Somando-se a isso, o ritual pode ser um meio de trazer algumas verdades à lembrança. A **Torá**, que é mais explícita em relação à Páscoa, todavia é implícita quanto aos regulamentos do sacrifício.

O problema em deixar as coisas subentendidas é que isso pode levar as pessoas a não compreenderem o ponto ou interpretarem equivocadamente o significado subjacente ao ritual. Essa incerteza constitui um problema especial quando você vem de fora da cultura na qual o ritual é cumprido. Por consequência, há aspectos dos sacrifícios aos quais não entendemos e outros sobre os quais há opiniões divergentes. Em meus comentários sobre os sacrifícios, forneço um conjunto de compreensões, abrangendo entendimentos convencionais e predominantes, não explicações estranhas que inventei, e o quadro geral não é de controvérsia. Os detalhes, porém, estão sujeitos a debate.

Portanto, "sacrifício de comunhão" é apenas um título possível para a oferta descrita em Levítico 3, mas está claro que essa oferta não era algo que os ofertantes simplesmente entregavam a Deus; antes, uma oferta compartilhada com ele. No caso das ofertas queimadas inteiras (como o nome implica), o ofertante dava todo o animal a Deus. Era um presente. Se damos um presente a alguém do qual iremos compartilhar, sabemos que trapaceamos. As ofertas de grãos ou de cereais apenas eram um pouco distintas, pois parte da oferta era entregue aos sacerdotes, em nome de Deus, como um elemento do "salário" deles pelo sacerdócio que exerciam, pois significavam que eles não tinham como prover à própria subsistência. No tocante aos sacrifícios de comunhão, somente parte era entregue a Deus, sendo a maior parte consumida pelos próprios ofertantes. Era, de fato, um sacrifício de comunhão, pois envolvia a comunhão entre os ofertantes e Deus e a comunhão dos ofertantes entre si.

Como ocorre com aspectos do Dia de Ação de Graças, nos Estados Unidos, ou do Natal, na Inglaterra, os motivos para alguns aspectos do ritual (como dar a gordura a Deus, que também é um costume entre alguns outros povos) há muito foram esquecidos. Quando os israelitas entregavam a Deus o fígado e os rins, isso pode trazer à tona dois fatos. O fígado e os rins representam, para a pessoa interior, as emoções e as atitudes. Colocar a mão sobre o animal para identificá-lo como propriedade e, então, entregá-lo a Deus, podia significar que esse ato de adoração envolvia não apenas a pessoa exterior, mas (como os ocidentais diriam) o coração. O segundo fato é que algumas pessoas examinavam o fígado de um animal como um meio de adivinhar o futuro (como ler a palma da mão ou as folhas do chá). Entregá-lo a Deus podia implicar a desistência de usar aquele meio para tentar descobrir ou controlar o futuro.

Repetindo, oferta de "**purificação**" é apenas um título possível para a oferta descrita em Levítico 4. As traduções, em geral, referem-se à "oferta pelo pecado", mas isso não cobre o que pensaríamos como pecado, pois abrange ofensas acidentais. Caso o pecado seja deliberado e voluntário, não é possível lidar com ele com um mero sacrifício. Tudo o que o ofensor pode fazer é reconhecer o delito, lançar-se à misericórdia divina e esperar que Deus, então, trate a ofensa como se fosse acidental (porque agora você não quis pecar). O próximo capítulo nos dirá mais sobre o tipo de ofensa com que o sacrifício é designado a lidar.

Esse capítulo, especificamente, esclarece duas coisas. A primeira é que o fato de você não ter a intenção de fazer algo não altera as consequências do seu ato, que demandam uma tratativa. Não se pode simplesmente dar de ombros. A segunda é que, quanto mais importante você for, tanto mais desastrosas são as consequências de sua transgressão. Quando os escândalos envolvem líderes religiosos ou políticos, a repercussão é muito maior do que se envolvessem pessoas comuns. O fato pode ter grandes ramificações na vida nacional ou religiosa. Todavia, aqui, as diferenças entre as ofertas são notáveis. Para a ofensa de um sacerdote ou de toda a comunidade, a oferta deve ser um touro; a ofensa de um líder ou de uma pessoa comum demanda um cabrito. Um líder não é mais importante que uma pessoa comum! Por outro lado, a ofensa do sacerdote coloca em perigo todo o povo, pois "traz responsabilidade sobre o povo".

Independentemente de quem sejam os ofensores, o santuário é afetado quando eles vão lá. É de vital importância que o santuário seja purificado por essa cerimônia. Caso contrário, dificilmente Deus iria se dignar a estar presente. O efeito das ofensas seria catastrófico. Assim, o sangue do sacrifício não é aplicado ao ofensor, mas aspergido diante de Deus, aplicado ao **altar** do incenso e derramado debaixo do altar sacrificial. Estes elementos é que necessitam ser purificados.

LEVÍTICO 5:1—6:7
FAZENDO REPARAÇÃO

¹""Quando uma pessoa ofende se ouvir a proclamação de um juramento e for uma testemunha que viu ou soube de algo — se ela não falar, carrega a sua transgressão. **²**Ou quando uma pessoa toca algo tabu (a carcaça de um animal selvagem tabu ou de um animal doméstico tabu ou de uma criatura tabu que se move pelo solo), e isso lhe escapar, embora seja tabu: ele é responsável. **³**Ou quando toca algo humano que seja tabu (de qualquer uma das coisas que seriam tabu para ele, que o tornariam tabu), e isso lhe escapar, embora soubesse disso: ele é responsável. **⁴**Ou quando uma pessoa jura, falando sem pensar com seus lábios, para fazer o mal ou o bem, em conexão com algo que o ser humano possa falar sem pensar em um juramento, e isso lhe escapar, embora soubesse disso: ele é responsável com respeito a uma dessas matérias. ⁵Quando for responsável com respeito a uma dessas matérias, ele deve fazer confissão de como ofendeu com respeito a isso ⁶e trazer a sua reparação a *Yahweh* pela ofensa que cometeu, uma fêmea do rebanho, ovelha ou cabra, como uma oferta de purificação. Assim, o sacerdote deve fazer expiação por ele por causa de sua ofensa.'"

[Os versículos 7-13 apresentam regras para pessoas que não tinham recursos para oferecer uma ovelha ou cabra.]

¹⁴*Yahweh* falou a Moisés: ¹⁵"Quando uma pessoa comete uma violação e ofende por engano qualquer uma das coisas sagradas de *Yahweh*, ela deve trazer a sua reparação a *Yahweh*, um carneiro, inteiro, do rebanho, convertível em siclos de prata pelo siclo do santuário, como reparação. ¹⁶Pela matéria na qual ele ofendeu em conexão com a coisa sagrada, ele deve fazer restituição e adicionar a isso um quinto e dá-lo ao sacerdote, e o sacerdote fará expiação por ele com o carneiro de reparação, e haverá perdão para ele."

[Levítico 5:17—6:7 estende essa regulação a áreas nas quais uma pessoa não está certa sobre a transgressão e, então, sobre a transgressão que envolve enganar outro ser humano, mas jura que não cometeu erro algum.]

Quando minha esposa e eu soubemos que estávamos apaixonados um pelo outro e que desejávamos nos casar, os meus futuros sogros se opuseram ao casamento por várias razões. Eu era um mero candidato a pastor, sem perspectivas de carreira comparáveis às de Ann, como médica. Era muito informal e pouco polido; eu não cumprimentava, não usava um terno e tinha cabelos compridos. Na cultura dos pais de

LEVÍTICO 5:1—6:7 • FAZENDO REPARAÇÃO

Ann, a minha conduta era ofensiva e desrespeitosa. Apesar de vestir roupas casuais e normais, "escapava-me" que estivesse cometendo uma ofensa por não trajar um terno. Sendo jovem, a minha resposta teria sido, de todo modo: "Bem, nós vamos casar de qualquer maneira e ponto final", o que teria provado o ponto de vista deles. Desde então, tenho aprendido de muitas formas, mas ainda entro em confusão por não compreender as expectativas das pessoas. Descobri que muitos alunos norte-americanos são sensíveis quanto a professores usarem certas palavras de quatro letras. É muito fácil ofender as pessoas acidentalmente, agindo de um modo normal para mim, porém agressivo no pensamento de outra pessoa. É possível "escapar" a você que o seu comportamento é ofensivo. Em meio a outras culturas, os ocidentais fazem isso rotineiramente.

Que tipo de coisas ofendem a Deus? Levítico fornece quatro exemplos, que parecem aleatórios, mas que ilustram uma característica comum das regras da **Torá**. Ele não busca legislar de maneira abrangente sobre cada possível contingência na vida. Em lugar disso, nos concede amostras, porque, na realidade, não é um código de leis, do qual seria esperado cobrir uma extensa gama de eventualidades. Ele parece mais uma ferramenta de ensino que funciona dizendo: "Está vendo esses exemplos? Agora, aprenda a pensar à luz deles, para que você possa abordar as diferentes circunstâncias que surgirão em sua vida."

Primeiro, suponha haver uma disputa que os anciãos da comunidade estão tentando resolver (por exemplo, um argumento sobre que membro da comunidade é responsável por algum procedimento errado) da qual você é testemunha, mas evita falar a respeito (talvez desconheça o teor daquela disputa ou tenha algum receio por qualquer motivo), e o caso é decidido injustamente. Você, então, "carrega a sua transgressão", ou seja, Deus considera você responsável. Ou imagine que você tenha tocado a carcaça de um animal **tabu** ou "impuro" (Levítico, mais tarde, explicará o que isso significa), não percebendo que era tabu. Imagine ter contato com algum tabu humano (Levítico, mais adiante, também explicará o significado disso, porém o contato com um cadáver seria um bom exemplo) e, igualmente, não tenha percebido ou tenha se esquecido do ocorrido. Suponha, ainda, que tenha feito uma promessa e esqueceu de cumpri-la. Essas são ofensas pelas quais a sua presença no santuário seria considerada uma profanação.

Os ocidentais enxergariam duas dessas ofensas como puramente cerimoniais e não as considerariam como problemáticas em relação a Deus; as outras duas são mais reconhecíveis como causadoras de um problema moral ou relacional. Outras passagens de Levítico evidenciam o reconhecimento de que a falha deliberada em testificar ou de cumprir promessas feitas, de fato, suscita questões morais e de relacionamento. Com respeito à **oferta de purificação**, a preocupação da Torá é diferente. Mesmo questões morais levantam questões religiosas. As quatro ofensas citadas aqui, e todas as outras ofensas das quais estas são apenas exemplos, suscitam problemas porque tais ações, por vários motivos, são incompatíveis com quem é Deus. Essas ofensas impossibilitam que as pessoas afetadas por elas venham à presença de Deus no santuário; ou, caso o façam, carreguem as suas ofensas com elas e deixem um traço delas lá. Assim, as pessoas e o santuário precisam ser purificados desse efeito. A oferta de purificação é a provisão de Deus para garantir a ausência de mácula.

Levítico 5 prossegue falando mais sistematicamente sobre reparação, bem como sobre purificação, quando avança para discutir a "oferta de reparação". Tradicionalmente, é conhecida como "oferta pela culpa", cujo foco é sobre como fazer restituição quando você é culpado por algum delito ou "violação". A ideia de transgressão é que uma pessoa possui diversos tipos de direitos (quanto à sua honra, à sua propriedade, ao seu espaço pessoal ou ao conteúdo da sua geladeira) e os infringimos, tratando esses direitos a nosso bel-prazer. Em relação a Deus, Israel poderia transgredir ao orar a outros deuses (e, portanto, falhando em reconhecer **Yahweh**), mas a preocupação da Torá, aqui, é com o modo pelo qual as pessoas tratavam as coisas sagradas como, por exemplo, as ofertas. Os regulamentos, como de costume, não oferecem uma forma de acertar o erro por meio do sacrifício. Não há como escapar das consequências de um delito deliberado mediante o sacrifício. Tudo o que você pode fazer é lançar-se à misericórdia de Deus. Todavia, o livro de Levítico oferece sacrifícios para os casos em que você comete uma transgressão acidentalmente. Digamos, por exemplo, que você falhe em trazer os seus dízimos ou ofertas regulares. Ao perceber o que fez, você deve, então, trazê-los, mas também dar algo extra como compensação pela falha. A exigência de uma oferta de reparação seria um incentivo a preencher a sua declaração de imposto de renda de forma correta desde o princípio.

As ofertas de reparação, igualmente, são aplicadas a erros contra o ser humano. Aqui, ao reconhecer o próprio erro, você se arrepende de tê-lo praticado e deve procurar acertar as coisas com a pessoa ofendida. Caso furte algo, defraude alguém ou guarde para si algo na base do "achado não é roubado", você deve restituí-lo. Ainda, deve acrescentar um extra referente a um quinto de seu valor. O regulamento fornece um vívido exemplo da visão da Torá quanto ao que denominamos crime. A ofensa não é contra o Estado, de modo que o infrator não paga uma multa ou é encarcerado. A ofensa é contra outro membro da comunidade, e, assim, o infrator deve restaurar o que foi defraudado e acrescentar algo a isso

A razão de abordar tais assuntos nesses capítulos é porque, além de fazer restituição à pessoa prejudicada, o infrator deve fazer uma oferta de reparação. Enganar ou ludibriar outra pessoa envolvia "uma transgressão contra *Yahweh*". Existe um senso comum no qual isso é verdadeiro. Ao roubar algo, você ignora o que Deus disse. Contudo, aqui (e com frequência), há um sentido particular no qual isso é verdade. Os versículos referem-se a uma pessoa jurar falsamente em relação a um engano ou furto. Ele ou ela assumiu um juramento em nome de Deus ao negar o delito e, portanto, violou a honra de Deus, assim como enganou a outra pessoa. O infrator deve acertar as contas com Deus e também com a vítima. Não significa exatamente que o sacrifício coloque um ponto final na questão entre o malfeitor e Deus; o transgressor deve achegar-se a Deus em arrependimento e contrição. No entanto, a oferta constitui a reparação objetiva.

LEVÍTICO **6:8—7:38**
SENDO GRATO, MANTENDO A PROMESSA, SENDO GENEROSO

8*Yahweh* falou a Moisés: **9**"Ordene a Arão e a seus filhos, como segue: 'Esta é a instrução sobre a oferta queimada. A oferta queimada deve ficar na lareira, no altar, durante toda a noite até pela manhã; o fogo do altar deve ser mantido queimando sobre ela. **10**O sacerdote deve vestir o seu traje de linho e as roupas de baixo de linho próximo ao seu corpo e pegar a cinza que o fogo consome (a oferta queimada no altar) e colocá-la ao lado do altar. **11**Ele deve tirar as suas roupas, vestir outras roupas e levar a cinza para fora do acampamento, a um lugar limpo. **12**O fogo sobre o altar deve ser mantido queimando sobre ela [a lareira]; não é para ser apagado. O sacerdote deve colocar madeira nela, manhã após manhã, arrumar a oferta queimada sobre ela e transformar as partes gordas dos sacrifícios de comunhão em fumaça sobre ela. ¹³Um fogo contínuo deve ser mantido queimando sobre o altar; não deve ser apagado.'"

[Levítico 6:14—7:10 fornece instruções similares sobre como os sacerdotes devem lidar com as ofertas de cereal, de purificação e de reparação.]

CAPÍTULO 7

¹¹"'Esta é a instrução sobre o sacrifício de comunhão que alguém apresenta a *Yahweh*. ¹²Se ele apresentar como uma ação de graças, deve apresentar, em adição ao sacrifício de ação de graças, bolos asmos misturados com azeite, bolachas asmas untadas com azeite e bolos [para fazer] de mistura de farinha fina, misturados com azeite, ¹³em adição aos pães levedados. Deve apresentar a sua oferta, em adição ao seu sacrifício de comunhão por ação de graças. ¹⁴Disso, ele deve apresentar uma oferta de cada tipo, como uma contribuição a *Yahweh*, ao sacerdote que joga o sangue do sacrifício de comunhão: isso será dele. ¹⁵A carne do sacrifício de comunhão por ação de graças deve ser comida no dia de sua oferta. Ele não deve deixar nada dela até a manhã. ¹⁶Se o sacrifício que oferecer for um voto ou uma oferta voluntária, deve ser comido no dia em que ele apresentar o seu sacrifício, embora o que for deixado disso possa ser comido no dia seguinte, ¹⁷mas o que for deixado da carne do sacrifício deve ser queimado no fogo ao terceiro dia. ¹⁸Se qualquer parte da carne do sacrifício for comida ao terceiro dia, aquele que a apresenta não encontrará aceitação. Isso não será contado para ele. Será ofensivo. A pessoa que comer dela carregará a sua desobediência.'"

[Os versículos 19-38 fornecem instruções adicionais sobre aspectos técnicos da lida com os sacrifícios; sobre não comer gordura ou sangue; sobre o papel particular do ofertante de um sacrifício de comunhão; e sobre as partes dos sacrifícios destinadas aos sacerdotes.]

Quando minha esposa faleceu, fiquei sensibilizado pelo fato de muitas pessoas desejarem ofertar algo em gratidão pela vida de Ann. Um destino óbvio das ofertas foi a MS Society [Sociedade de Esclerose Múltipla], porque essa enfermidade foi o meio de Ann servir e glorificar a Deus por muitos anos. Outra pessoa desejava doar à nossa igreja, em Pasadena, por saber quanto a comunidade cuidou de minha esposa durante os doze anos que lá congregamos e, ainda, por mencionar que tínhamos planos (entre outras coisas) de melhorar os acessos na igreja para pessoas com deficiência, a fim de auxiliar pessoas como Ann (e eu!). Uma mensagem, em particular, que me deixou feliz, foi um cartão dizendo que um grupo de amigos, como gratidão, havia doado cinco patos a uma família da janela 10/40, por meio do envio do valor correspondente em dinheiro a uma organização que coordena esse tipo de ação.

Levítico 7 explica que a ação de graças está no coração daquilo que um sacrifício de comunhão representa. Há três motivações para apresentar um sacrifício de comunhão. Uma é a ação de graças sincera e direta por algo que Deus fez ao ofertante. Uma mulher pode trazer esse sacrifício após dar à luz uma criança saudável. (Aqui, como de costume, deixei a tradução de Levítico em sua forma de gênero, e, assim, pode--se supor que o cabeça da família é que assumia a liderança na apresentação de um sacrifício, mas relatos como os de Ana, em 1Samuel 1, e Maria, deixam claro que "ele" não exclui "ela.")

A segunda razão para trazer esse sacrifício também seria relacionada à gratidão, mas com uma diferença. Quando Ana anseia por um filho e ora por essa dádiva, ela promete entregá-lo de volta a Deus para ministrar no santuário. Podemos suspeitar que isso seja uma tentativa de subornar Deus, mas, ao que tudo indica, não há problema com essa oração, porque Deus responde a ela. No devido tempo, Ana volta com a criança e com um sacrifício. O mais usual seriam as pessoas simplesmente prometerem que, se Deus respondesse às suas orações, elas trariam um sacrifício. O sacrifício de comunhão delas, então, seria o cumprimento daquela promessa.

O terceiro motivo para trazer essa oferta é que, bem, a pessoa apenas sente vontade de ofertar. É o que as traduções, em geral, mencionam como uma oferta voluntária. Em muitas igrejas, o membro empenha a sua oferta para o ano e, a cada semana, cumpre o que empenhou. Todavia, às vezes, ele ou ela também faz uma oferta voluntária, além do que prometeu para o ano. Nós, portanto, seguimos o *modus operandi* de Israel. Há um ciclo regular de ofertas que a comunidade se compromete a cumprir, porém existem outras ofertas que são feitas como um simples gesto de louvor e amor.

As passagens remanescentes de Levítico 6 e 7 discorrem sobre o que ocorre ao que é sacrificado quando o sacrifício termina. As sobras da oferta queimada devem ser descartadas com reverência. Existem regras sobre como os sacerdotes podem partilhar de outras ofertas, porque elas pertencem a Deus e demandam certa reverência, bem como instruções quanto a outros participantes, além dos sacerdotes (como membros da família ou leigos), que venham a participar dos diferentes sacrifícios. Há uma norma para que as pessoas não consumam a gordura ou o sangue dos animais. Outra, adverte que o fogo do **altar** jamais deve ser extinto, e pode haver razões práticas para isso — pode ser difícil acender o fogo repetidas vezes (caso esteja chovendo, por exemplo), mas Levítico 9 nos relatará como o fogo do altar é aceso por Deus, de modo que essa regra pode ter sido designada para garantir que o fogo do altar seja uma continuidade desse ato divino. Tudo isso contribui para levar Deus muito a sério, bem como a adoração em suas várias facetas.

Chegamos ao fim das regras sobre o sacrifício, em Levítico 1—7. Uma característica notável é que elas têm pouca relação com o pecado. No pensamento cristão, o ponto principal sobre o sacrifício é lidar com o pecado. Na realidade, mesmo quando as regras dizem respeito ao pecado, elas focam as ofensas acidentais e a maneira pela qual elas trazem elementos **tabu** ao santuário. Em Levítico, o sacrifício é um modo multifacetado de expressar adoração não apenas por meio de palavras ou sentimentos, mas por algo expresso concretamente. A adoração cristã, em geral, não nos custa nada. Davi determinou que ele não ofereceria a Deus ofertas queimadas que nada lhe custassem (2Samuel 24:24). As premissas de Levítico sobre adoração, louvor, oração e comunhão encaixam-se nessa atitude.

LEVÍTICO 8:1—10:20
ORDENAÇÃO E DESASTRE

[Levítico 8:1—9:21 relata como Moisés ordenou Arão e seus filhos, de acordo com as instruções em Êxodo 29, e como Arão e seus filhos começaram o seu ministério sacerdotal pela apresentação de suas primeiras ofertas de purificação, holocaustos, ofertas de cereal e o sacrifício de comunhão.]

CAPÍTULO 9

²²Então, Arão ergueu as mãos em direção ao povo, os abençoou e desceu após oferecer a oferta de purificação, a oferta queimada e o sacrifício de comunhão. ²³Moisés e Arão entraram na tenda do encontro, saíram e abençoaram o povo. O esplendor de *Yahweh* apareceu a todo o povo, ²⁴e o fogo saiu da presença de *Yahweh* e consumiu a oferta queimada e as partes gordas sobre o altar. O povo viu e respondeu, prostrando com o rosto em terra.

CAPÍTULO 10

¹Mas os filhos de Arão, Nadabe e Abiú, pegaram cada um o seu incensário, acenderam o fogo nele, colocaram incenso sobre

ele e apresentaram diante de *Yahweh* fogo estranho, que ele não havia ordenado, ²e o fogo saiu da presença de *Yahweh* e os consumiu. Eles morreram diante de *Yahweh*. ³Moisés disse a Arão: "Isto é o que *Yahweh* falou: 'Nas pessoas que chegam perto de mim, manifestarei santidade, e diante da face de todo o povo manifestarei esplendor.'" Arão ficou em silêncio, ⁴mas Moisés convocou Misael e Elzafã, filhos do tio de Arão, Uziel, e lhes disse: "Aproximem-se, levem os seus parentes de diante do santuário para fora do acampamento." ⁵Eles vieram à frente e os levaram em suas túnicas para fora do acampamento, como Moisés disse. ⁶Moisés disse a Arão e a seus filhos, Eleazar e Itamar: "Não descubram a cabeça, não rasguem as suas roupas, para que vocês não morram e a ira venha sobre toda a comunidade. Os seus parentes, e toda a casa de Israel, podem prantear pela queima que *Yahweh* trouxe. ⁷Não saiam da entrada da tenda do encontro, para que não morram, porque o óleo da unção de *Yahweh* está sobre vocês." Eles fizeram como Moisés disse.

⁸*Yahweh* falou a Arão: ⁹"Não beba vinho ou licor, você ou os seus filhos, quando entrarem na tenda do encontro, para que não morram. É uma regra em perpetuidade, por suas gerações, ¹⁰para que vocês possam distinguir entre o sagrado e o comum, e entre o tabu e o puro, ¹¹e ensinem aos israelitas todas as regras que *Yahweh* tem falado a eles por meio de Moisés."

[Os versículos 12-20 fornecem instruções adicionais sobre o que os sacerdotes devem fazer depois com as diferentes partes dos sacrifícios.]

Há uma anedota que retrata o pastor como invisível durante seis dias e, no sétimo, incompreensível. Meu primeiro sermão, após ser ordenado, tinha cinco pontos, todos iniciados com a letra *p*. Eram palavras longas e também complexas — a única de que consigo lembrar é "paradoxo". Os cinco pontos demoravam três ou quatro minutos cada (o tempo de vinte minutos pode parecer pouco a um batista, mas é longo demais para um anglicano), e deixaram a congregação exausta e, quiçá, confusa. De segunda a sábado, em geral eu esperava dedicar as manhãs ao estudo e preparação (aqueles eram os dias!), de modo que, então, eu ficava invisível. Às tardes, costumeiramente, visitava pessoas em seus lares ou em outros lugares, como hospitais, para ficar visível a poucas pessoas. Às noites, eu ia a reuniões da juventude, estudos bíblicos ou encontros do comitê e, portanto, eu ficava visível para um grupo maior de pessoas. (Eu folgava às terças-feiras.)

É fácil presumir que a principal responsabilidade de um sacerdote israelita era o ato público de oferecer sacrifícios. Essas eram, de fato, as ocasiões em que ele se tornava visível diante de toda a congregação, mas havia muitos sacerdotes, e eles se revezavam na oferta de sacrifícios, de maneira que a participação de um sacerdote específico não era frequente. (Lucas 1 descreve como Zacarias teve essa responsabilidade, certa ocasião, porque era a escala mensal de seu grupo, e ele foi escolhido por sorteio para oferecer incenso.) Os versículos de encerramento traduzidos antes nos propiciam alguma percepção sobre as amplas responsabilidades de um sacerdote.

O trabalho deles envolvia ser capaz de distinguir entre o sagrado e o comum, e entre o **tabu** ou impuro e o limpo ou puro, bem como ser capacitado a ensinar as pessoas sobre isso. O ensino deles contribui para assegurar que os rituais no santuário ocorram com a devida reverência por quem é *Yahweh*. Os cristãos podem ter uma preocupação similar, embora provavelmente a cumpramos com uma base distinta. Podemos imaginar que as pessoas devem manter silêncio na igreja ou estarem trajadas de certa forma, assim como devemos ser reverentes quanto ao que fazer com as sobras de pão e vinho, após a Ceia do Senhor. Israel tinha formas equivalentes de sublinhar a significância especial do santuário e dos sacrifícios; o santuário não era um lugar comum, e os sacrifícios não eram alimentos do cotidiano. Igualmente, era importante diferenciar aquilo que era impuro do que era puro. Os sacerdotes precisavam ser capacitados a avaliar os animais trazidos pelo povo para os sacrifícios e decidir se a enfermidade de uma pessoa a impedia de adentrar o santuário. Levítico 10 mantém o foco na tratativa aos cadáveres, uma questão importante com respeito a pureza e tabu.

Levítico prosseguirá mostrando como a santidade e a pureza se estendem a muitos aspectos da vida diária; a moral e outras matérias comportamentais fazem parte da distinção de Israel sobre outros povos e integram a sua pureza. Tudo isso fornece aos sacerdotes um importante papel de ensino. Assim (Moisés diz), cuidado com seus hábitos de beber. Os sacrifícios de comunhão e as libações dariam aos sacerdotes a chance de uma excessiva indulgência, e isso os tornaria incapazes de adequadamente cumprir a sua vocação.

Tudo isso fornece o pano de fundo para a terrível narrativa que abre Levítico 10. O capítulo principia-se com a sugestão de um contraste com os capítulos anteriores, que enfatizaram que os sacerdotes foram ordenados "como *Yahweh* ordenou a Moisés"; um ponto após outro, ele repete Êxodo 29, sublinhando esse fato.

Não sabemos, então, o que tornou o fogo "estranho", mas, de algum modo, foi diferente do que Deus ordenou, sendo este o ponto em relação à exortação sobre distinguir entre o sagrado e o comum, entre o puro e o impuro. O fogo oferecido foi profano ou impuro e levou a consequências terríveis. Os sacerdotes de séculos posteriores precisaram aprender a lição dessa história.

Há também uma implicação mais abrangente. Sempre que Deus faz algo novo (Criação, o chamado de Abraão, o Êxodo, o encontro com Israel no Sinai, o envio do Espírito Santo aos discípulos), o ato divino é logo acompanhado por erros dos seres humanos. Existe um assombro pelo que Deus fez, mas também uma consciência de que ainda olhamos para o futuro, pelo cumprimento do propósito de Deus.

Quando os israelitas olhavam em retrospectiva para eventos como o relato do jardim do Éden, o bezerro de ouro e suas consequências ou Nadabe e Abiú, não sei dizer se eles questionavam a veracidade dessas narrativas; pode-se questionar o mesmo sobre a nossa leitura dos eventos em Atos, envolvendo Ananias e Safira, que caíram mortos por terem fraudado suas promessas. Se os israelitas assumissem que todos aqueles relatos, de fato, ocorreram, talvez também soubessem que eventos como aqueles eram incomuns em sua própria época. Talvez Deus tenha agido de forma diferenciada em ocasiões cruciais no início da história de Israel e da igreja primitiva. Pelo fato de ações como aquelas não serem comuns na experiência dos ocidentais modernos, a nossa tendência é pensar que a narrativa é mais como uma parábola do que uma história real. É possível que estejamos certos; ou quiçá errados. Seja como for, a história funciona para sublinhar a importância dos ministros no cumprimento de sua vocação de uma forma que siga as direções dadas por Deus.

LEVÍTICO **11:1—12:8**
VOCÊ É O QUE VOCÊ COME

¹*Yahweh* falou a Moisés e a Arão, dizendo-lhes: ²"Falem aos israelitas como segue: 'Estas são as criaturas que vocês podem comer entre os animais sobre a terra: ³entre os animais, qualquer um que tenha o casco dividido (que tenha uma fenda no casco) e que traga de volta o seu alimento para ruminar — vocês podem comê-los. ⁴Estes, contudo, vocês não

podem comer, daqueles que trazem o alimento de volta para ruminar e daqueles que têm o casco dividido: o camelo, porque ele traz o alimento de volta para ruminar, mas não tem o casco dividido — é tabu para vocês. ⁵O texugo das rochas, porque ele traz o alimento de volta para ruminar, mas não tem o casco dividido — é tabu para vocês. ⁶A lebre, porque ela traz o alimento de volta para ruminar, mas não tem o casco dividido — é tabu para vocês. ⁷O porco, porque ele tem o casco dividido (ele tem uma fenda em seu casco), mas não rumina o seu alimento — é tabu para vocês. ⁸Vocês não devem comer de sua carne ou tocar a sua carcaça — eles são tabu para vocês.'"

[Os versículos 9-47 fornecem regras similares sobre outros tipos de criaturas. As pessoas podem comer criaturas marinhas somente se tiverem barbatanas e escamas. Não podem comer aves como a águia, o avestruz, a gaivota, o pelicano e a cegonha. Ainda, não podem comer criaturas que tenham asas e pernas, a não ser que as pernas sejam articuladas; portanto, é permitido (por exemplo) comer gafanhotos. Igualmente, estão proibidos de comer outros animais terrestres como ratos, lagartos e crocodilos. A passagem também inclui regras sobre como lidar em situações nas quais tais criaturas tenham contato com seres humanos ou com coisas que os seres humanos usam.]

CAPÍTULO 12

¹*Yahweh* falou a Moisés: ²"Fale aos israelitas como segue: 'Quando uma mulher gera descendência e dá à luz um menino, ela será tabu por sete dias; ela será tabu, como nos dias de seu período menstrual. ³No oitavo dia, a carne de seu prepúcio deve ser circuncidada. ⁴Por trinta e três dias ela deve permanecer em purificação do sangue. Ela não deve tocar nada sagrado ou ir ao santuário até o término de seus dias de purificação. ⁵Se ela der à luz uma menina, ela será tabu por duas semanas, como em seu período, e deve permanecer por sessenta e seis dias em purificação do sangue. ⁶Ao término de seus dias de purificação, por um filho ou uma filha, ela deve trazer ao sacerdote um

> cordeiro de um ano como uma oferta queimada e um pombinho ou uma rolinha como uma oferta de purificação. ⁷Ele deve apresentar a oferta diante de *Yahweh* e fazer expiação por ela, e ela estará limpa de seu fluxo de sangue. Esta é a instrução sobre alguém dar à luz um menino ou uma menina. ⁸(Mas, se os meios dela não forem suficientes para um cordeiro, ela deve pegar duas rolinhas e dois pombinhos, um para a oferta queimada e um para a oferta de purificação, e o sacerdote fará expiação por ela, e ela estará limpa.)'"

Havia esquilos em nosso jardim, na Inglaterra, e em nosso pátio, na Califórnia, e, em ambos os lugares ameacei fazer um guisado de esquilo. Ann protestou porque gostava dos bichinhos; outros protestam porque são repelidos pela ideia. Na Grã-Bretanha, os coelhos são regularmente oferecidos nos açougues dos supermercados, porém não na Califórnia. Na França, comem-se rãs e lesmas, hábito que os britânicos acham engraçado. Os escoceses consomem um prato feito de miúdos de carneiro, o que, por seu turno, diverte os ingleses. O meu pai levava sanduíches de toucinho ao trabalho; não fiquei muito entusiasmado ao perceber, certa ocasião na escola, que havia levado, por engano, um dos sanduíches de meu pai. No norte da Inglaterra, uma tradicional iguaria do desjejum é o pudim negro, basicamente feito de sangue e sebo de porco (a versão irlandesa acrescenta fígado de porco). Nada disso me faz salivar de vontade.

A comida é uma expressão de identidade. Deus usa esse fato como contribuição à formação e articulação da identidade de Israel. Os judeus não comem carne de porco; essa é uma das características que os destacam e os mantêm separados. Portanto, "vocês devem consagrar-se e serem santos, porque eu sou santo" (Levítico 11:44). As regras sobre o que os israelitas podem comer não constituem meramente uma versão do tipo de regras que toda cultura possui. Elas estão ligadas à vocação singular de Israel como povo de Deus. Deus é santo, o que significa ser distinto, separado, como o povo judeu sempre tem sido. Eles foram chamados para mostrar Deus, e sua distinção dos demais era um meio de fazer isso. Eles não precisaram viver separados dos demais povos, mas os seus costumes diferenciados sempre os distinguiram dos outros povos.

As regras sobre a alimentação trouxeram isso à tona para eles. Raramente, as pessoas pensariam em comer texugos, ratos, morcegos ou muitas das criaturas mencionadas (tanto das permitidas quanto das proibidas). As listas são tanto uma ferramenta de ensino quanto instruções que revolucionaram a dieta do povo. Elas são um lembrete de que devem permanecer diferenciados. O propósito missional de Deus operava por meio dessa distinção dos israelitas. (Em Atos, Deus mudou isso e começou a atrair outras pessoas à fé por meios opostos, isto é, pela abolição de regras como as encontradas em Levítico 11, de modo que judeus que cressem em Jesus pudessem se unir mais facilmente aos gentios.)

Para fazer Israel se destacar dessa maneira, as regras poderiam ter sido um tanto arbitrárias, porém o livro de Levítico aponta para inúmeras formas de racionalização. As normas têm pouca ou nenhuma relação com a higiene; nem todas as criaturas proibidas são ameaças à saúde humana, e nem todas as criaturas que poderiam constituir uma ameaça são proibidas. Além disso, se a higiene fosse um fundamento importante para as regras, dificilmente elas seriam abolidas no Novo Testamento. É possível que tenham alguma relação com a economia; na região montanhosa de Israel, a criação de porcos não seria muito prática. O que o texto de Levítico explicita é que as criaturas são permitidas ou proibidas de acordo com o pertencimento a categorias apropriadas, como as que têm o casco fendido e a digestão pelo processo de ruminação, ou que possuam barbatanas e escamas. Criaturas dotadas de apenas uma dessas características, sem a outra, são anomalias. Essa observância traz à tona que a humanidade vive num mundo ordenado e estruturado, não aleatório e caótico. Trata-se de um mundo criado, um cosmo.

Em conexão com essas regras e, então, quanto a normas sobre o parto, em geral as traduções utilizam o termo "impuro", o que transmite uma falsa impressão sobre o parto, a menstruação e a feminilidade. A palavra é positiva e denota a possessão de uma qualidade, não sendo negativa, indicando a ausência de algo (isto é, a ausência de limpeza, pureza). Ela sugere que há algo misterioso, extraordinário, impactante e um pouco preocupante aqui. Utilizo a palavra "tabu", que tem algumas dessas ressonâncias. Certamente, há algo misterioso, extraordinário, impactante e preocupante com relação ao parto. Numa sociedade tradicional, é um processo deveras perigoso. Muitas mulheres perdem a vida no parto; não existem analgésicos que as ajudem a passar por isso, e a mortandade de bebês não é baixa. A liturgia da Igreja Anglicana, tradicionalmente chamada "the churching of women" [a congregação de mulheres], portanto, não faz qualquer referência à noção popular de que as mulheres fossem "impuras" após o parto e, em vez disso, apresenta como principal título e tema: "A ação de graças de mulheres pós-parto".

Um dos aspectos mais perturbadores do parto é que esse processo entrelaça opostos, morte e vida. Deus é o Deus da vida, não da morte, no entanto o nascimento traz os dois em íntima conexão. Uma mulher pode perder quantidade considerável de sangue no parto, e isso sugere morte, ainda que ocorra no contexto de trazer vida. Assim, após dar à luz, a mãe permanece em casa por uma semana e evita ir ao santuário por mais um mês. Como ocorre quando um homem precisa enterrar alguém, a associação da mãe com a morte torna inapropriado ir muito próximo ao local em que o Deus vivente habita. O período de tabu é duas vezes maior no caso do nascimento de uma menina, porque esse próprio bebê, no devido tempo, estará envolvido na mesma experiência, na qual vida e morte estão entrelaçadas.

LEVÍTICO **13:1—14:57**
DISTINGUINDO VIDA E MORTE

¹*Yahweh* falou a Moisés e a Arão: ²"Quando houver um inchaço, irritação ou mancha na pele do corpo de uma pessoa e isso se tornar em uma erupção de escamação na pele de seu corpo, ele deve ser levado a Arão, o sacerdote, ou a um de seus filhos, os sacerdotes. ³O sacerdote deve olhar a erupção na pele do corpo. Se o pelo na erupção tiver se tornado branco e a aparência da erupção for mais profunda que a pele de seu corpo, a erupção é escamação. Quando o sacerdote vir isso, ele deve declará-lo tabu. ⁴Se for uma mancha branca na pele de seu corpo e sua aparência não for mais profunda que a pele de seu corpo e o pelo não tiver se tornado branco, o sacerdote deve confinar por sete dias a pessoa que teve a erupção. ⁵No sétimo dia, o sacerdote deve olhar: se a erupção parou, tanto quanto ele pode ver, e a erupção não se espalhou pela pele, o sacerdote deve confiná-lo por mais sete dias. ⁶O sacerdote deve olhá-lo novamente no sétimo dia: ali, se a erupção diminuiu e não se espalhou pela pele, o sacerdote deve declará-lo limpo. É uma irritação. Ele deve lavar as suas roupas, e estará limpo. ⁷Se a irritação realmente se espalhar sobre a pele após a sua aparição ao sacerdote para ser declarado limpo, ele deve aparecer ao sacerdote novamente. ⁸Se o sacerdote olhar e a erupção tiver se espalhado pela pele, o sacerdote deve declará-lo tabu. É escamação."

[Os versículos 9-59, de forma similar, lidam com outras anormalidades de pele como descoloração, pústulas, queimaduras, lesões, manchas e perda de cabelo, bem como anormalidades análogas a mofo nos tecidos das roupas.]

CAPÍTULO 14

¹*Yahweh* falou a Moisés: **²**"Esta deve ser a instrução para a pessoa com escamação no dia de sua purificação. Ela deve ser levada ao sacerdote; **³**o sacerdote irá fora do acampamento. O sacerdote olhará e ali, se a erupção de escamação estiver curada da pessoa com escamação, **⁴**o sacerdote deve ordenar que peguem para a pessoa que estiver sendo purificada duas aves puras, vivas, madeira de cedro, fio escarlate e hissopo. **⁵**O sacerdote deve ordenar que matem uma ave em um pote de barro sobre água fresca. **⁶**A ave viva deve ser pega, e a madeira de cedro, o fio escarlate e o hissopo devem ser mergulhados com a ave viva no sangue da ave que foi morta sobre a água fresca. **⁷**Ele deve aspergi-lo sete vezes sobre a pessoa sendo purificada da escamação e purificá-la. Ele deve soltar a ave viva em campo aberto."

[Os versículos 8-57 seguem descrevendo o processo pelo qual a pessoa com escamação retoma a sua vida cotidiana e a liberdade de ir ao santuário, bem como regras para o tratamento das casas com anormalidades análogas ao mofo.]

O primeiro funeral que dirigi, nos Estados Unidos, foi o de um amigo com pouco mais de trinta anos, cujo casamento eu celebrei. Nós o sepultamos cerca de um ano depois, vitimado por um tumor cerebral. Eu admiro a maneira pela qual os funerais nos Estados Unidos, normalmente, têm a pessoa falecida presente no caixão com a tampa aberta, o que é mais raro na Grã-Bretanha. Ao término do culto fúnebre, todos na congregação passam, em fila, pelo caixão dizendo as suas palavras de adeus. Fiquei observando a variedade de expressões faciais das pessoas e, posteriormente, falei com algumas delas sobre isso. A morte é um tema assustador. Não temos certeza se queremos chegar muito perto dela. Costumo comprar minhas roupas em brechós, o que significa que, com frequência, estou vestindo roupas de homens já falecidos, mas procuro não pensar muito a respeito.

Um ponto de partida útil para a compreensão de Levítico 13 e 14 é uma história sobre Miriã, a irmã de Moisés e Arão, em Números 12. Miriã foi acometida pela mesma escamação tratada nesses capítulos de Levítico, e Arão suplica a Moisés: "Ela não deve se tornar como uma pessoa morta que saiu do ventre de sua mãe e metade de sua carne está consumida!" Moisés clamou a Deus, e, no devido tempo, ela é restaurada. A **Torá** preocupa-se com essa escamação porque essa doença torna a carne como se estivesse sendo comida, a exemplo do que ocorre após a morte ou quando um bebê é natimorto. A enfermidade é tradicionalmente referida como lepra ou hanseníase, o que denotava, originariamente, uma erupção cutânea escamosa, mas, então, veio a significar uma doença que vai consumindo os membros da pessoa enferma. Essa tradução propicia uma impressão equivocada na Bíblia, na qual a palavra refere-se a uma doença de pele que recebe um tratamento especial porque lembra a morte e, portanto, suscita questões similares às levantadas pelo parto. Lá, o processo de dar à luz é desconfortavelmente associado com a possibilidade da morte e com os sinais de morte (a perda de sangue). Aqui, uma pessoa viva tem a aparência de uma pessoa morta. Nada poderia ser mais diferente do que a vida e a morte. Não obstante, em nossa experiência, pode ser difícil distingui-las. O debate sobre o aborto envolve questões sobre quando um feto se torna um ser vivente; o debate sobre o fim da vida envolve questões sobre os limites entre vida e morte.

Deus, portanto, encoraja o povo de Israel a ter maneiras pelas quais as pessoas deixam claro para si mesmas que a morte e a vida são diferentes. Colocar alguém em quarentena, com um quadro de escamação que deixa aquela pessoa com aparência de alguém morto, é um exemplo. Os regulamentos paralelos sobre um fenômeno similar em tecidos e casas enfatizam ainda mais esse ponto e refletem como Levítico não está pensando na escamação como uma doença.

Afirmar a distinção entre morte e vida é importante pelo motivo observado em relação a Levítico 11 e 12. *Yahweh* é o Deus da vida, o Deus vivente. "Ele não é Deus de mortos, mas de vivos" (Marcos 12:27). Jesus trabalha com esta regra: após curar alguns homens segregados por estarem com escamação, ele os envia aos sacerdotes para serem declarados purificados, de acordo com Levítico (Lucas 17:11-19).

Yahweh está no controle do reino dos mortos. Os **cananeu**s acreditavam que havia um deus dos mortos, entre muitos outros deuses, e também que os deuses podiam morrer. Os israelitas sabiam que havia um único Deus, que estava no controle dos mortos, como no controle de tudo mais. No entanto, eles igualmente sabiam que a morte era estranha a Deus. Para esclarecer esse ponto, os israelitas não podiam ter nenhuma relação com o reino dos mortos. Outros povos tinham formas de estabelecer contato com os espíritos de familiares falecidos, por meios conhecidos no "espiritismo". Os israelitas eram proibidos de fazer isso, embora, com frequência, ignorassem esse mandamento. As pessoas, cuja experiência era similar à de morte, eram colocadas em quarentena pelas regras de Levítico para que a sua condição **tabu** não afetasse as demais pessoas. Isso trazia à tona a importância de não ter nenhum contato com o reino da morte. As pessoas, em particular, precisavam evitar incorrer na condição de tabu caso desejassem continuar tendo permissão para ir ao santuário.

O livro de Levítico aborda uma enfermidade que acometeria uma pessoa apenas de forma temporária (Miriã ficou em quarentena por uma semana) e, portanto, acrescenta provisão para a restauração da pessoa à vida comunitária, quando a doença é curada. A cerimônia lida com a doença de duas formas, oferecendo uma garantia dupla à pessoa, à sua família, bem como à comunidade. Uma ave é morta como na **oferta de purificação**, a fim de purificar a pessoa e assegurar que ele ou ela esteja bem. Outra ave é solta na natureza como um modo de expulsar a aflição da comunidade e garantir a todos que a ameaça se foi.

Dois outros aspectos das ações quanto à escamação são significativos. Em outras culturas, em geral, essa enfermidade era atribuída a demônios; o livro de Levítico, de modo implícito, assegura ao povo que não se trata disso. Ainda, às vezes, essa doença é vista como um castigo divino pelo pecado, o que também é implicitamente descartado por Levítico. Trata-se "apenas de uma daquelas coisas" com as quais precisamos lidar, sem sermos oprimidos por ela.

LEVÍTICO **15:1–33**
SEXO E TABUS

¹*Yahweh* falou a Moisés e a Arão: **²**"Falem aos israelitas e lhes digam: 'Quando qualquer homem estiver secretando de sua carne, em conexão com a sua secreção, ele é tabu. **³**Isso será o seu tabu por causa de sua secreção (quer a sua carne continue a sua secreção, quer a interrompa, isso é seu tabu): **⁴**qualquer cama em que o homem que estiver secretando se deitar deve ser tabu. Qualquer objeto no qual ele se sentar deve ser tabu; **⁵**uma pessoa que tocar a sua cama deve lavar as suas roupas, banhar-se em água e ser tabu até a noite.'"

[Os versículos 6-15 prescrevem, com mais detalhes, o processo de purificação do homem e de qualquer objeto ou pessoa que tenha contato físico com ele.]

LEVÍTICO 15:1-33 • SEXO E TABUS

¹⁶"'Quando um homem tiver uma emissão de sêmen de si mesmo, ele deve banhar todo o seu corpo em água e ser tabu até a noite. **¹⁷**Qualquer tecido ou couro, no qual houver emissão de sêmen nele, deve ser lavado em água e ser tabu até a noite. **¹⁸**Quanto à mulher com quem o homem dormir, envolvendo a emissão de sêmen, eles devem se banhar em água e serem tabus até a noite. **¹⁹**Quando uma mulher estiver secretando, se a secreção em sua carne for sangue, ela deve estar em sua enfermidade sete dias. Qualquer um que tocar nela será tabu até a noite.'"

[Os versículos 20-27 prescrevem o processo de purificação da mulher e de qualquer coisa ou pessoa que venha a ter contato físico com ela. A passagem também cobre o fluxo de sangue não relacionado à menstruação.]

²⁸"'Quando ela estiver limpa de sua secreção, ela deve contar para si mesma sete dias e, após, deve estar limpa. **²⁹**No oitavo dia, ela deve pegar para si duas rolinhas ou dois pombinhos e levá-los ao sacerdote à entrada da tenda do encontro. **³⁰**O sacerdote deve fazer uma oferta de purificação e uma oferta queimada, e o sacerdote deve fazer expiação por ela diante de *Yahweh*, de sua secreção tabu. **³¹**Devem manter os israelitas longe de seus tabus, para que não morram mediante seus tabus, por trazerem tabu à minha habitação no meio deles.'"

[Os versículos 32-33 resumem o conteúdo do capítulo.]

O poeta Philip Larkin escreveu em seu poema *Annus mirabilis* [Ano miraculoso]: "O intercurso sexual começou / em mil novecentos e sessenta e três / (tarde demais para mim). Essa foi a década em que a pílula tornou possível separar o sexo da procriação. Meus futuros sogros ficaram horrorizados quando descobriram que o seu futuro genro havia discutido sobre contraceptivos com a sua filha. Então, algumas semanas após o casamento, descobrimos que a separação entre sexo e procriação era um pouco mais complexa do que imaginávamos. Quando o *British Medical Journal* [Periódico médico britânico] informou que a pílula anticoncepcional, usada por Ann, era menos eficaz que outras, já era tarde demais.

Como Gênesis, o livro de Levítico mantém a associação entre sexo e procriação. O judaísmo jamais manifestou a ambivalência sobre o sexo que a igreja, às vezes, expressa. O caminho aberto que a **Torá** discute mostra essa ausência de ambivalência, como em Cântico dos Cânticos. No entanto, a Torá preocupa-se com o sexo porque sabe que o sexo e a procriação estão ligados, mas que essa ligação é ineficiente. A maioria das vezes que um homem tem relações sexuais com sua esposa não resulta em procriação. O seu sêmen é desperdiçado. Levítico pode também referir-se a emissões noturnas; de forma ainda mais óbvia, o sêmen doador de vida é, então, simplesmente desperdiçado. O mesmo seria verdadeiro com respeito à masturbação e ao coito interrompido. Assim, um homem é **tabu** após qualquer uma dessas ocorrências, não porque exista algo errado com o ato sexual em si, mas porque há algo antinatural no desperdício do sêmen que propicia a vida. Não é algo complicado: deve-se apenas lavar as roupas de cama, banhar-se e permanecer fora do santuário durante aquele dia.

Questões paralelas e mais complexas são suscitadas pela menstruação (aqui e ao longo de Levítico 15, "carne" é um eufemismo para genitália). As indagações são mais críticas porque a menstruação envolve sangue, o que reforça a sua natureza misteriosa e inquietante. Trata-se de um evento paradoxal, pois, ao mesmo tempo, é um sinal de vida (a menstruação significa que uma mulher poderia ser portadora de uma nova vida) e sinaliza a morte (a perda de sangue é um sinal de morte). Como a emissão de sêmen, então, a menstruação torna alguém tabu, mas o maior grau de mistério e tabu quanto à menstruação significa que o processo de purificação é mais complicado que o processo para a emissão de sêmen. A Torá não sugere uma ligação entre menstruação e pecado, ou qualquer necessidade de evitar estar na presença de mulheres menstruadas, nem qualquer ligação entre menstruação e demônios. Todas essas atitudes têm sido adotadas em diferentes culturas, refletindo o temor masculino quanto à menstruação, e existem pistas no Antigo Testamento de que os homens israelitas pudessem partilhar desses instintos, mas a Torá estabelece limites para eles. As mulheres menstruadas não são isoladas de suas famílias, de seus lares ou trabalho. É necessário apenas evitar o contato físico direto com elas se você deseja ir ao santuário naquele dia.

A emissão de sêmen e a menstruação são o que podemos chamar de eventos naturais e regulares, ainda que sejam causadores de tabu. O capítulo também cobre secreções irregulares como a gonorreia masculina. Novamente, isso não sugere que impliquem pecado ou se tratem de enfermidades que demandem tratamento. Como ocorre com aqueles eventos "naturais", a preocupação é com o tabu que trazem, a maneira pela qual tornam inapropriada a presença no santuário e as implicações que podem trazer a outras pessoas que entrem em contato físico com a pessoa tabu.

Em outro sentido, tudo isso é deveras importante; não apenas porque, com frequência, era preciso evitar ir ao santuário e/ou evitar o contato físico com pessoas e/ou ir ao santuário apresentar uma oferta (num santuário a quilômetros de distância, quando o povo já está em **Canaã**; e era possível passar toda a semana lavando roupas de cama, e assim por diante, sem falar na dificuldade de obter água). Notamos que muitas das regulações da Torá não parecem designadas a uma interpretação literal, constituindo mais como ferramentas de ensino. Claro que muitos judeus se dedicavam à restrita e literal observância dessas regras — embora, repetindo, após a destruição do templo e a interrupção do sacrifício, as regras não pudessem ser observadas como descritas. Todavia, ainda que fossem designadas à interpretação literal, elas *também* eram ferramentas de ensino.

Na cultura cristã ocidental, a questão-chave sobre sexo pode parecer de cunho moral, quanto a ter relações sexuais com a pessoa certa, sendo a menstruação apenas algo com que a mulher tem de lidar. Na realidade, o sexo e a menstruação merecem certo respeito por parte de ambos, homens e mulheres. Para algumas mulheres, o seu período mensal é um lembrete de que, uma vez mais, falharam na concepção. Elas têm plena consciência da ligação entre menstruação e procriação e que o primeiro é tanto um sinal de vida quanto um sinal de morte; é vida desperdiçada, assim como a emissão de sêmen de seu marido.

LEVÍTICO **16:1-34**
O DIA DA EXPIAÇÃO

¹*Yahweh* falou a Moisés e a Arão após a morte dos dois filhos de Arão, quando se aproximaram de *Yahweh* e morreram. ²*Yahweh* disse a Moisés: "Diga a Arão, seu irmão, que ele não deve entrar a qualquer hora no santuário, dentro da cortina, diante da tampa da expiação sobre o baú, para que não morra, porque eu apareço na nuvem, acima da tampa. ³Dessa forma, Arão deve entrar no santuário com um touro da manada como uma oferta de purificação e um carneiro como uma oferta queimada. ⁴Ele deve vestir uma túnica de linho sagrada, com roupas de baixo de linho próximas ao seu corpo, cingido com a faixa de linho e com uma cobertura de linho para a cabeça. Estas sendo as vestimentas sagradas, ele deve lavar o seu corpo em água e, então, vesti-las. ⁵Da comunidade israelita, ele deve pegar

dois bodes do rebanho como uma oferta de purificação e um carneiro como uma oferta queimada. ⁶Arão deve apresentar o touro, que é a sua oferta de purificação, e fazer expiação por si mesmo e pela sua casa, ⁷e pegar os dois bodes e colocá-los diante de *Yahweh*, à entrada da tenda do encontro. ⁸Arão deve lançar sortes sobre os dois bodes, uma para *Yahweh*, uma para Azazel. ⁹Arão deve apresentar o bode sobre o qual a sorte caiu 'para *Yahweh*' e fazer dele uma oferta de purificação."

[Os versículos 10-19 fornecem mais detalhes sobre esse procedimento.]

²⁰"Quando ele tiver terminado de fazer expiação pelo santuário, pela tenda do encontro e pelo altar, deve apresentar o bode vivo. ²¹Arão deve colocar ambas as mãos sobre a cabeça do bode vivo e confessar sobre ela todos os atos desobedientes dos israelitas e todas as suas rebeliões em conexão com todas as suas ofensas, colocá-los sobre a cabeça do bode e enviá-lo, a cargo de uma pessoa indicada, ao deserto."

[Os versículos 22-28 fornecem detalhes adicionais sobre esse procedimento.]

²⁹"Esta deve ser uma regra para vocês em perpetuidade: no sétimo mês, no décimo dia do mês, vocês devem disciplinar a si mesmos e não fazer trabalho algum, o cidadão e o estrangeiro que residir em seu meio. ³⁰Porque, nesse dia, a expiação é feita para vocês se limparem de todas as suas ofensas; vocês serão limpos diante de *Yahweh*. ³¹Esta será uma parada total para vocês. Vocês devem disciplinar a si mesmos; é uma regra em perpetuidade."

[Os versículos 32-34 são um resumo de encerramento.]

Em setembro de 1973, subi ao monte Sinai, perto do início do sétimo mês no ano judaico, segundo a contabilização de Levítico (a partir da Páscoa) e, portanto, logo após o ano-novo, no calendário judaico moderno. Isso ocorreu cinco dias antes do *Yom Kippur*, o Dia do Perdão, a ocasião mais solene do ano. Israel praticamente para: não há transporte público. Os teatros, cinemas, lojas e o comércio, em geral, permanecem fechados, e as transmissões de rádio e televisão são suspensas. No Dia do Perdão daquele ano, cinco dias após ter estado no Sinai, o Egito e a Síria lançaram um ataque para reivindicar a terra ocupada por Israel e obtiveram uma vantagem inicial por sua inesperada ação. Os judeus ficaram escandalizados pelo ataque no dia mais sagrado para Israel, porém creio que, no amor e na guerra, vale tudo, especialmente quando o objetivo é recuperar a terra; e, caso a religião se torne uma espécie de "salvo-conduto", então torna-se prostituída.

O Dia do Perdão ou da **Expiação** é, de fato, o mais sagrado do ano judaico. Vindo logo após a celebração do ano-novo e um pouco antes do Sucot (Festa dos Tabernáculos), que comemora a saída do Egito, esse evento tanto olha para trás quanto para a frente. Ele apaga a lousa, de modo que possibilite seguir no novo ano com confiança, porque as coisas passadas foram acertadas com Deus. Em Levítico, o foco da ocasião é purificar o santuário, pois a presença ou a ausência de Deus ali significa vida ou morte para a comunidade. Se Deus estiver lá, podem ir ao encontro com Deus, oferecer a sua adoração, levar as suas orações e suas ações de graças, bem como viver em comunhão. Se Deus deixasse o santuário, o centro da vida deles acabaria.

Os israelitas sabem, bem como Deus, que é praticamente impossível permitir que a impureza se acumule entre um e outro, sem chegar a um ponto em que Deus diga: "Não posso mais ficar aqui." A ação dos filhos de Arão, reportada em Levítico 10, foi uma grande ameaça à vontade de Deus permanecer entre o povo; daí este capítulo ser o ponto de partida. Talvez esse rito estivesse relacionado apenas àquele evento, mas acabou sendo uma observância anual. No ano, essa é a única ocasião em que o sacerdote adentra o santuário interior (o lugar santíssimo) a fim de assegurar que a presença de impurezas no santuário não afete o relacionamento. O objetivo de muitas das regras em ambos os lados de Levítico 10 é para evitar que isso ocorra de formas mais graduais. Essa impureza é um material que entra em conflito com o que **Yahweh** é — elementos que evocam morte e desordem. Não há meios de assegurar que todas essas coisas sejam devidamente tratadas ao longo do ano. Quem sabe quantas pessoas ignoraram as regras ou, por acidente, as transgrediram sem ninguém saber? Assim, Deus estabelece essa observância anual que constitui uma limpeza completa do santuário para garantir a presença de Deus.

A distinção da observância reside no que ocorre aos dois bodes, embora, no capítulo 14, seja uma versão intensificada das ações com as aves. Em certo nível, as ações com os dois bodes fornecem duas maneiras de lidar com o mesmo problema: uma de suas funções seria reafirmar ao povo que Deus realmente lidou com ele (duas vezes!). Oferecer um bode a Deus seria o modo regular e familiar de prover purificação ao santuário, mas, quando Deus necessita lidar com algo tão grande assim, a ação com o segundo bode certifica a limpeza duplamente. No caso de parecer que a oferta do primeiro bode, a fim de lidar com as ofensas que poderiam resultar em **tabu** ao santuário, não foi ou não pareceu suficiente, o segundo bode carrega as ofensas para longe, no deserto, a um lugar no qual não podem causar danos. Ou talvez as duas ações lidem com os dois aspectos do problema. Sacrificar um dos bodes lida com a necessidade de purificar o santuário; a ação com o segundo bode lida com a rebelião de Israel e seus efeitos sobre o relacionamento mais amplo com Deus.

Somente nesse capítulo é que o livro de Levítico aborda as "rebeliões" de Israel; é um termo forte para descrever os seus delitos. A palavra sugere muito mais do que uma violação acidental à área do santuário, quando a ida deveria ser evitada por uma situação tabu. Assim, a observância envolvendo o segundo animal significa o arrependimento de Israel, o abandono de sua inconstância e o desejo de se livrar disso, bem como significa a provisão de Deus para a sua remoção a fim de que não permaneça obstruindo o caminho entre Deus e Israel. Se você colocar um objeto como um saco de trigo sobre um animal, ele carrega a carga. Quando o sacerdote coloca as mãos sobre a cabeça do bode, ele está identificando o animal como pertencente ao povo que ele representa e que, de alguma forma, também os representa. (Colocar as duas mãos sobre algo é incomum, mas também acontece quando, por exemplo, Moisés comissiona Josué como seu sucessor, para significar que esse é um gesto importante.) Deus permite que essa seja a maneira de as rebeliões do povo serem invisivelmente transferidas para o bode que as transportará para longe. O princípio normal é que, se você agir mal, "carrega consigo a sua transgressão". Você assume a responsabilidade pelo ato e, assim, é responsável por pagar o preço por ele. No entanto, agora, o bode "carregará todos os seus atos de desobediência (versículo 22).

Na literatura judaica posterior, Azazel é um demônio, mas temos observado que o texto de Levítico quer evitar que Israel fique preocupado com os demônios, a exemplo de outros povos, como se houvesse poderes do mal que rivalizassem com *Yahweh* em seu poder. Se Azazel é um demônio, ele tem sido desmistificado, como ocorre quando falamos sobre "gremlins" ou "forças malignas", quer acreditemos em demônios quer não. Nos escritos judaicos posteriores, Azazel refere-se ao lugar para o qual o bode era enviado, ou pode ser um termo para designar o animal como o "bode expiatório". Seja qual for o seu significado, ele representa uma garantia de que os atos rebeldes de Israel são levados a um lugar no qual não podem causar nenhum mal. Isso traça um paralelo com o retrato de Miqueias 7.19, em que nossas ofensas são lançadas nas profundezas do mar. Isso é válido não somente para os israelitas, mas também para quaisquer estrangeiros que escolham identificar-se com Israel.

LEVÍTICO 17:1—18:30
A VIDA ESTÁ NO SANGUE

¹*Yahweh* falou a Moisés: **²**"Fale a Arão e a seus filhos e a todos os israelitas. Diga-lhes: 'Esta é a palavra que *Yahweh* ordenou: **³**"Qualquer homem da casa de Israel que abater um boi, um carneiro ou um bode no campo, ou abatê-lo fora do campo **⁴**e não o trouxer à entrada da tenda do encontro para apresentá-lo como uma oferta a *Yahweh* diante da habitação de *Yahweh*, o sangue será contado para aquele homem. Ele derramou sangue. Esse homem deve ser cortado do meio de seu povo. **⁵**É assim para que os israelitas possam trazer os seus sacrifícios que estão fazendo em campo aberto a *Yahweh*, à entrada da tenda do encontro, ao sacerdote, e oferecê-los a *Yahweh* como sacrifícios de comunhão, **⁶**e o sacerdote possa lançar o sangue sobre o altar de *Yahweh* na tenda do encontro e transformem a gordura em fumaça como um aroma agradável a *Yahweh*, **⁷**e eles não possam mais oferecer seus sacrifícios a demônios-bodes, atrás dos quais estão se desviando. Esta deve ser uma regra em perpetuidade, por suas gerações."'
⁸Deve dizer-lhes: 'Qualquer homem da casa de Israel ou dos estrangeiros que residam em seu meio que oferecer uma oferta queimada ou sacrifício **⁹**e não o trouxer à entrada da tenda do encontro para oferecê-lo a *Yahweh*, esse homem deve ser cortado de sua parentela. **¹⁰**Qualquer homem da casa de Israel ou dos estrangeiros que residam em seu meio que comer qualquer sangue: eu voltarei a minha face contra a vida da pessoa que comer o sangue e a cortarei do meio de seu povo, **¹¹**porque a vida da carne está no sangue, e eu mesmo o tenho dado a

vocês sobre o altar para fazer expiação por sua vida, porque é o sangue que faz expiação por meio da vida.'"

[Os versículos 12-16 fornecem mais detalhes e regras equivalentes para a caça e animais que morrem naturalmente ou em virtude do ataque de outro animal.]

CAPÍTULO 18

¹*Yahweh* falou a Moisés: **²**"Fale aos israelitas; diga-lhes: 'Eu sou *Yahweh*, o seu Deus. **³**Vocês não devem agir de acordo com as práticas do Egito, no qual viveram, e não devem agir de acordo com as práticas de Canaã, para onde eu os estou levando. Vocês não devem viver pelas regras deles. **⁴**Vocês devem implementar as minhas decisões e guardar as minhas regras ao viver por elas. Eu sou *Yahweh*, o seu Deus. **⁵**Devem guardar as minhas regras e as minhas decisões, pelas quais a pessoa que as implementa deve viver. Eu sou *Yahweh*. **⁶**Nenhum homem pode aproximar-se de sua própria carne para revelar a nudez. Eu sou *Yahweh*.'"

[Os versículos 7-30 são mais específicos quanto às pessoas sobre as quais essas regras são válidas, acrescentam mais regras e, então, novamente, enfatizam que os israelitas não devem viver como os cananeus.]

Cerca de um mês atrás, uma mulher veio me ver para falar sobre as dificuldades de sua vida. A mãe dela havia falecido um pouco antes de nosso encontro. Ela pouco falava com o seu pai e, certamente, isso também ocorria com o seu irmão adotivo, que era casado. Ela ansiava casar-se, mas parecia fixar os olhos em pessoas com as quais isso nunca iria ocorrer, como o padre celibatário da igreja católica que frequentava. Com o passar do tempo, a base de sua raiva por seu irmão emergiu e, com isso (suspeitei), algo subjacente às demais dificuldades de relacionamento que ela tinha, bem como suas atitudes ambíguas com respeito a elas. O seu irmão adotivo havia tido relações sexuais frequentes com ela, quando ele tinha dezoito anos e ela, dezesseis. Ela o idolatrava e não foi forçada a ter relações, porém o pai dela descobriu e expulsou o rapaz de casa. Não se tratava de uma relação biologicamente incestuosa, nem ilegal (ela estava acima da idade de consenso em seu estado), mas era tóxica.

A sobreposição de dinâmicas fundamenta a preocupação com as relações sexuais em Levítico 18. "Revelar a nudez de alguém" é um termo para ter sexo com a outra pessoa, e o capítulo proíbe uma ampla gama de relacionamentos sexuais com a própria carne, isto é, dentro da família, como o relacionamento que acabei de descrever. A preocupação do texto não é pelos relacionamentos serem biologicamente incestuosos, mas porque, assim como as relações extraconjugais, a sua proibição protegeria o casamento (por exemplo, após o falecimento do marido original de uma mulher). Tais relacionamentos causam ruptura da estrutura familiar e levantam questões sobre o poder, como as ilustradas no episódio de Absalão e as esposas secundárias de seu pai, com as quais ele teve relações como uma reivindicação ao trono de Davi. Ambos, esse capítulo de Levítico e essa história, ilustram como devemos pensar na família no contexto do Antigo Testamento, de forma distinta do pensamento usual no Ocidente. A família, isto é, as pessoas que vivem juntas (não na mesma casa, mas em residências adjacentes), está mais para o que denominamos "família estendida".

Deus associa as práticas proibidas com o **Egito** e **Canaã**. Pelo que conhecemos, esses dois povos não se destacavam por sua perversão. Eles são citados porque constituem os povos opostos a Israel: o primeiro, por saírem dele, e o segundo, por estarem indo em direção a ele. O povo de Deus precisa manter a consciência de que as relações sexuais, na cultura em que vivem, provavelmente são pervertidas e, assim, eles precisam moldar a sua própria vida com base na preocupação pela família e conscientes das questões que envolvem o poder. Caso contrário, Israel terminaria em situação similar à dos demais povos. A inclusão de uma proibição sobre atos homossexuais (18:22), igualmente, marca essa regra como uma outra forma de Israel ser diferente. As culturas em derredor aceitavam relacionamentos entre pessoas do mesmo sexo, dissociando o sexo do casamento e da procriação. A **Torá** estabelece o sexo no contexto do casamento e da procriação.

Levítico 17 preocupa-se com o sangue, que está intimamente ligado à vida. Se o sangramento não parar, você morre. A vida da carne está no sangue, de modo que há algo sagrado com respeito ao sangue, porque a vida vem de Deus. Portanto, Israel deve ter cuidado quanto ao sangue. O derramamento de sangue e, portanto, matar um animal, é um procedimento questionável, pois tal comportamento expressa que a vida está sob o nosso controle. Como o título de um álbum da banda The Smiths expressa: *Meat is Murder* [Carne é assassinato], ou quase. No princípio, Deus não concedeu à humanidade autoridade para matar animais (e, portanto, de consumi-los), mas o ser humano assumiu essa autoridade. Deus contemporizou como, regularmente, faz com os atos humanos, mas procurou salvaguardar as suas consequências. Assim, Deus aqui requer que o abate ocorra no santuário, para que, de fato, se torne um sacrifício de comunhão, uma ocasião de compartilhamento entre a família e Deus. Reconhecendo que o sangue é a chave para a vida e a morte e, desse modo, um sinal de que a vida vem de Deus e a ele pertence, o ofertante devolve o sangue a Deus, bem como a gordura. Levítico acrescenta a consideração de que, em uma frente mais ampla, o sangue é a chave para a **expiação** por meio de sacrifícios, porque o derramamento de sangue denota levar o animal a desistir da vida e morrer. Há uma razão mais ampla para a reverência quanto a sangue.

Uma vez mais, as regras são válidas aos estrangeiros que fazem parte da comunidade; Israel está sempre aberto a receber pessoas de outros povos, caso elas se comprometam a viver no cumprimento das mesmas obrigações que os israelitas. Ao contrário, caso ignorem essas regras, correm o risco de serem "cortados da comunidade". Esse ato pode ser perpetrado por Deus ou pela própria comunidade. Não é preciso ser um israelita para pertencer ao povo de Deus, e ser um israelita não assegura a sua posição dentro do povo de Deus.

Outra consideração vem à tona na referência ao sacrifício a demônios-bode. Quando as pessoas trazem os seus sacrifícios ao santuário, os sacerdotes podem acompanhar o que está acontecendo. No entanto, não há meios de garantir que os israelitas espalhados por todo o território sejam capazes de ir ao santuário cada vez que pensam em abater um animal. Outras vertentes da Torá fornecem provisão para o que podemos chamar de abate secular, isto é, matar um animal em casa. Em que pese o comentário sobre essa regra ser perpétua, esse é um exemplo do modo pelo qual Deus, com frequência, fornece diferentes instruções sobre o mesmo assunto dentro da Torá, porque os contextos sociais distintos demandam compromissos distintos.

LEVÍTICO **19:1–18**
SEJA SANTO COMO EU SOU SANTO

¹*Yahweh* falou a Moisés: ²"Fale a toda a comunidade israelita e diga-lhes: 'Vocês devem ser santos porque eu, *Yahweh*, o seu Deus, sou santo. ³Todos devem reverenciar a sua mãe e o seu

pai e guardar os meus sábados. Eu sou *Yahweh*, o seu Deus. **⁴**Não se voltem aos ídolos e não façam estatuetas de deuses para si mesmos. Eu sou *Yahweh*, o seu Deus. **⁵**Quando oferecerem um sacrifício de comunhão a *Yahweh*, sacrifique-o para que possam encontrar aceitação. **⁶**Deve ser comido no dia em que vocês o sacrificarem, ou no dia seguinte, mas o que for deixado ao terceiro dia deve ser queimado no fogo. **⁷**Se for realmente comido no terceiro dia, será ofensivo. Não encontrará aceitação. **⁸**Aquele que o comer carregará a sua transgressão, porque tratou como comum algo sagrado que pertence a *Yahweh*. Essa pessoa será cortada de sua parentela.

⁹"'Quando fizerem a colheita de sua terra, não terminarão de colher o canto de seu campo ou colherão as respigas de sua colheita **¹⁰**ou vasculharão o seu vinhedo, nem recolherão o que cair de seu vinhedo. Devem deixá-los para os fracos e os estrangeiros. Eu sou *Yahweh*, o seu Deus. **¹¹**Vocês não furtarão. Não enganarão ou ludibriarão uns aos outros. **¹²**Não jurarão enganosamente por meu nome nem tratarão o nome de seu Deus como comum. Eu sou *Yahweh*. **¹³**Não defraudarão o seu próximo ou cometerão roubo. O salário de um empregado não permanecerá com vocês até de manhã. **¹⁴**Não desprezarão o surdo ou colocarão um obstáculo na frente do cego, mas reverenciem o seu Deus. Eu sou *Yahweh*. **¹⁵**Não cometerão erros ao darem julgamento: não serão parciais ao pobre ou deferentes ao grande; darão julgamento à sua parentela com fidelidade; **¹⁶**não viverão como um caluniador entre a sua parentela; não tomarão posição contra a vida do seu próximo. Eu sou *Yahweh*. **¹⁷**Não repudiarão o seu parente em seu pensamento; repreenderão firmemente a sua parentela; não carregarão responsabilidade por causa dele. **¹⁸**Não tomem reparação ou guardem coisas em relação aos membros do seu povo, mas cuide, cada um, do seu próximo tanto quanto o faz consigo mesmo. Eu sou *Yahweh*.'"

LEVÍTICO 19:1-18 • SEJA SANTO COMO EU SOU SANTO

O noticiário de hoje relata a soltura de um homem de 27 anos de idade, após dezoito meses em um centro de detenção do Iraque. Ele recebeu uma carta confirmando a conclusão de seu caso e a decisão das autoridades de ocupação por sua libertação. Ele está entre os noventa mil detentos que foram libertos. Um deles, alegando inocência, relatou como foi jogado na prisão e perdeu o emprego, levando sua família a passar por privações e fome, e como, ao sair livre, as pessoas lhe negaram emprego. Seus amigos temem a associação com ele, caso seja mesmo culpado ou que os poderes constituídos assim determinem. Receiam ainda que ele seja um agente a serviço do Ocidente, ou que, agora, tenha se alistado para trabalhar em uma milícia. Por todas essas possibilidades, as pessoas evitam qualquer contato com ele para não serem consideradas associadas a ele. Ao procurar restaurar a ordem no Iraque, as forças norte-americanas tiveram que adotar algumas medidas no sentido de confinar pessoas que poderiam estar contribuindo para a desordem. Mas que tipo de prioridades deveriam ter na tentativa de salvaguardar pessoas inocentes até que suas culpas fossem provadas?

Os capítulos de Levítico 19—22 compreendem uma ampla variedade de imperativos, embora a expressão "vocês não" os faça parecer mais como uma descrição ou definição do significado de ser um israelita, como no caso dos Dez "Mandamentos". No entanto, eles são, de fato, imperativos vigorosos, como quando um pai adverte ao seu filho: "Não faça isso!" Em geral, parecem ser um tipo de sequência aleatória, embora possa haver alguma lógica nesse sequenciamento, vindo à tona uma visão em prol da comunidade. Um aspecto é relativo à justiça. A maioria dos israelitas, ao longo do período do Antigo Testamento, vivia em vilarejos que podiam, regularmente, abrigar cerca de cem pessoas, pertencentes a três parentelas distintas ou (muitas) famílias extensas. Os "fracos" e "estrangeiros", bem como o "empregado", então, são pessoas que, de algum modo, estabeleceram residência na pequena vila, vindos de algum lugar fora dali. Assim, eles não são membros das famílias locais. As pessoas do vilarejo, em geral, não são empregadas de ninguém, mas trabalham na propriedade da família. Os forasteiros podem ser empregados por uma família e, caso não sejam, dependem da generosidade dos locais para sobreviver. De uma forma ou de outra, a família estendida constitui a rede de segurança para aquela pequena sociedade.

A justiça está nas mãos dos membros mais idosos da comunidade, que se encontram na praça da vila para discutir conflitos e problemas. A **Torá** tem consciência da tentação sofrida pela corte comunitária de ignorar os direitos e necessidades dos impotentes e dos estrangeiros, trabalhando em favor dos que têm mais recursos e poder, pessoas como os próprios membros da corte. Aqui, o texto também adverte contra levar esse tipo de exortação longe demais e julgar em favor dos pobres quando o direito não está do lado deles. Não deve haver qualquer favoritismo tanto a pessoas pobres quanto a pessoas importantes.

A responsabilidade de solucionar conflitos repousa sobre toda a comunidade, não apenas nos ombros dos membros mais velhos. Ela principia-se com o indivíduo: evitando ações que causarão conflito, como furtar uma ovelha pertencente ao vizinho, trapacear quando está negociando produtos com outra família, jurar inocência quando fez algo errado, aproveitar-se dos deficientes, ou, ainda, mentir na reunião dos anciãos sobre algum caso que eles estão tentando resolver, com o objetivo de obter algum lucro pessoal daquela decisão (de modo que coloque em risco a vida de outra pessoa). Se tudo isso ocorrer, ainda assim a sua atitude deve ser correta.

Você não deve repudiar alguém em pensamento; então, você não repudiará a pessoa em seus atos.

Caso você seja a vítima, não o perpetrador, quando algo errado ou injusto acontece, ou se descobrir que alguém cometeu um erro, o seu trabalho é falar diretamente com a pessoa, confrontando-a, em vez de ocultar a culpa e tornar-se cúmplice. Se for a vítima, a sua obrigação é não guardar a ofensa, esperando uma oportunidade de fazer justiça com as próprias mãos; eis o motivo de a reunião dos anciãos existir. Deve-se cuidar do próximo mesmo quando ele agir errado.

Tradicionalmente, as traduções bíblicas apresentam os termos "ódio" e "amor" nos versículos 17 e 18, mas a Torá faz referência a algo que envolve ação, bem como sentimento; eis por que traduzi por "repudiar" e "cuidar de". A Torá não dá margem para "odiar o seu inimigo"; você é ordenado a amar e cuidar dele. A exortação de Jesus sobre amar o seu inimigo traz à tona a própria implicação da Torá. Ela também deixa claro (como Jesus faz) que amar ou cuidar demanda, às vezes, confrontação.

Levítico oferece duas considerações para motivá-lo em seus relacionamentos, em especial quando há um conflito. A primeira reside na forma de descrever outras pessoas na comunidade. Elas são o nosso próximo, membros companheiros da comunidade; a comunidade colapsará se as pessoas não estiverem dispostas a uma boa comunicação entre si. Igualmente, constituem a nossa parentela, membros do mesmo clã e do mesmo povo, os seus irmãos e as suas irmãs. O instinto, em geral, nos diz para sermos mais comprometidos e tolerantes com membros da família, e a Torá nos convida a usar esse modelo em nossos relacionamentos comunitários.

A segunda consideração reside em Deus. A passagem começa com a expectativa de que você será santo porque Deus é santo. A santidade de Deus, em si, reside em sua divindade, singularidade e magnificência; assim, Israel deve ser singular em relação a outros povos de maneiras que possam parecer aleatórias. A singularidade de *Yahweh* também repousa em qualidades como integridade e amor, sendo esperado que Israel as espelhe. Lembretes como "Eu sou *Yahweh*" também são frequentes nessa seção do livro de Levítico. A lógica é a mesma presente nos Dez Mandamentos: "Eu sou Deus e sou o seu Deus e reivindico o direito de lhe dizer o que fazer; assim, apenas faça isso, mesmo quando não gostar." Essa será a maneira de "reverenciarem" o seu Deus. Uma vez mais, as traduções, com frequência, referem-se a "temer" a Deus, porém esse termo transmite uma impressão equivocada. A reverência a Deus se expressa em nossa consideração pelos mais fracos.

LEVÍTICO 19:19—20:27
MELHORANDO A CRIAÇÃO

¹⁹"'Vocês devem guardar as minhas regras. Não acasalarão dois tipos de gado; não semearão o seu campo com dois tipos [de sementes]; não vestirão roupa entretecida com dois tipos [de fios]. ²⁰Quando um homem dormir e ter sexo com uma mulher e ela for uma serva designada a alguém, não tendo sido realmente redimida ou recebido a sua liberdade, deve haver um inquérito. Eles não serão condenados à morte, porque ela não foi libertada, ²¹mas ele deve trazer a sua oferta de reparação a *Yahweh* à entrada da tenda do encontro, um carneiro como uma oferta de reparação, ²²e o sacerdote deve fazer expiação por ele com o carneiro da oferta de reparação diante de *Yahweh* pela ofensa que ele cometeu. ²³Quando vierem à terra e plantarem qualquer tipo de árvore comestível, devem tratar o seu fruto como incircunciso. Por três anos deve ser incircunciso a vocês, para não serem comidos. ²⁴No quarto ano, todo o seu fruto será santo como uma expressão de grande

louvor a *Yahweh*. ²⁵No quinto ano, vocês podem comer o seu fruto — para aumentar a colheita para vocês. Eu sou *Yahweh*, o seu Deus. ²⁶Vocês não comerão nada com o sangue. Não praticarão adivinhação, nem augúrio. ²⁷Não apararão o lado de sua cabeça ou cortarão o lado de sua barba. ²⁸Vocês não farão um corte em sua carne por alguém ou a marca de um corte em vocês mesmos. Eu sou *Yahweh*. ²⁹Não degradem a sua filha, fazendo-a agir imoralmente, para que a terra não se torne imoral e cheia de perversidade. ³⁰Guardarão os meus sábados e reverenciarão o meu santuário. Eu sou *Yahweh*.'"

[Levítico 20 expõe regras adicionais sobre os mesmos assuntos abordados no capítulo 19.]

Quando um casal está para sair e a esposa pergunta ao marido se ela está bonita, a resposta apropriada é: "Você está encantadora!" (não: "Acho que o sapato não está combinando com o vestido!"). E se ela, então, disser: "Acha mesmo isso?", a resposta deve ser: "Minha querida, você realmente está deslumbrante." É improvável que sugestões de melhoria sejam bem-vindas. Algo equivalente em relação a Deus pode ser implicado pela proibição clara nesses versículos. Por dez dólares, o Serviço de Inspeção Shaatnez, de Seattle, verificará o seu terno para garantir que não haja uma mistura de linho e lã no tecido; e, por dez dólares adicionais, o serviço removerá a *shaatnez* — este é o termo hebraico traduzido por "entretecida" no versículo 19. Na realidade, ninguém sabe exatamente o que a palavra significa, mas as implicações são claras. O serviço de Seattle observa que a **Torá** não explica a razão dessa proibição e comenta que os judeus de qualquer forma obedecerão a ela (se Deus assim diz, é razão suficiente), mas especula que o problema com as misturas proibidas é acharmos que podemos melhorar a criação. Isso soa como um insulto a Deus, que, ao terminar a obra da Criação, olhou e considerou tudo muito bom.

Além disso, Deus fez tudo funcionar de acordo com sua "espécie", podemos assim dizer. Essa palavra é recorrente em Gênesis 1 e Levítico 11. Ao plantar uma macieira, você não espera colher cenouras no ano seguinte. Há uma consistência e ordem com respeito ao mundo criado por Deus. Trabalhe com esse fato, diz Levítico. O texto, pelo menos, nos faz questionar as situações em que melhoramos a criação. Lembre-se de que fiz você para ser diferente de outros povos, o texto também expressa. Seja cauteloso quanto ao modo de misturar-se com outros povos. Não perca a sua identidade.

A regra sobre as árvores frutíferas está relacionada. O fruto de uma árvore com três anos de vida deve ser tratado como um prepúcio incircunciso; não seria considerado próprio e, provavelmente, seria cortado. No quarto ano de vida, a árvore começa a amadurecer, viabilizando o seu consumo, mas é, agora, como as primícias de uma colheita e, assim, deve ser entregue a Deus como uma oferta de louvor. O consumo do fruto deve ocorrer apenas a partir do quinto ano, quando, então, você terá uma árvore frutífera pronta. A regra abrange um manejo sensível e um reconhecimento tangível de Deus como a chave para um cultivo bem-sucedido.

Outros temas percorrem essa miscelânea de regras, que dizem respeito a temas já abordados em Levítico. Em outras palavras, os capítulos de Levítico 1—16, às vezes, lidam, de forma mais sistemática, com temas que são tratados mais ocasionalmente em Levítico 19 e 20, quando essa passagem coleta material objetivando ilustrar como a santidade é.

A regra sobre uma ofensa sexual particular relaciona-se às nossas leis sobre sexo com alguém menor de idade. Os tipos de circunstâncias nas quais a regra deve ser aplicada são aquelas igualmente propostas em Êxodo 21. Suponha que uma família entre em dificuldades econômicas e não consiga mais sustentar-se. O pai, buscando salvaguardar os filhos, permite que eles trabalhem como servos de outra família. No caso de uma filha, a suposição será de que ela, no devido tempo, desposará o cabeça da outra família ou um de seus filhos, a não ser que a família em dificuldades consiga se recuperar economicamente, e o pai da garota seja capaz de redimi-la, libertando a filha da servidão. Imagine que, enquanto isso não ocorre, outro homem venha a ter relações sexuais com ela. Isso poderia deflagrar um grave conflito entre o pai dela, o seu senhor e o sedutor, podendo chegar até a um linchamento. Além do mais, estaria ela sendo tratada como cúmplice? A regra previne o conflito e protege a garota, considerando-a como menor de idade. Isso pressupõe que a ação do sedutor não é meramente uma transgressão contra a garota, o seu pai, o seu senhor e a comunidade do vilarejo como um todo, mas um ato contra Deus, de modo que ele deve fazer reparação a Deus por sua ação. O capítulo 20, então, deixa claro que o adultério é muito mais sério do que esse tipo de relacionamento fora do contexto do casamento, assim como várias outras uniões ilícitas. Afirmar que a pena por esse delito é a execução é uma forma de indicar a gravidade desse ato.

A outra regra sobre uma garota pressupõe que a situação da família se deteriora em vez de melhorar. Agora, em geral, as mulheres se envolvem no comércio do sexo porque estão desesperadas economicamente. Suponha que um pai de família esteja desesperado, mas que o alimento de sua família possa ser garantido, caso ele permita que a sua filha se envolva nessa atividade sexual. Não, diz a Torá, pois permitir que a filha sirva com o comprometimento de casar com o seu senhor ou um de seus filhos é uma coisa, mas essa outra possibilidade é ultrapassar um limite. Repetindo, não se trata de uma questão quanto aos direitos da garota, mas quanto ao relacionamento de todo o povo com Deus. A impureza por parte das pessoas traz **tabu** ao santuário. A imoralidade sexual por parte do povo faz a própria terra exalar imoralidade. Em outras passagens, o livro de Levítico indica que foi esse tipo de transgressão que levou à expulsão dos **cananeus** daquele território.

Presumidamente, as situações abordadas por essas regras não ocorriam com frequência, embora outros tipos de questões sobre sexo suscitassem e causassem escândalo. A presença delas na Torá pressupõe uma abordagem legal para solucionar conflitos no vilarejo. Elas propiciam a toda a comunidade, em geral, e aos anciãos, em particular, exemplos de como Deus demanda que determinadas situações sejam tratadas, guiando o pensamento das pessoas e auxiliando na tratativa de situações diferentes, porém relacionadas.

Muitas das outras regras pressupõem formas adicionais nas quais os israelitas não devem seguir os instintos naturais que os demais povos, como os cananeus, adotam. Adivinhação e augúrio ou presságios são equivalentes à astrologia no Ocidente, técnicas para descobrir o que o futuro nos reserva, que ameaças pode trazer e como elas podem ser evitadas. Israel deve buscar diretamente a Deus sobre tais questões e não pensar que pode lidar com elas mediante essas técnicas proibidas. Outras passagens explicitam que aparar o cabelo e cortar-se são "para os mortos". Constituem práticas pagãs ligadas à permanência em contato com familiares já falecidos, no intuito de obter conselho e auxílio, e/ou buscar a ajuda de deidades que estão em controle do mundo dos mortos. Tais regras, provavelmente, não impliquem uma proibição sobre tatuagens meramente decorativas, embora possam indicar que devemos questionar sobre as implicações dessas várias práticas em nossa cultura e se nos é adequado segui-las. A regra sobre o sacrifício a Moloque, no capítulo 20, possui uma importância relativa, uma vez que Moloque era o deus que os cananeus acreditavam estar a cargo do reino dos mortos; eis a razão da proibição também, nesse capítulo, a médiuns e consultores de espíritos.

LEVÍTICO **21:1—22:33**
ALGUMAS RESPONSABILIDADES DOS SACERDOTES

[Levítico 21:1—22:16 cobre obrigações sacerdotais. Os sacerdotes devem ser mais contidos do que os leigos no cuidado a familiares falecidos, no corte de seus cabelos ou de sua barba ou em automutilações que poderiam sugerir observâncias pagãs, com quem devem se casar e no cuidado quanto ao comportamento de seus descendentes. O sacerdote sênior deve ser ainda mais contido. Os membros do clã sacerdotal que tenham deficiências físicas podem partilhar dos sacrifícios que são o alimento dos sacerdotes, mas não devem tomar parte das atividades-chave sacerdotais. Todos os membros devem ter o cuidado de estarem puros ao se alimentarem dos sacrifícios. Os leigos não podem comer dos sacrifícios, exceto se pertencerem a uma família de sacerdotes.]

17 *Yahweh* falou a Moisés: **18**"Fale a Arão e a seus filhos e a todos os israelitas. Diga-lhes: 'Qualquer homem da casa de Israel ou dos estrangeiros em Israel que apresentar a sua oferta em conexão com qualquer um de seus votos ou ofertas voluntárias, que ofereça a *Yahweh* como oferta queimada, **19**para que possa encontrar aceitação: [deve ser] um macho do gado ou carneiro ou bode que esteja inteiro. **20**Não apresentem qualquer que for defeituoso, porque não haverá aceitação para vocês. **21**Quando alguém apresentar um sacrifício de comunhão, da manada ou do rebanho, será inteiro, a fim de encontrar aceitação, sem defeito nele. **22**Cegos, feridos ou mutilados, ou com ulceração, sarna ou furúnculo: não devem apresentar estes a *Yahweh* ou colocar qualquer um destes sobre o altar como um presente para *Yahweh*. ²³Podem tomar como uma oferta voluntária um boi ou carneiro com um membro estendido ou encurtado, mas para um voto não será aceitável. ²⁴Não apresentarão a *Yahweh* algo com testículos machucados, esmagados, arrancados ou cortados. Vocês não farão isso em sua terra ²⁵ou apresentarão como alimento de seu Deus qualquer destes [obtidos] da mão de um estrangeiro. Há uma deformidade neles, um defeito neles. Eles não serão aceitáveis para vocês.'"

²⁶ *Yahweh* falou a Moisés: ²⁷"Quando um bezerro ou carneiro ou cabrito nascer, deve ficar com a sua mãe por sete dias. A partir do oitavo dia, ele será aceitável como uma oferta, um presente a *Yahweh*. ²⁸Não matarão uma vaca ou uma ovelha com a sua descendência no mesmo dia. ²⁹Quando fizerem um sacrifício de ação de graças a *Yahweh*, ofereçam-no de maneira que encontrem aceitação. ³⁰Deve ser comido no mesmo dia. Não deixarão nada dele até pela manhã. Eu sou *Yahweh*.

³¹"Vocês devem guardar os meus mandamentos e fazê-los. Eu sou *Yahweh*. ³²Não tratarão o meu santo nome como comum, para que eu possa permanecer santo no meio dos israelitas. Eu sou *Yahweh*, que os fez santos, ³³aquele que os tirou do Egito para ser o seu Deus. Eu sou *Yahweh*."

Ao dar presentes às pessoas, é possível entrar em vários apuros, alguns até merecidos. É possível investir tempo e dinheiro procurando algo que espera ser perfeito para alguém, apenas para descobrir que não era: "Você acha que eu sou desse tamanho? Acha que eu gosto desse tipo de coisa?" (Eu já fiz isso). Pode comprar o vídeo da banda que você aprecia, o livro que quer ler, o processador de alimentos que deseja em sua cozinha ou que você mesmo quer experimentar (já fiz isso). Pode gastar pouco, valendo-se de um cupom de desconto que cuidadosamente guardou (também já fiz isso) ou comprar do brechó (idem!). Ainda, pode colher um buquê de flores de um jardim vizinho e dar à pessoa amada; isso lhe traria problemas se fosse flagrado apanhando as flores (deixemos para lá o que o dono do jardim possa pensar). Contudo, poderia colher flores silvestres, que também não lhe custariam nada e evitariam problemas (fiz isso também). Para dar, é preciso ser um pouco menos egoísta e deveria ser o melhor que você pode fazer.

Quando se trata de ofertar a Deus, considerações paralelas são válidas. Não se pode cumprir uma promessa a Deus utilizando um animal doente ou manco que é menos útil a você que um animal sadio e íntegro. Como Malaquias expressou, tente oferecê-los ao governo quando estiver pagando os seus impostos — acha que aceitariam? No mínimo, fazer isso a Deus é um insulto. A comparação também nos ajuda a ver o pano de fundo das expectativas maiores sobre os sacerdotes, detalhadas no capítulo 21. A posição especial das pessoas que possuem responsabilidades diante do rei ou do governador coloca sobre elas obrigações especiais. A posição de privilégio envolve abrir mão de algumas liberdades desfrutadas por pessoas comuns. E, como os servos de um rei ou governador, os sacrificadores necessitam ser tão sadios e íntegros quanto os sacrificados.

Os sacrifícios, afinal, são "o alimento de seu Deus". Todo israelita sabia que Deus não precisava se alimentar de fato, embora, com certeza, eles ignorassem isso e assimilassem o Deus deles como sendo similar aos deuses de outros povos, cujos comportamentos eram mais humanos, de modo que a expressão da **Torá** é corajosa. No entanto, quando você oferece um sacrifício, especialmente uma oferta de comunhão, em que as pessoas se reúnem para uma refeição na presença de Deus, dando parte do animal a Deus, é *como se* Deus estivesse ali comendo com eles. Isso enfatiza o insulto. Ao convidar o chefe para jantar em sua casa, certamente você lhe dará o melhor.

Tipicamente, então, as regras apresentam alguma flexibilidade inerente. Suponha não ter qualquer obrigação de fazer uma oferta (não é um dízimo ou cumprimento de uma promessa), mas você está apenas fazendo uma oferta voluntária. Nesse caso, então, tudo bem haver algo levemente estranho com a oferta. Quando as pessoas se reúnem para consumir o sacrifício, esse tipo de imperfeição não irá arruinar a ocasião, nem Deus é obsessivo quanto à perfeição. Analogamente, os sacerdotes que não podem participar na oferta de sacrifícios ainda podem compartilhar dos sacrifícios.

Como de costume, as mesmas regras são aplicadas aos estrangeiros — não aos que estão em Israel temporariamente, talvez comerciantes, porém pessoas não israelitas que adotaram a comunidade como sua residência permanente. Esses estrangeiros são considerados membros dela, com os mesmos privilégios e obrigações, podendo fazer ofertas a Deus, mas devem fazê-lo seguindo as mesmas instruções que os israelitas nativos. (O "estrangeiro", de cuja mão uma oferta pode vir, será alguém de quem um israelita, ou mesmo outro estrangeiro, comprou o animal defeituoso por um preço menor.)

As regras no tocante aos animais e a sua descendência atraem as expectativas divinas em uma direção diferente. A Torá repete três vezes uma regra proibindo cozinhar um cabrito no leite de sua mãe, de maneira que era algo evidentemente importante, porém a Torá não fornece nenhuma razão para essa proibição. No entanto, considerando à luz de Levítico 22, uma de suas funções é nos encorajar a abrir mão de práticas desumanas no modo de tratar os animais, mesmo com o propósito de alimento, como matar uma cria e a sua mãe no mesmo dia.

LEVÍTICO 23:1—24:9
COMO CELEBRAR

[Nesta tradução, as reticências indicam quando o capítulo entra em detalhes sobre a observância dos vários eventos.]

¹*Yahweh* falou a Moisés: **²**"Fale aos israelitas e diga-lhes: 'Estes são os tempos definidos de *Yahweh*, que vocês devem proclamar como ocasiões sagradas, meus tempos definidos. **³**Por seis dias o trabalho deve ser feito. No sétimo dia, há uma parada total, uma ocasião sagrada. Vocês não farão nenhum trabalho. É um sábado para *Yahweh* em todas as suas habitações.

⁴"'Estes são os tempos definidos de *Yahweh*, as ocasiões sagradas, que vocês devem proclamar no tempo definido delas. **⁵**No primeiro mês, no décimo quarto dia do mês, ao crepúsculo, é a Páscoa de *Yahweh*, **⁶**e no décimo quinto dia desse mês, a festa dos pães asmos para *Yahweh*. Por sete dias, vocês devem comer pão asmo. **⁷**No primeiro dia, deve ser uma ocasião sagrada para vocês. Não farão nenhum trabalho servil. **⁸**Devem apresentar presentes a *Yahweh* por sete dias. No sétimo dia, uma ocasião sagrada, vocês não farão nenhum trabalho servil.'"

⁹*Yahweh* falou a Moisés: **¹⁰**"Fale aos israelitas e diga-lhes: 'Quando vierem à terra que estou lhes dando e colherem a sua colheita, devem trazer o primeiro feixe de sua colheita ao sacerdote. **¹¹**Ele deve elevar o feixe diante de Deus... **¹⁵**Vocês devem contar sete sábados a partir do dia após o sábado, a partir do dia em que trouxeram o feixe da elevação. Eles devem ser completos; **¹⁶**devem contá-los até o dia após o sétimo sábado, cinquenta dias, e apresentarem uma oferta de cereal novo a *Yahweh*. **¹⁷**De suas habitações, devem trazer dois pães de elevação... **²⁴ᵇ**No sétimo mês, no primeiro dia do mês, deve haver um descanso para vocês, uma comemoração com soar de chifres, uma ocasião sagrada. **²⁵**Não devem fazer nenhum trabalho servil. Devem apresentar um presente a *Yahweh*.'"

²⁶*Yahweh* falou a Moisés: **²⁷**"Mas o décimo dia deste sétimo mês é o dia da expiação completa... **³⁴ᵇ**No décimo quinto dia desse sétimo mês, é a Festa das Cabanas para *Yahweh* por sete dias... **⁴²**Vocês devem viver em cabanas por sete dias. Cada cidadão em Israel deve viver em cabanas, **⁴³**para que as suas gerações possam reconhecer que eu fiz os israelitas viverem em cabanas quando os tirei do Egito. Eu sou *Yahweh*, o seu Deus." **⁴⁴**Moisés proclamou os tempos definidos de *Yahweh* a todos os israelitas.

[Levítico 24:1-9 fornece instruções adicionais sobre a provisão para o óleo das lâmpadas do santuário e os pães da Presença para a mesa do santuário, prescritos em Êxodo 25.]

Em minha adolescência, quando as condições financeiras permitiram, os meus pais me enviaram duas ou três vezes a "acampamentos", como esses eventos são denominados nos Estados Unidos (fico feliz em dizer que não dormia em tendas, mas em dormitórios escolares). Foi durante um desses acampamentos que senti o chamado de Deus para ser pastor. Cerca de quatro anos mais tarde, já como estudante universitário, participei de outro acampamento para jovens cristãos vindos de toda a Grã-Bretanha, e foi lá que conheci a minha esposa. Quatro anos depois, quando era um jovem pastor assistente, um dos destaques de nosso programa de adolescentes era um acampamento de uma semana, durante o feriado da Páscoa, que sempre foi uma experiência transformadora para muitos. Após quatro anos, passei a levar os meus próprios filhos a uma celebração cristã anual, um fim de semana repleto de música, teatro, louvor e ensino (que infelizmente envolvia tendas). Hoje em dia, o meu filho leva a sua própria família a uma semana anual de ensino e celebração (que também envolve tendas; na verdade, ele acabou de voltar de um desses eventos e me disse que nunca viu chover tanto). Tais ocasiões podem constituir grandes celebrações que auxiliam pessoas a avançar em sua compreensão da fé, bem como oportunidades que Deus usa para entrar na vida delas de novas maneiras (quem sabe até mesmo apresentando-lhes o amor de sua vida).

Levítico 23 desenvolve o esboço do ciclo anual desses eventos na vida de Israel, já apresentado em Êxodo 23. Além de eventos domésticos como os que descrevi, a igreja cristã desenvolveu um ciclo anual de observâncias e celebrações, um calendário equivalente ao de Israel, abrangendo o Advento, o Natal, a Epifania, a Quarta-feira de Cinzas, a Quaresma, a Semana Santa, a Páscoa e o Pentecoste. Ambos os calendários possibilitam instilar uma consciência profunda nas pessoas quanto aos elementos fundamentais da fé que professam.

O calendário de Israel começa com o sábado que, de algumas formas, equivale ao domingo cristão, embora a sua ênfase resida na parada do trabalho, no descanso, em vez de na adoração. Em Israel, as ocasiões anuais, em sua maioria, são chamadas "festivais", uma palavra que implica ir em peregrinação ao santuário. Quando o termo apareceu na **Torá** pela primeira vez, referia-se à saída dos israelitas do Egito para o encontro com Deus no Sinai. Esses são os "dias santos" anuais de Israel. Como no caso de nossos feriados, a sua observância envolveria considerável estresse. As pessoas tinham que fazer os preparativos para a jornada, conseguir outras pessoas para cuidar das coisas em seus lares, pensar no cuidado dos filhos, arrumar um lugar para se hospedarem, assegurar a alimentação, e assim por diante. Contudo, uma vez tendo organizado tudo isso, as pessoas podiam relaxar e descontrair na presença de Deus, bem como ter a sua fé aprofundada e a sua compreensão elevada. Assim, os festivais mesclavam as funções do calendário eclesiástico com aqueles eventos domésticos mais ocasionais. Não era permitido fazer nenhum "trabalho servil", o que, talvez, denotasse o trabalho pesado do tipo que se podia evitar. A proibição poderia não excluir preparar o jantar, já que no sábado esperava-se uma parada total por um dia.

O ano começa com a Páscoa na primavera, a celebração da passagem dos israelitas de servos do faraó para servos de Deus. O evento era associado ao festival dos pães asmos ou sem fermento, o que lembrava o povo de um dos aspectos da história do Êxodo. Há, igualmente, uma associação à chegada do povo em **Canaã**. A colheita da cevada começa então, e nessa ocasião eles devem também elevar o primeiro feixe de cevada a Deus como uma "oferta elevada". Trata-se de uma declaração de fé pela qual a pessoa entrega a Deus o primeiro feixe e agradece pela colheita antes de saber o resultado dela, mesmo se as perspectivas forem pobres. Portanto, essa celebração reúne os grandes atos históricos que levaram à libertação do povo e a entrada na terra com os contínuos atos divinos pelos quais o povo foi capaz de cultivar o alimento necessário à sobrevivência anual.

Sete semanas mais tarde, no começo do verão, vem o Pentecoste, o tempo em que a colheita de grãos deveria estar concluída e quando há, portanto, motivo para outra celebração. Levítico acrescenta o lembrete de que as pessoas não devem ser muito cuidadosas quanto à sua colheita, mas deixarem os cantos de suas terras intocáveis, sem colheita, bem como resistirem à tentação de retornar ao campo para recolher os grãos caídos ao chão. Em vez disso, devem deixar algo para que pessoas sem terra possam também colher algo. O calendário reúne adoração e preocupação com os necessitados, bem como os grandiosos e definitivos atos de Deus e a sua provisão regular anual.

No início do outono, vêm o que os judeus chamam de "High Holidays" [Grandes Feriados], que atualmente começam com o ano-novo, que não é mencionado na Torá, embora o sétimo mês seja especialmente enfatizado, talvez em razão das importantes observâncias ocorridas nesse mês. No décimo dia, celebra-se o Yom Kippur, o dia da completa expiação (veja Levítico 16), que não é uma ocasião de peregrinação, com as pessoas permanecendo em suas casas, enquanto a observância ocorre no santuário. No décimo quinto dia, celebra-se o Sucot, o festival que envolve viver em "cabanas" improvisadas. Esse festival assinala a conclusão da colheita dos frutos. As cabanas são um recurso prático, possibilitando a permanência nos campos, durante o período da colheita, mas também comemoram o fato de que os israelitas tiveram de viver nessas cabanas após saírem do Egito. Esse festival reúne, de modo mais explícito, uma celebração daquele ato divino no passado que ainda permanece importante para eles no presente, com a contínua provisão de Deus a cada ano.

LEVÍTICO **24:10–23**
OLHO POR OLHO

¹⁰Alguém com uma mãe israelita e um pai egípcio saiu e foi para o meio dos israelitas, e o homem com a mãe israelita entrou em luta no campo com um israelita. **¹¹**O homem com a mãe israelita amaldiçoou o nome e o desprezou. Assim, eles o levaram a Moisés (o nome de sua mãe era Selomite, filha de Dibri, do clã de Dã) **¹²**e o mantiveram em custódia para que as coisas fossem esclarecidas pela boca de *Yahweh*. **¹³***Yahweh* falou a Moisés: **¹⁴**"Leve o blasfemador para fora do acampamento. Todas as pessoas que ouviram devem colocar as suas mãos sobre a cabeça dele, e toda a comunidade deve apedrejá-lo. **¹⁵**Você deve falar aos israelitas como segue: 'Qualquer um que menosprezar o seu Deus carregará a sua ofensa. **¹⁶**A pessoa que amaldiçoar o nome de *Yahweh* definitivamente deve ser condenada à morte. Toda a comunidade deve apedrejá-lo. Estrangeiro e cidadão,

LEVÍTICO 24:10-23 • OLHO POR OLHO

igualmente, ao amaldiçoarem o nome, devem ser condenados à morte. **¹⁷**Qualquer um que ferir e matar um ser humano deve, definitivamente, ser condenado à morte. **¹⁸**Alguém que ferir e matar um animal deve fazer restituição, vida por vida. **¹⁹**Alguém que causar um ferimento ao seu próximo: como ele fez, assim deve ser feito a ele, **²⁰**fratura por fratura, olho por olho, dente por dente. Como ele causar um ferimento à pessoa, assim deve ser feito a ele. **²¹**Alguém que abater um animal deve fazer restituição por ele, mas quem matar um ser humano deve ser condenado à morte. **²²**Deve haver uma decisão para vocês; deve ser para estrangeiro e cidadão, igualmente, porque eu sou *Yahweh*.'" **²³**Moisés falou aos israelitas, e eles levaram o blasfemador para fora do acampamento e o atingiram com pedras. Os israelitas fizeram como *Yahweh* ordenou a Moisés.

Há dois ou três anos, certa noite, o arcebispo de Los Angeles foi atacado próximo à catedral, ao sair para colocar uma carta no correio. O agressor simplesmente aproximou-se dele e passou a socá-lo, empurrando-o ao chão e atingindo-o com vários chutes. Ele ficou muito machucado, porém não gravemente ferido. Ele não denunciou a agressão à polícia, mas relatou o incidente a alguns de seus clérigos, algumas semanas mais tarde, o que acabou levando o ocorrido às manchetes dos periódicos. Decerto, caso o arcebispo tivesse denunciado a ocorrência à polícia e o agressor fosse capturado, ele seria julgado, condenado e punido pela agressão.

Ambos são apropriados, isto é, que a pessoa agredida resista à tentação de obter vingança e que a comunidade se preocupe em fazer o agressor "pagar por seu ato". Como Jesus expressou, o princípio do olho por olho não é algo que temos o direito de reclamar quando somos agredidos por alguém (Mateus 5:39). O ponto daquele princípio é fornecer à comunidade alguma orientação ao lidar com as consequências do delito. Como Jesus também expressa, o julgamento que aplicarmos será igualmente aplicado a nós (Mateus 7:2). Lameque, o primeiro grande vingador, vangloriou-se de matar alguém que o ferira (Gênesis 4). O princípio do olho por olho, de reparação proporcional administrada pela comunidade, não de vingança pessoal sem limites, tem sido importante na manutenção de sociedades ao longo dos milênios.

Um desafio apresentado ao Ocidente moderno é que tratamos os delitos como uma ofensa contra o Estado, punindo esses delitos de acordo com multas pagas ao Estado ou pelo encarceramento. O princípio da **Torá** é que um malfeitor deve "pagar por seu ato" à pessoa prejudicada. Assim, se eu mato o animal do outro, estou obrigado a dar um outro animal a ele como compensação. Caso eu tire uma vida, de alguma forma tenho que compensar isso. "Fratura por fratura, olho por olho e dente por dente" é uma citação tradicional e poética; a Torá dificilmente quer expressar que a comunidade deveria literalmente quebrar a perna de alguém como compensação por essa pessoa ter fraturado a perna de outra pessoa. Presume-se que as pessoas poderiam ver que essa atitude não levaria a nada, exceto dar à pessoa ofendida uma satisfação como a de Lameque, na qual não há bem algum. Quando o texto discorre sobre fazer algo ao ofensor equivalente ao que ele fez, isso implica levar o ofensor a restituir de uma forma equivalente à pessoa ofendida. Caso o indivíduo tenha quebrado a perna de alguém, então, até que o ofendido se recupere da fratura, o ofensor deve ser "a perna" do ofendido, ajudando-o (a) em sua locomoção, no cultivo da terra ou na colheita de suas plantações. Se tirou a vida de alguém, isso custaria ao assassino toda a sua vida. Ele poderia ser executado ou (como outros elementos da Torá implicam) a sua família poderia estabelecer um acordo de modo que o assassino ou algum familiar desse o equivalente a uma vida de serviço à família da pessoa assassinada. A regra poderia também garantir que pessoas ricas não pudessem escapar impunes, porque sempre é possível oferecer uma compensação financeira pelos delitos. Um dos resultados da obrigação de restituição é a reabilitação do ofensor como ser humano, enquanto a pessoa que foi ferida é capacitada a lidar com as consequências da ofensa. O outro resultado é que as famílias afetadas também têm a oportunidade de estabelecer a reconciliação dentro da comunidade.

Não está claro o motivo dessa declaração sobre a restituição e a restauração adequadas estar presente no meio da história do homem que amaldiçoa Deus. Talvez porque tenha começado com uma briga, resultando em alguém ferido. A história deixa claro que matar outra pessoa não é o único delito que pode custar a vida do ofensor. Quando a Torá, primeiramente, discute o assassinato em Gênesis 9, o que o texto expressa como terrível é que o ataque a outro ser humano significa atacar o próprio Deus, à imagem de quem o ser humano foi criado. Para nós, atacar fisicamente outro ser humano pode parecer muito pior do que o ataque verbal a Deus. Para a Torá, amaldiçoar Deus é uma ofensa terrível e perigosa. Suponha que Deus aproveitasse a deixa e fosse embora. Assim, amaldiçoar Deus poderia colocar em perigo a comunidade mais do que o assassinato de um de seus membros. Provavelmente, a história considera que a pena de morte por amaldiçoar Deus poderia ser pressuposta; a consulta a Deus refere-se a saber se isso deve ser aplicado a alguém que não é um israelita pleno e/ou quanto ao método da execução. A forma de execução envolve toda a comunidade, que, por meio dela, dissocia-se da maldição.

Presume-se que seja significativo o fato de o homem que amaldiçoa Deus ser meio-israelita e meio-**egípcio**. O Antigo

Testamento não é contra os casamentos mistos (Jessé, o pai de Davi, era filho de um israelita com uma mulher moabita). O perigo nessas uniões é que o casal pode não ter certeza a qual comunidade e a que Deus eles pertencem e, assim, precisam definir isso com muita clareza.

A introdução a esse relato talvez aponte para um aspecto trágico da história desse homem. De que lugar esse homem, que é meio-israelita e meio-egípcio, saiu para ir ao meio dos israelitas? De sua própria tenda? Da área na qual a multidão mista, que saiu com os israelitas do Egito, se instalou? Ou até mesmo do Egito? Seja qual for a resposta, existe certa ambiguidade quanto ao local a que ele pertence, bem como com respeito a qual metade de sua descendência ele quer se identificar. Ele nos faz lembrar de Moisés, quando foi verificar como as coisas estavam entre os israelitas, após crescer no palácio egípcio. Será esse homem o *alter ego* de Moisés? (Moisés também entrou em uma luta corporal que lhe trouxe problemas.) Será que esse homem tomou uma decisão sobre quem ele era, como Moisés, e o relato de ele "sair" indica isso? Se for assim, a briga o leva a uma reviravolta na direção oposta. Ou, quem sabe, há outra peça do cenário. Mais tarde, o judaísmo considera uma pessoa judia caso a sua mãe seja judia, porém não dispomos de evidências de que esse também fosse o pensamento no tempo do Antigo Testamento. Antes, a implicação é que somente é possível ter uma porção da terra se o pai for israelita. Será que esse homem sabe que não há meios de ele se tornar um membro pleno da comunidade com uma família à qual **Yahweh** concede uma porção da terra como propriedade?

Perder a vida por amaldiçoar Deus não é uma tragédia suprema. Na vida do assassino, a suprema tragédia é o próprio ato do assassinato, não a execução subsequente. A tragédia final para o blasfemador não é a sua execução, mas sua expressão real da maldição.

LEVÍTICO 25:1—26:2
O JUBILEU

¹*Yahweh* falou a Moisés no monte Sinai: **²**"Fale aos israelitas como segue: 'Quando vocês entrarem na terra que estou lhes dando, a terra deve observar um sábado a *Yahweh*. **³**Seis anos vocês podem semear os seus campos e seis anos podem podar a sua vinha e reunir o produto, **⁴**mas o sétimo ano deve ser um sábado total para a terra, um sábado a *Yahweh*. Vocês não semearão o seu campo, podarão a sua vinha, **⁵**ceifarão o fruto de seu renovo ou colherão as uvas de suas vinhas não podadas. Deve ser um ano de interrupção para a terra. **⁶**O sábado da terra será alimento para vocês, seus servos, suas servas, seus empregados, seus residentes que vivem com vocês **⁷**e para o seu gado e os animais selvagens que estão em sua terra; toda a produção será para consumo.

⁸"'Vocês devem contar sete sábados de anos, sete vezes sete anos, de modo que os seus sete sábados de anos sejam quarenta e nove anos. **⁹**Vocês devem soar alto o chifre no sétimo mês, no décimo dia do mês; no dia da expiação completa, devem soar o chifre em toda a sua terra. **¹⁰**Devem santificar o quinquagésimo ano e proclamar libertação na terra para todos os seus habitantes. Deve ser um jubileu para vocês. Devem retornar, cada pessoa, à sua posse, e retornar, cada pessoa, à sua família. **¹¹**O ano, aquele quinquagésimo ano, deve ser um jubileu para vocês. Não semearão ou ceifarão o seu renovo ou colherão de suas vinhas não podadas, **¹²**porque é um jubileu. Deve ser sagrado a vocês. Devem comer do produto do campo. **¹³**Nesse ano do jubileu, vocês devem retornar, cada pessoa, à sua posse. **¹⁴**Assim, quando venderem propriedade ao seu próximo, ou comprar a que ele possui, a pessoa não deve prejudicar o seu parente. **¹⁵**É pela contagem dos anos desde o jubileu que vocês devem comprar de seu próximo; é pelo número de anos de produção que ele deve vender a vocês.'"

[Os demais versículos dessa passagem fornecem detalhes adicionais sobre como o jubileu deve funcionar. Então, relembra o povo dos requerimentos básicos quanto a imagens, o sábado e o santuário.]

Outro dia, ouvi uma história sobre um casal que havia acabado de recuperar a sua casa. A parte triste do relato era que aquela casa não era apenas o lar no qual a esposa nascera, mas o pai dela também havia nascido ali. O casal a recebera por herança dos pais da esposa e lá viveu feliz até entrar em dificuldades econômicas, dois ou três anos antes, e assumir uma segunda hipoteca. Então, a economia começou a andar para trás, e eles não tinham compreendido totalmente as implicações do refinanciamento que fizeram. Como resultado, aquele casal perdeu a casa. O consultor financeiro, com quem trabalharam, comentou que a sua missão era vender hipotecas, não advertir as pessoas sobre o buraco no qual elas estavam entrando. Uma das razões pelas quais Israel tem provisões como essa do jubileu é que as pessoas sempre necessitam de proteção contra tais experiências.

Como o detalhado calendário de festivais anuais em Levítico 23, as instruções para o ano sabático e o tratamento aos pobres (incluindo a proibição de emprestar dinheiro a juros) expandem o esboço de Êxodo 22 e 23. Uma de suas suposições subjacentes é que a terra pertence a Deus. As pessoas reconhecem que a semana pertence a Deus ao guardarem um dia em sete, e que a descendência pertence a Deus pela dedicação das primícias do ventre, bem como que a colheita pertence a Deus por meio dos dízimos; por fim, reconhecem que a terra pertence a Deus, interrompendo a produção por um ano em sete. A ideia poderia ser assustadora. Como esperar sobreviver nessas condições? A exemplo de outras observâncias, Deus promete que eles serão providos. Eles não devem tratar a produção do ano sabático como uma colheita regular ou armazenar um pouco dela para o futuro, mas a terra proverá o suficiente para eles se alimentarem. Deus não promete que terão abundância como seus vizinhos, mas assegura que terão o bastante. Enquanto

Êxodo 23 fornece uma racionalidade humanitária para o ano sabático e o próprio sábado, Levítico simplesmente faz disso algo que as pessoas cumprem como parte de seu reconhecimento de Deus como proprietário da terra.

O mesmo princípio jaz na ideia do jubileu. A palavra "jubileu" vem do termo hebraico aqui usado. Em sua origem, refere-se ao soar do chifre de um carneiro, o sinal de que o ano chegou. A ideia de jubileu, novamente, pressupõe que a terra pertence a Deus. Não se pode vendê-la como se vende uma casa na cidade (não se pode vender uma casa em uma vila, porque há um anexo à terra que as pessoas devem cultivar). Igualmente, pressupõe que Deus alocou a terra às pessoas, por meio de seus clãs e famílias estendidas. Isso evita que uma pessoa se torne um grande latifundiário. Alguns serão fazendeiros melhores ou mais trabalhadores que outros, ou terão mais sorte que os demais, tornando-se capacitados a fazer uma oferta irrecusável pelas terras vizinhas, em especial quando proprietários mais preguiçosos, pobres ou azarados não conseguem pagar as contas. As advertências do profeta mostram que foi exatamente isso que ocorreu em Israel. Levítico estabelece procedimentos designados a evitar isso. Na suposição de que a **Torá** tenha se desenvolvido ao longo dos séculos enquanto Deus guiava a comunidade no enfrentamento das necessidades que emergiam nos diferentes contextos sociais, pode-se imaginar que os seus regulamentos foram desenvolvidos à luz da experiência dessas dinâmicas. Como o ensino sobre o ano sabático, a Torá não está, aqui, diretamente preocupada com o empobrecimento dos fazendeiros. A restauração da terra às famílias que as possuíam ocorria somente a cada cinquenta anos, de modo que as pessoas que perderam as suas terras, provavelmente, não viviam o suficiente para despertar o interesse prático de cultivar a terra novamente quando o jubileu se aproximava. Talvez o livro de Levítico pressuponha que a situação em que se encontram seja provavelmente por culpa deles mesmos. A preocupação reside no propósito de Deus, não com os pobres fazendeiros. Deus tem um plano para a terra e ele não deseja que o seu desígnio descarrilhe pela incompetência de alguns e a ganância de outros. Ao mesmo tempo, no tocante às pessoas em si, dificilmente há uma questão mais básica à vida delas do que a questão da terra. É difícil a uma sociedade urbana entender essa ideia. Não há supermercados na esquina, e você não tem dinheiro. Ser capaz de viver depende de ser capaz de cultivar e colher o seu alimento, e isso depende de possuir um pedaço de terra.

A Torá não estabelece um ideal no qual todos possuam os mesmos recursos e a mesma renda, um grau de riqueza igual. Antes, ela assume que a riqueza coloca obrigações diante das pessoas. Os fazendeiros bem-sucedidos não devem fazer disso um motivo para expandir as suas fazendas, mas usar a riqueza como base para auxiliar outras pessoas em necessidade, sem questionar por que falharam. O que o rico faz é adquirir a terra de proprietários falidos com prazo determinado. Eles devem fazer isso de uma forma justa à luz da posição das pessoas em relação ao jubileu anterior e o próximo. Nesse meio-tempo, eles serão capazes de ver que a terra é adequadamente administrada. Os seus proprietários nominais trabalharão, agora, mais como empregados do que donos da terra. O novo chefe dos antigos donos deve tratá-los bem, não como se fossem servos ou estrangeiros, mas membros da família (servos e estrangeiros são tratados como familiares, mas evidentemente não no mesmo sentido). Todavia, esses ex-proprietários perderam a sua independência, e sua terra perdeu o seu mordomo apropriado.

Quando isso ocorre, uma das possibilidades é que alguém de sua família estendida possa estar em posição de agir como o seu "restaurador" ou "redentor", devolvendo ao novo "proprietário" o que tenha sido providenciado ao empobrecido homem e à sua família; ou, ainda, os ex-donos podem recuperar a sua condição financeira e serem capazes de "restaurar" a si mesmos. Se nada disso acontecer, no tempo devido o jubileu traz uma "libertação" de ambos, o ex-dono e a terra.

Levítico aponta para outro princípio subjacente ao modo que os fazendeiros de sucesso devem tratar os malsucedidos. Assim como a terra pertence a Deus, as pessoas também lhe pertencem. Todos são servos de Deus. Portanto, o bem-sucedido não deve tratar o malsucedido como se ele fosse o seu servo. Quanto aos estrangeiros, vocês podem tratar dessa maneira, diz o texto de Levítico, o que pode parecer um pouco injusto. Levítico antecipa a forma pela qual o Novo Testamento espera que as pessoas na igreja tratem umas às outras, isto é, com amor ainda maior com que tratam os de fora; é assim que as famílias funcionam. Na Torá, pelo menos, esse ponto pode ser teórico. O seu foco concentra-se em como as pessoas tratam compatriotas israelitas que empobreceram. Não deveria haver muitos estrangeiros em um vilarejo (distintos dos estrangeiros residentes, que estão em uma categoria diferente), e o ponto com relação aos estrangeiros está lá apenas como um contrapeso.

LEVÍTICO **26:3-46**
PROMESSAS, ADVERTÊNCIAS E PROMESSAS

³""Se andarem por minhas regras e guardarem os meus mandamentos e os praticarem, ⁴darei as suas chuvas nas estações delas, de modo que a terra dará a sua produção e as árvores do campo, o seu fruto. ⁵Pois a sua debulha superará a colheita, e a

colheita superará a semeadura. Vocês comerão o seu alimento em abundância e viverão seguros em sua terra. ⁶Trarei paz à terra, e vocês se deitarão sem ninguém para os perturbar. Eliminarei as feras perigosas da terra, e a espada não passará por sua terra. ⁷Perseguirão os seus inimigos, e eles cairão à espada diante de vocês. ⁸Cinco de vocês perseguirão uma centena, e uma centena de vocês perseguirá dez mil. Os seus inimigos cairão à espada diante de vocês. ⁹Eu olharei para vocês e os farei fecundos e numerosos. Estabelecerei a minha aliança com vocês. ¹⁰Vocês comerão o antigo grão e, então, tirarão o antigo para dar lugar ao novo. ¹¹Estabelecerei a minha habitação em seu meio, e o meu coração não os desprezará. ¹²Andarei em seu meio. Serei Deus para vocês, e vocês serão um povo para mim. ¹³Eu sou *Yahweh*, o seu Deus, que os tirou do Egito para deixarem de ser servos deles e quebrou o seu jugo e lhes permitiu caminhar eretos.

¹⁴"'Mas, se não me ouvirem e colocarem em efeito todos esses mandamentos, ¹⁵se rejeitarem as minhas regras e o seu coração desprezar as minhas decisões, ¹⁶eu também farei isto a vocês: trarei terror sobre vocês, enfraquecimento e febre, desgastando os olhos e consumindo o coração. Vocês semearão a sua semente em vão; os seus inimigos a comerão. ¹⁷Estabelecerei a minha face contra vocês, e tropeçarão diante de seus inimigos. Os seus adversários os dominarão e os farão fugir quando ninguém os estiver perseguindo.'"

[Os versículos 18-41 advertem quanto a um contínuo processo pelo qual a falha de Israel em reagir aos castigos de Yahweh *levará a mais punições, designadas a atraí-los de volta, culminando em sua expulsão da terra. Então, por fim, eles se voltarão para* Yahweh.*]*

⁴²"'E eu me lembrarei da minha aliança com Jacó, e da minha aliança com Isaque, e atentarei à minha aliança com Abraão, e me lembrarei da terra. ⁴³A terra será deixada por eles de modo que possa compensar por seus sábados ao permanecer

desolada sem eles, e eles próprios compensarão a sua desobediência porque — sim, porque rejeitaram as minhas decisões e o seu coração desprezou as minhas regras. ⁴⁴Mas, por tudo isso, quando estiverem na terra de seus inimigos, eu não os rejeitarei ou desprezarei de modo que os extermine, quebrando a minha aliança com eles, porque eu sou *Yahweh*, o Deus deles. ⁴⁵Estarei atento a eles, da minha aliança com o povo original que tirei do Egito à vista das nações, para ser Deus para eles. Eu sou *Yahweh*.'" ⁴⁶Estas são as regras, as decisões e o ensino que *Yahweh* estabeleceu entre ele e os israelitas, no monte Sinai, por meio de Moisés.

Ontem, um aluno de um país fora da lista dos mais ricos me procurou para conversar sobre riqueza e pobreza, sobre a ideia de Deus exercer uma opção preferencial pelos pobres, sobre se está certo desfrutar da riqueza que temos e sobre o que deveríamos dizer a um amigo que perguntou se havia algum problema em comprar um BMW em vez de um Honda (ele não sabia que eu acabara de comprar um Honda). Discutir tais questões com alguém oriundo de um país pobre é diferente de discuti-las com alguém do Ocidente, embora essa discussão fosse dificultada pelo fato de a família daquele estudante ser próspera em seu país natal e ter recursos para enviá-lo aos Estados Unidos para estudar. Discorri sobre o fato de a Bíblia não ter nenhum ideal pelo qual todos deveriam ter a mesma riqueza, mas que a riqueza tem o objetivo de possibilitar o compartilhamento dos recursos com outros e que as pessoas que almejam gastar grande parte de sua fortuna em projetos egoístas deveriam se perguntar o que esperam ganhar com isso. Na noite anterior, eu havia assistido ao filme *Os delírios de consumo de Becky Bloom*, que, à primeira vista, é apenas mais uma comédia romântica, contudo, ao mesmo tempo, o enredo levanta questões sobre a adrenalina que o consumo nos traz, como a adrenalina de qualquer vício. Por sua natureza, essa euforia é apenas momentânea, e, assim, precisamos estar sempre comprando algo mais.

A **Torá** não encoraja um evangelho da prosperidade que promete riqueza e conforto às pessoas como resultado de sua obediência a Deus, de modo que tenham um BMW enquanto outros dirigem um Honda. Ela encoraja a premissa de que as pessoas de Deus, quando vivem no caminho de Deus, viverão bem. Jesus confirma essa premissa (Mateus 6:33). Considerando a generosa natureza da ação criadora de Deus, quando pareceu bom aos olhos de Deus conceder a Adão e Eva aquela abundância de alimentos (mesmo sendo uma dieta vegetariana!), não surpreende que seja do agrado de Deus que as pessoas desfrutem do alimento, sem esquecer da paz, da segurança e da consciência de que Deus anda entre elas. Levítico utiliza a mesma palavra que aparece em Gênesis 3 para descrever essa caminhada. Mas, então, o mesmo desafio, aplicado a Adão e Eva, aplica-se a Israel. O plano divino funcionará somente se eles viverem segundo a direção de Deus. O capítulo dedica mais espaço à descrição das trágicas consequências caso eles não vivam assim.

O texto acompanha a história que levará Israel ao exílio, e precisa ser lido da perspectiva das pessoas que o liam nesse contexto. Elas podem olhar para a história de Israel e ver que, de fato, o povo foi afligido pela doença e pela fome e por adversários como os moabitas, os filisteus e os **assírios**. Estes exterminaram a vida de **Efraim**, e os **babilônios** fizeram o mesmo a **Judá**, destruindo o templo em Jerusalém. Governantes, comerciantes, intelectuais, profetas e sacerdotes foram levados para a Babilônia, onde não mais poderiam causar problemas. No **exílio**, não será surpresa se viverem desolados, desencorajados e morrerem de um coração partido. Será este o fim? Moabe e a Filístia não mais existem. Será que Israel também deixará de existir? Outros povos foram levados de suas nações. Será que esses judeus verão a sua pátria novamente? Levítico lhes oferece inúmeras formas de boas-novas, paradoxalmente principiando com uma lista de advertências sobre o que resultará da desobediência.

Quando perguntamos: "Por que isso aconteceu comigo?", estamos procurando por um significado. Podemos lidar um pouco melhor com a tragédia caso ela faça sentido em vez de parecer apenas aleatória, o que, em geral, é a exceção. Levítico permite que os exilados vejam que, no caso deles, o exílio não foi por acidente. Os fatos sombrios ocorridos significavam algo. A expulsão da terra fazia sentido porque eles haviam ignorado a regra sobre os anos sabáticos por séculos. Deus estava agora permitindo que a terra acumulasse os seus sábados, constituindo uma afirmação da soberania de Deus sobre a terra. Isso, em si, significava que o exílio não precisava ser permanente, sendo necessário apenas que Israel compensasse por aqueles sábados.

Além disso, as ações divinas, em geral, tinham sido mais como uma disciplina paterna do que punições de um juiz. Elas constituíam reações às transgressões do povo e eram designadas a ganhá-los de volta por causa da relação de **aliança** entre Deus e Israel. Eis a diferença entre Israel e Moabe e por que Moabe pode desaparecer e Israel não. (Se isso parecer injusto, podemos lembrar que a manutenção da aliança de Deus com Israel é o meio de trazer a salvação ao mundo, um processo do qual todos os cristãos de hoje são beneficiários.) O fato de Israel quebrar a aliança não significa que Deus também a quebrará. Deus se lembrará não apenas da aliança com Israel (que destaca a importância da sua obediência), mas da aliança estabelecida com os seus ancestrais (estabelecida puramente pela graça de Deus e baseada somente no compromisso promissório de Deus).

Talvez agora, por fim, a disciplina de Deus possa lograr o efeito projetado. Quem sabe agora o governo possa assumir como as suas decisões políticas deixaram Deus de fora, os comerciantes sejam capazes de admitir como rejeitaram a ética e os intelectuais possam ver como eles adotaram os pensamentos dos intelectuais edomitas. Ainda, talvez agora os sacerdotes possam reconhecer que deram às pessoas um falso conforto. Quando as pessoas se voltarem, diz o texto de Levítico, haverá um Deus esperando de braços abertos.

LEVÍTICO **27:1–34**
PROMESSAS HUMANAS

¹*Yahweh* falou a Moisés: **²**"Fale aos israelitas como segue: 'Quando alguém fizer uma promessa extraordinária a *Yahweh* equivalente à avaliação de um ser humano, **³**a sua avaliação deve ser [como segue]: um homem de vinte a sessenta anos, a sua avaliação deve ser de cinquenta siclos de prata, pelo siclo do santuário. **⁴**Se for uma mulher, a sua avaliação deve ser de trinta siclos. **⁵**Se for alguém de cinco a vinte anos, a sua avaliação deve ser: um homem, de vinte siclos, e para a mulher, dez siclos. **⁶**Se for alguém de um mês a cinco anos, a sua avaliação deve ser: um homem, cinco siclos de prata, e, para uma mulher, a sua avaliação deve ser de três siclos de prata. **⁷**Se for alguém de sessenta anos ou mais: se for um homem, a sua avaliação deve ser de quinze siclos, e, para uma mulher, dez siclos. **⁸**Se alguém for muito humilde para a sua avaliação, eles devem trazê-lo diante do sacerdote, e o sacerdote o avaliará. De acordo com a capacidade de cumprimento da pessoa que faz a promessa, o sacerdote deve avaliá-la.

⁹"'Se for um animal, um desses que as pessoas podem apresentar a *Yahweh* como uma oferta, qualquer um desses que alguém

LEVÍTICO 27:1-34 • PROMESSAS HUMANAS

der a *Yahweh* deve ser santo. **¹⁰**Uma pessoa não pode trocar ou substituir o bom pelo ruim ou o ruim pelo bom. Se substituir um animal pelo outro, ele e o seu substituto devem ser santos. **¹¹**Se for qualquer animal tabu, um desses que as pessoas não podem apresentar a *Yahweh* como uma oferta, ele deve trazer o animal diante do sacerdote, **¹²**e o sacerdote o avaliará. Bom ou ruim, deve ser de acordo com a avaliação do sacerdote. **¹³**Se ele o redimir, deve acrescentar um quinto à avaliação.'"

[Os versículos 14-34 estabelecem regras com relação ao cumprimento de promessas referentes a casas e terras, redenção de primogênitos e dízimos, bem como a impossibilidade de redimir algo que foi "devotado" ou "proscrito."]

Uma característica distinta de meu seminário, nos Estados Unidos, em comparação com o meu antigo seminário, na Inglaterra, é o elevado número de estudantes que são "filhos de pastores ou missionários". Tenho refletido sobre o que está por trás dessa diferença. Isso suscita uma questão já colocada por outros aspectos da relação dos estudantes norte-americanos com seus pais: isto é, se estão ligados a seus pais por mais tempo do que ocorre na Grã-Bretanha. Se for o caso, esse fato poderia ser lido de forma negativa (ou seja, se eles demoram mais tempo para se tornarem independentes, em parte porque seus pais tendem a ser mais envolvidos no financiamento da educação dos filhos) ou positiva (isto é, os relacionamentos familiares são mais próximos, e os filhos submetem-se à autoridade dos pais de uma forma que também é característica de uma sociedade tradicional, como a israelita). Pode haver, contudo, uma razão mais específica para o número mais elevado de alunos nos Estados Unidos, cujos pais são pastores. Talvez os pastores norte-americanos dediquem os seus filhos e as suas filhas a Deus de uma forma que nós, britânicos, não fazemos, e orem para que seus filhos sigam o ministério ou a missão dos pais. Não me recordo de orarmos assim por nossos filhos, e eles não me seguiram no mistério, nem a Ann, na medicina.

Em Israel, os filhos estão entre as pessoas que os pais devem dedicar a Deus. A promessa de fazer isso é vista como "extraordinária", e um bom contexto de ver essa promessa é a história de Ana (1Samuel 1). Esse derradeiro capítulo do livro de Levítico é um tipo de apêndice que lida com uma questão que pode surgir em conexão com as instruções sobre as ofertas que aparecem no começo do livro. Uma dessas, é a oferta de ação de graças em relação a uma promessa feita a Deus; Deus atendeu ao pedido e, agora, a pessoa deve cumprir a sua promessa. Nesse sentido, vemos a promessa de Ana quanto a dedicar o seu filho a Deus, o que não significa ir a um culto de dedicação no santuário e então, levar o filho de volta para casa, mas deixá-lo lá. Pode-se imaginar a agonia de Ana quanto a ser capaz de gerar um filho e cumprir aquela promessa. Outros relatos do Antigo Testamento mostram como tais promessas podem levar uma pessoa a enfrentar vários conflitos. Jefté, de forma abominável, acabou por sacrificar a sua própria filha a Deus (Juízes 11). Trata-se de um sinal da degeneração de sua época por ele não pensar em verificar se poderia renegociar o seu voto. Saul quase cometeu o mesmo erro com Jônatas (1Samuel 14), mas felizmente o seu exército não era tão estúpido quanto ele. Eclesiastes 5, portanto, o adverte de pensar três vezes antes de fazer uma promessa a Deus.

Levítico 27 fornece uma base para a renegociação do voto feito. Em vez de permitir que a pessoa prometida por você, de fato, se torne alguém que trabalhe no santuário, como Samuel, ou seja sacrificada, como a filha de Jefté, você faz uma oferta ao santuário que pode vir a ser ainda mais útil que a anterior. A **Torá**, portanto, propicia uma taxa de troca, talvez baseada na capacidade da pessoa para o trabalho físico. Não sabemos o valor do peso de um siclo em prata, mas a quantidade de prata mencionada por Levítico seria, provavelmente, equivalente a muitos anos de salário, o que sublinha, novamente, que as promessas não devem ser feitas sem uma profunda reflexão. Como de costume, a Torá, então, evita ser legalista ao tornar a taxa de troca flexível, de acordo com a capacidade da pessoa que fez a promessa. Como Jesus, mais tarde, expressará, o dólar de uma viúva pode valer mais que mil dólares de um professor.

As instruções paralelas envolvendo animais pressupõem que não ser capaz de sacrificar (digamos) um jumento não significa que há algo errado com os jumentos ou que o santuário não necessite ou não tenha utilidade para eles. Afinal de contas, eles são o equivalente israelita de uma picape. As instruções explicitam que a taxa de troca é designada para facilitar a "redenção" do presente prometido (isto é, a substituição do animal por dinheiro), o que facilita caso a pessoa habite longe do santuário, bem como permite ao santuário maior flexibilidade na adequação dos recursos às suas necessidades (como familiares e amigos que dão cupons de troca em lugar do presente de casamento ou de aniversário em si). Algo similar é válido com relação à promessa de uma casa ou de um pedaço de terra.

Por outro lado, aparentemente há um tipo de promessa que explicitamente envolve a renúncia a qualquer direito a troca, como ocorre com algumas promoções de passagens aéreas. Se a pessoa tiver, nesse sentido, "devotado" ou "proscrito" algo, a promessa deve ser cumprida. O verbo "devotar", em Êxodo 22:20, denota banir alguém que sacrifique a outro deus, o que seria outro motivo para não permitir que uma pessoa compre a libertação desse transgressor da execução. Claro que, com relação a pessoas ou coisas que deveriam ser "devotadas", decerto ainda seria possível apelar à misericórdia divina. Em algumas circunstâncias, esse apelo poderia funcionar, como verifiquei ser viável no caso de passagens aéreas e ingressos de teatro.

Não é possível *prometer* algo que obrigatoriamente deve ser dado, como os primogênitos dentre os animais e as primícias da colheita, embora sejam passíveis de redenção. Ao dizimar o seu rebanho, você enfileira os animais e procede à contagem deles, em números de dez, vinte, e assim por diante, a Deus. Com um sorriso irônico, o livro de Levítico, então, imagina um pastor percebendo que a vigésima é a sua ovelha mais gorda, enquanto a vigésima primeira é uma ovelha com uma deformidade na perna. Será que ele pode fazer um rápido ajuste no alinhamento dos animais? Claro que não; nenhuma substituição é permitida. Com isso (exceto outra nota, encerrando os mandamentos dados a Moisés), o livro de Levítico termina.

⌐ GLOSSÁRIO ⌐

Ajudante. Um agente sobrenatural por meio do qual Deus pode aparecer e operar no mundo. As traduções, em geral, referem-se a eles como "anjos", mas essa designação tende a sugerir figuras etéreas dotadas de asas, ostentando vestes brancas e translúcidas. Os ajudantes são figuras semelhantes aos humanos; por essa razão, é possível agir com hospitalidade sem perceber quem são (Hebreus 13:2). Ainda, eles não possuem asas; por isso, necessitam de uma rampa ou escadaria entre o céu e a terra (Gênesis 28). Eles surgem com a intenção de agir ou falar em nome de Deus e, assim, representá-lo plenamente, falando como se fossem Deus (Êxodo 3). Eles, portanto, trazem a realidade da presença, da ação e da voz de Deus, sem trazer aquela presença real que aniquilaria os meros mortais ou danificaria a sua audição. Isso pode ser uma garantia, quando Israel é rebelde e a presença de Deus pode representar, de fato, uma ameaça (Êxodo 32—33), mas eles mesmos podem ser meios de implementar o castigo, assim como a bênção de Deus (Êxodo 12).

Aliança. Contratos e tratados presumem um sistema jurídico de resolver disputas e ministrar justiça que pode ser usado no caso da quebra de compromisso por uma das partes envolvidas. Em contraste, num relacionamento que não funciona dentro de uma estrutura legal, a pessoa que falha em manter o compromisso assumido não pode ser levada a uma corte por essa falha. Assim, uma aliança envolve algum procedimento formal que confirme a seriedade do compromisso solene que as partes assumem uma com a outra. Quanto às alianças estabelecidas entre Deus e a humanidade, em

Gênesis a ênfase reside no compromisso de Deus com os seres humanos, em particular com Abraão. Com base no fato de Deus ter começado a cumprir aquele compromisso da aliança, Êxodo e Levítico também colocam alguma ênfase no compromisso responsivo de Israel, no Sinai.

Altar. Uma estrutura para oferta de sacrifício (o termo vem da palavra para sacrifício), feita de terra ou pedra. Um altar pode ser relativamente pequeno, como uma mesa, e o ofertante deve ficar diante dele. Ou pode ser mais alto e maior, como uma plataforma, e o ofertante tem de subir nele. O altar sacrificial deve ser distinguido daquele altar muito menor, dentro do santuário, sobre o qual queimava-se incenso para que a sua fumaça aromática ascendesse a Deus.

Amorreus. Um dos grupos étnicos originais em **Canaã** (Êxodo 3:8), embora também usado como referência ao povo daquele território como um todo. Na verdade, fora do Antigo Testamento, "amorreus" se refere a um povo que vive em uma área muito mais extensa da Mesopotâmia. Portanto, "amorreus" é uma palavra semelhante a "América", uma referência comum aos Estados Unidos, mas que pode denotar uma área muito mais ampla do continente do qual os Estados Unidos fazem parte.

Apócrifo. O conteúdo do principal Antigo Testamento cristão é o mesmo das Escrituras judaicas, embora sejam dispostos em uma ordem diferente, como a **Torá**, os Profetas e os Escritos. Seus limites precisos, como Escritura, vieram a ser aceitos em algum período nos anos anteriores ou posteriores a Cristo. Por séculos, as igrejas cristãs, em sua maioria, utilizaram uma coleção mais ampla de textos judaicos, incluindo livros como Macabeus e Eclesiástico, que, para os judeus, não faziam parte da Bíblia. Esses outros livros passaram a ser chamados "apócrifos", os livros que estavam "ocultos" — o que veio a implicar "espúrio." Agora, com frequência, são conhecidos como "livros deuterocanônicos", um termo mais complexo, porém menos pejorativo. Isso simplesmente indica que esses livros detêm menos autoridade que a Torá, os Profetas e os Escritos. A lista exata deles varia entre as diferentes igrejas.

Assíria, assírios. A primeira grande superpotência do Oriente Médio, os assírios expandiram o seu império rumo ao Ocidente, até a Síria-Palestina, no século VIII a.C., no tempo de Amós e Isaías. Primeiro, eles anexaram **Efraim** ao seu império; então, quando Efraim persistiu tentando retomar a sua independência, os assírios invadiram Efraim e, em 722 a.C., destruíram a sua capital, Samaria, levando cativo grande parte de seu povo e substituindo-os por pessoas de outras partes do seu império. Invadiram também **Judá** e devastaram uma extensa área do país, mas não tomaram Jerusalém. Profetas como Amós e Isaías descrevem como *Yahweh* estava, portanto, usando a Assíria como um meio de disciplinar Israel.

Babilônia, babilônios. Um poder menor no contexto da história primitiva de Israel, no tempo de Jeremias, os babilônios assumiram a posição de superpotência da **Assíria**, mantendo-a por quase um século, até ser conquistada pela **Pérsia**. Profetas como Jeremias descrevem como *Yahweh* estava usando os babilônios como um meio de disciplinar **Judá**. Eles tomaram Jerusalém e transportaram muitos dentre o povo, em 587 a.C. Suas histórias sobre a criação, os códigos legais e os textos mais filosóficos nos ajudam a compreender aspectos de escritos equivalentes presentes no Antigo Testamento, embora sua religião astrológica também constitua o cenário para polêmicos aspectos nos Profetas.

Canaã, cananeus. Como designação bíblica da terra de Israel, como um todo, e referência a todos os povos autóctones daquele território, "cananeus" não constitui, portanto, o nome de um grupo étnico em particular, mas um termo genérico para todos os povos nativos da região. Veja também **amorreus**.

Compromisso. Compromisso é a palavra *hesed*, que as traduções expressam de diferentes maneiras: amor inabalável, amor constante, bondade, misericórdia, gentileza amorosa, graça, favor, lealdade ou apenas amor. O termo denota o que ocorre quando alguém firma um compromisso com outra pessoa em uma de duas circunstâncias. Uma é quando não há um relacionamento prévio entre as partes, de modo que alguém estabelece um compromisso que não está obrigado a firmar. A outra ocorre quando há uma relação prévia, mas uma das partes mostra o compromisso de ir além do esperado. Deus age dessa maneira com relação aos seres humanos e se regozija quando eles agem, em resposta, da mesma forma.

Efraim. Após os reinados de Davi e Salomão, a nação de Israel foi dividida. A maioria dos doze clãs israelitas estabeleceu um Estado independente ao norte, separado de **Judá** e Jerusalém, bem como da linhagem de Davi. Por ser o maior dos dois Estados, politicamente manteve o nome de Israel, o que é confuso porque Israel ainda é o nome do povo que pertence a Deus. Portanto, o nome "Israel" pode ser usado em ambas as conexões. O Estado ao norte, contudo, é referido pelo nome de **Efraim**, por ser este o seu clã dominante. Assim, uso esse termo como referência ao Estado independente do norte, na tentativa de minimizar a confusão.

Egito, egípcios. O principal poder regional ao sul de Canaã e a terra na qual a família de Jacó encontrou refúgio e acabaram como servos, e do qual os israelitas, então, precisaram fugir. No tempo de Moisés, o Egito controlava Canaã; nos séculos subsequentes, o Egito oscilou entre ser uma ameaça a Israel ou um aliado em potencial.

espírito. A palavra hebraica para espírito é a mesma para fôlego e vento, e o Antigo Testamento, às vezes, sugere uma ligação entre eles. Espírito sugere um poder dinâmico; o espírito de Deus sugere o poder dinâmico de Deus. O vento, em sua força e capacidade para derrubar árvores poderosas, constitui uma incorporação do poderoso espírito de Deus. O fôlego é essencial à vida; quando não há fôlego, inexiste vida. E a vida provém de Deus. Portanto, o fôlego de um ser humano, e mesmo o de um animal, é extensão do fôlego divino.

Exílio. No final do século VII a.C., a **Babilônia** se tornou o maior poder no mundo de **Judá**, mas Judá estava determinado a se rebelar contra a sua autoridade. Como parte de uma campanha vitoriosa para obter a submissão de Judá à sua autoridade, em 597 a.C. e 587 a.C. os babilônios transportaram muitos israelitas de Jerusalém para a Babilônia. Eles adotaram uma estratégia especial de levar pessoas em posições de liderança, como membros da família real e da corte, sacerdotes e profetas. Essas pessoas foram, portanto, compelidas a viver na Babilônia durante os cinquenta anos seguintes ou mais. Pelo mesmo período, as pessoas deixadas em Judá também viviam sob a autoridade dos babilônios. Assim, não estavam fisicamente no exílio, mas também viveram em exílio por um período de tempo.

Expiação. Uma preocupação-chave em Êxodo e Levítico é manter o santuário puro. Embora Deus seja capaz de tolerar uma pequena quantidade de impureza ali (assim como podemos tolerar um pouco de sujeira), se o lugar que o povo construiu para ser habitação de Deus for muito afetado por coisas impuras, então Deus dificilmente continuará vivendo ali. Assim, é importante lidar com a impureza que entra no santuário por meio da violação de **tabus**. Uma das formas de conceber isso é falar em termos de expiação, o que sugere a cura ou restauração de um relacionamento.

Outra maneira é falar em termos de propiciação, que sugere a pacificação de alguém que estava irado. Em contraste, a expiação relaciona-se ao que causou o problema em vez de à pessoa. Isso sugere a remoção ou eliminação de uma mancha. Claro que a remoção da mancha significa que a ameaça ao relacionamento foi eliminada e que, agora, é possível a Deus manter uma relação pacífica com a pessoa; nesse sentido, a expiação e a reconciliação estão intimamente relacionadas. Por outro lado, a "propiciação" é uma ideia mais questionável em conexão com Levítico; embora implique que Deus está ofendido pelo povo e indisposto a associar-se com eles, o livro não fala de Deus estar irado com eles por causa de suas ofensas.

Ferezeus. Um dos grupos em **Canaã** que os israelitas expulsaram ou vieram a controlar e assimilar, os ferezeus são citados em várias passagens do Antigo Testamento. O termo pode não ser tanto uma referência étnica, mas sociológica (como **hebreus**). O nome lembra a palavra para um "assentamento" não fortificado, em referência a pessoas que viviam em acampamentos em vez de em cidades, lembrando um pouco a palavra "aldeãos".

Fidelidade, fiel. Nas Bíblias do idioma inglês, as palavras hebraicas *sedaqah* ou *sedeq* são, usualmente, traduzidas por *righteousness*, e nas Bíblias em português, normalmente por "justiça" ou "retidão", mas isso denota uma tendência particular quanto ao que podemos exprimir com esse termo. Elas sugerem fazer a coisa certa em relação à pessoa com quem alguém está se relacionando, aos membros de uma comunidade e a Deus. Portanto, a palavra "fidelidade", ou mesmo "salvação", está mais próxima do sentido original do que "justiça" ou "retidão". No hebraico mais contemporâneo, *sedaqah* pode referir-se a dar esmolas. Isso sugere algo próximo a generosidade ou graça.

Grécia, gregos. Em 336 a.C., forças gregas, sob o comando de Alexandre, o Grande, assumiram o controle do Império **Persa**, porém após a morte de Alexandre, em 333 a.C., o seu império foi dividido. A maior extensão, ao norte e a leste da Palestina, foi governada por Seleuco, um de seus generais, e seus sucessores. **Judá** ficou sob o controle grego por grande parte dos dois séculos seguintes, embora estivesse situada na fronteira sudoeste desse império e, às vezes, caísse no controle do Império Ptolomaico, no **Egito** (governado por sucessores de outro dos generais de Alexandre).

Hebraico, hebreus. Apesar de esse termo vir a ser uma referência ao idioma do povo judeu, ele não parece ser um termo étnico no Antigo Testamento. Significativamente, é o termo que o faraó e sua filha utilizaram para descrever os israelitas (Êxodo 1:16; 2:6). Embora os israelitas também possam ser assim denominados, eles não eram os únicos hebreus. Outras línguas possuem palavras relacionadas, e todas parecem ser termos mais sociológicos do que étnicos, um pouco como a palavra "cigano". Elas sugerem pessoas que não pertencem a uma comunidade política regularmente reconhecida.

Israel, israelitas. Originariamente, Israel era o novo nome dado por Deus a Jacó, neto de Abraão. Seus doze filhos foram, então, os patriarcas dos doze clãs que formam o povo de Israel. No tempo de Saul, Davi e Salomão, esses doze clãs passaram a ser uma entidade política. Assim, Israel significava tanto o povo de Deus quanto uma nação ou Estado, como as demais nações e Estados. Após Salomão, esse Estado foi dividido em dois Estados distintos, **Efraim** e **Judá**. Pelo fato de Efraim ser maior, manteve como referência o nome de Israel. Desse modo, se alguém estiver pensando em Israel como povo de Deus, Judá está incluído. Caso pense em Israel politicamente, Judá não faz parte. Uma vez que Efraim não existe mais, então, para todos os efeitos, Judá *é* Israel, como o povo de Deus.

Judá. Um dos doze filhos de Jacó, então o clã que traça a sua ancestralidade até ele e que se tornou dominante no sul do território, após o reinado de Salomão. Mais tarde, como província ou colônia **persa**, Judá ficou conhecido como Jeúde.

Massoretas. Eruditos judeus que estudavam e preservavam a tradição (*masora*) sobre o texto do Antigo Testamento, durante a Idade Média. Embora o alfabeto da escrita hebraica compreenda apenas consoantes, os massoretas aperfeiçoaram e padronizaram um sistema de pontos e traços para indicar como a tradição compreendia os sons vocálicos. Eles, igualmente, padronizaram e preservaram uma divisão do texto em capítulos e parágrafos (um sistema diferente do usado em traduções bíblicas), uma divisão em versículos (um sistema quase sempre usado por traduções bíblicas) e um sistema de sinais que indicava as relações entre as palavras nas sentenças. O auge desse trabalho foi a produção de uma versão padrão do Antigo Testamento, o Texto Massorético, que ainda é o texto que aparece nas Bíblias hebraicas.

Mesopotâmia. Etimologicamente, a nação "entre rios", o Tigre e o Eufrates, embora, na prática, faça referência à região pela qual eles correm. A área é, em grande parte, equivalente ao Iraque moderno. A **Babilônia** estava situada ao sul e Ur, no extremo sul. **Assíria** e Nínive, ao norte, e Elão e **Pérsia**, a leste.

Pérsia, persas. A terceira superpotência do Oriente Médio. Sob a liderança de Ciro, o Grande, eles assumiram o controle do Império Babilônico em 539 a.C. Isaías 40—55 vê a mão de *Yahweh* levantando Ciro como um instrumento para restaurar **Judá** após o **exílio**. Judá e os povos vizinhos, como Samaria, Amom e Asdode, eram províncias ou colônias persas. Os persas permaneceram por dois séculos no poder, até serem derrotados pelos **gregos**.

Purificação, oferta de purificação, *veja* os comentários sobre Levítico 3:1—4:35.

Restaurar Um restaurador é uma pessoa que está em posição de agir em nome de alguém dentro de sua família estendida, que está em necessidade, a fim de restaurar a situação à qual esse familiar deveria estar. A palavra é sobreposta com expressões como parente próximo, guardião e redentor. "Parente próximo" indica o contexto familiar que o "restaurador" pressupõe. "Guardião" indica que o restaurador está na posição de responsável pela proteção e defesa da pessoa. "Redentor" indica a posse de recursos que o restaurador está preparado a despender em prol da pessoa a ser redimida. O Antigo Testamento usa o termo como referência ao relacionamento de Deus com Israel, bem como à ação de um ser humano em relação a outro, para implicar que Israel pertence à família de Deus e que Deus age em seu benefício da mesma maneira que um restaurador faz.

Segundo Templo. O primeiro templo era o de Salomão, devastado pelos babilônios em 587 a.C.; o Segundo Templo foi aquele reconstruído setenta anos mais tarde (veja Esdras 5—6). Ele foi vastamente remodelado e expandido por Herodes, no tempo de Jesus, mas foi destruído pelos romanos em 70 d.C. O período do Segundo Templo abrange, portanto, do fim do século VI a.C. até a época do Novo Testamento, o período em que Judá esteve sob o domínio da **Pérsia**, então da **Grécia** e, por fim, de Roma.

Tabu, *veja* os comentários sobre Levítico 11:1—12:8.

Torá. A palavra hebraica para os cinco primeiros livros da Bíblia. Eles, em geral, são referidos como a "Lei", mas esse termo propicia uma impressão equivocada. No próprio livro de Gênesis, não há nada como "lei", bem como Êxodo e Deuteronômio não são livros "jurídicos". A palavra *torah*, em si, significa "ensino", o que fornece uma impressão mais correta da natureza da Torá. Com frequência, a Torá nos fornece mais do que o relato de um evento (como a comissão de Deus a Moisés), de maneira que, ao ler a história de Jesus de diferentes maneiras, em diferentes contextos e de acordo com o discernimento dos diferentes escritores do Evangelho, a igreja primitiva estava seguindo o precedente pelo qual Israel contava as suas histórias mais de uma vez, em diferentes contextos. Embora Reis e Crônicas mantenham versões separadas, como ocorre com os Evangelhos, na Torá as versões foram combinadas.

Yahweh. Na maioria das traduções bíblicas, a palavra "Senhor" aparece em letras maiúsculas ou em versalete, como ocorre, por vezes, a palavra "Deus". Na realidade, ambas representam o nome de Deus, *Yahweh*. Nos tempos do Antigo Testamento, os israelitas deixaram de usar o nome *Yahweh* e começaram a usar "o Senhor". Há duas razões possíveis. Os israelitas queriam que outros povos reconhecessem que *Yahweh* era o único e verdadeiro Deus, mas esse nome de pronúncia estranha poderia dar a impressão de que *Yahweh* fosse apenas o deus tribal de Israel. Um termo como "o Senhor" era mais facilmente reconhecível. Além disso, eles não queriam incorrer na quebra da advertência presente nos Dez Mandamentos sobre usar o nome de *Yahweh* em vão. Traduções em outros idiomas, então, seguiram o exemplo e substituíram o nome de *Yahweh* por "o Senhor". O lado negativo é que isso obscurece o fato de Deus querer ser conhecido por esse nome. Por essa razão, o texto utiliza *Yahweh*, com frequência, não algum outro nome (assim chamado) deus ou senhor. Essa prática dá a impressão de que Deus é muito mais "senhoril" e patriarcal do que ele o é na realidade. (A forma "Jeová" não é uma palavra real, mas uma mescla das consoantes de *Yahweh* e das vogais da palavra *Adonai* [Senhor, em hebraico], com o intuito de lembrar às pessoas que na leitura da Escritura elas deveriam dizer "o Senhor", não o nome real.)

⌐ SOBRE O AUTOR ¬

John Goldingay é pastor, erudito e tradutor do Antigo Testamento. Ele é professor emérito David Allan Hubbard de Antigo Testamento no prestigiado Seminário Teológico Fuller em Pasadena, Califórnia. É um dos acadêmicos de Antigo Testamento mais respeitados do mundo com diversos livros e comentários bíblicos publicados. O autor possui o livro *Teologia bíblica* publicado pela Thomas Nelson Brasil.

Livros da série de comentários

O ANTIGO TESTAMENTO PARA TODOS

JÁ DISPONÍVEIS pela **Thomas Nelson Brasil**

Pentateuco para todos: Gênesis 1—16 • *Parte 1*
Pentateuco para todos: Gênesis 17—50 • *Parte 2*
Pentateuco para todos: Êxodo e Levítico
Pentateuco para todos: Números e Deuteronômio

Livros da série de comentários

O NOVO TESTAMENTO PARA TODOS

JÁ DISPONÍVEIS pela **Thomas Nelson Brasil**

Mateus para todos: Mateus 1—15 • Parte 1
Mateus para todos: Mateus 16—28 • Parte 2
Marcos para todos
Lucas para todos
João para todos: João 1—10 • Parte 1
João para todos: João 11—21 • Parte 2
Atos para todos: Atos 1—12 • Parte 1
Atos para todos: Atos 13—28 • Parte 2
Paulo para todos: Romanos 1—8 • Parte 1
Paulo para todos: Romanos 9—16 • Parte 2
Paulo para todos: 1Coríntios
Paulo para todos: 2Coríntios
Paulo para todos: Gálatas e Tessalonicenses
Paulo para todos: Cartas da prisão
Paulo para todos: Cartas pastorais
Hebreus para todos
Cartas para todos: Cartas cristãs primitivas
Apocalipse para todos